Pergunte a Shakespeare

Pergunte a Shakespeare

CESARE CATÀ

AS RESPOSTAS DO DRAMATURGO MAIS
FAMOSO DO MUNDO PARA OS GRANDES
DESAFIOS DA VIDA COTIDIANA

Tradução
Silvana Cobucci

Título original: *Chiedilo a Shakespeare: Gli antidoti del Bardo al mare delle nostre pene*
Copyright © 2021 Adriano Salani Editore s.u.r.l. – Milano
Tradução para a língua portuguesa © 2024 Casa dos Mundos / LeYa Brasil, Silvana Cobucci
Mediante acordo com Villas-Boas & Moss Agência Literária. Todos os direitos reservados.

Todos os direitos reservados e protegidos pela Lei 9.610, de 19.02.1998.
É proibida a reprodução total ou parcial sem a expressa anuência da editora.

Editora executiva	*Diagramação e projeto gráfico*
Izabel Aleixo	Alfredo Loureiro
Produção editorial	*Capa*
Ana Bittencourt, Carolina Vaz e Rowena Esteves	Alles Blau

Preparação
Júlia Ribeiro

Revisão
Milena Vargas

Os nomes dos personagens da mitologia grega seguem o *Dicionário mítico-etimológico da mitologia grega*, de Junito de Souza Brandão (Rio de Janeiro: Vozes, 1991. 2 v.).

Os nomes das personagens das peças de William Shakespeare seguem a tradução de Barbara Heliodora em *Grandes obras de Shakespeare: volume 1* (Rio de Janeiro: Nova Fronteira, 2017) e *Grandes obras de Shakespeare: volume 2* (Rio de Janeiro: Nova Fronteira, 2022).

Dados Internacionais de Catalogação na Publicação (CIP)
Angélica Ilacqua CRB-8/7057

Catà, Cesare
   Pergunte a Shakespeare : as respostas do dramaturgo mais famoso do mundo para os grandes desafios da vida cotidiana / Cesare Catà ; tradução de Silvana Cobucci. - São Paulo : LeYa Brasil, 2024.
   296 p.

Bibliografia
ISBN 978-65-5643-309-7
Título original: Chiedilo a Shakespeare: Gli antidoti del Bardo al mare delle nostre pene

1. Shakespeare, William, 1564-1616 - Crítica e interpretação I. Título II. Cobucci, Silvana

23-4639   CDD 801.95

Índices para catálogo sistemático:
1. Shakespeare, William, 1564-1616 - Crítica e interpretação

LeYa Brasil é um selo editorial da empresa Casa dos Mundos.

Todos os direitos reservados à
Casa dos Mundos Produção Editorial e Games Ltda.
Rua Frei Caneca, 91 | Sala 11 – Consolação
01307-001 – São Paulo – SP
www.leyabrasil.com.br

Às mulheres e aos homens que se juntam ao redor das histórias

SUMÁRIO

Prólogo   9

Se tudo vai mal, você precisa de **Sonho de uma noite de verão**   15

Se não entende como um ser humano é capaz de coisas tão horríveis, você precisa de **Macbeth**   41

Se está preocupado, pensando que jamais encontrará o amor da sua vida, você precisa de **Muito barulho por nada**   69

Se pensa que nunca vai fazer nada de bom na vida, você precisa de **Henrique V**   98

Se sofre de ansiedade, você precisa de **Otelo**   127

Se lhe aconteceu algo que não consegue aceitar, você precisa de **A tempestade**   154

Se o seu amor o abandonou, você precisa de **Antônio e Cleópatra**   173

Se a vida o rejeita (e faz com que se sinta sempre deslocado),
você precisa de **Hamlet** 200

Se não consegue se apaixonar mesmo encontrando pessoas
maravilhosas, você precisa de **Romeu e Julieta** 233

Se não tem coragem de seguir os seus desejos, você precisa
de **Como quiserem** 270

PRÓLOGO

Existe uma arte muito antiga, secreta, conhecida pelo nome de "bibliomancia". Trata-se da prática mágica de buscar soluções para os nossos problemas consultando livros que consideramos sagrados, inspirados por Deus ou iluminados por um poder profético.

Na cultura grega, a *Odisseia* de Homero, a *Teogonia* de Hesíodo e os pensamentos de Heráclito foram usados assim. Mais tarde, os romanos estenderam a prática aos versos de Virgílio e, a partir dos primeiros séculos da era cristã, a Bíblia tornou-se o texto da adivinhação bibliomântica por antonomásia, porque cada vez mais fiéis – desobedecendo a proibições explícitas das autoridades eclesiásticas – passaram a consultá-la em busca de respostas para suas perguntas.

Não se trata de uma crença comum apenas à cultura ocidental: o *I Ching*, o famoso *Livro das mutações*, primeiro clássico da literatura chinesa, talvez seja o exemplo mais evidente de como um livro pode responder às nossas dúvidas mais profundas, se conseguirmos decifrar os signos que ele nos apresenta.

Mas como funciona a bibliomancia? É simples: basta confiar no que um livro quer nos dizer, como se ele nos conhecesse mais do que conhecemos a nós mesmos. Fazendo uma inspiração profunda, seguramos o livro nas mãos ou o apoiamos nos joelhos e, de preferência com os olhos fechados, pensamos com intensidade na questão que se agita dentro de nós. Depois disso, abrimos o volume num ponto aparentemente casual – e aquela exata passagem do texto, aquele parágrafo, aquele trecho, aquele versículo ou aquele hexagrama nos responderá, com voz de oráculo, falando-nos do problema que trazemos dentro de nós.

Mais do que qualquer outro produto literário da Modernidade, a obra dramatúrgica de Shakespeare pode ser considerada a fonte sapiencial mais útil para experimentos de bibliomancia; porque o teatro shakespeariano é uma espécie de memória coletiva da nossa era, um baú infinito que podemos consultar em busca de nós mesmos. Todos nós estamos ali dentro.

William Shakespeare, quem quer que tenha sido, é mais do que um autor. Seus dramas – esses roteiros escritos entre os séculos XVI e XVII para que um grupo de atores homens os encenasse num teatro de Londres e o público pagasse para vê-los – contam, de maneira quase sobrenatural, aquilo que somos. É como se os textos shakespearianos contivessem em seus meandros poéticos a nossa própria essência, o nosso sentir, a nossa vida exemplificada em histórias.

Quem compôs as obras devia ter uma espécie de antena metafísica, com a qual conseguiu captar, na imensidão do cosmos infinito, algumas vozes. Vozes que, transpostas para o papel, se tornaram mais que meros personagens: tornaram-se arquétipos capazes de exprimir, descrever e explorar a própria identidade de quem está lendo, ouvindo, escutando ou interpretando uma de suas histórias.

Não importa muito se temos um conhecimento superficial de Shakespeare ou se sabemos recitá-lo; se o desconhecemos por completo ou se conhecemos cada palavra sua: tenhamos ou não consciência disso, vivemos naquele teatro. Se ficamos loucos por amor, somos Romeu (ou Julieta); se encontramos o amor quando menos esperamos, somos Beatriz (ou Benedito); se perdemos as estribeiras de ansiedade, somos Otelo; se deixamos a razão de lado em busca da verdade, somos Hamlet; se evocamos as forças obscuras dentro de nós e caímos na violência e no terror, somos Macbeth.

Meu trabalho, *Pergunte a Shakespeare*, mais que um ensaio, tem a intenção de ser um guia na prática de bibliomancia aplicada ao teatro shakespeariano entendido como texto sagrado. É o relato de como dez problemas típicos que atormentam, atormentaram ou atormentarão a vida de todos nós podem ser enfrentados ao buscarmos os significados ocultos em dez obras do Bardo.

A expressão que usei anteriormente – "William Shakespeare, quem quer que tenha sido" – é uma evocação irônica da *vexata quaestio*, uma questão controversa sobre a identidade de Shakespeare. Desde sempre, a paternidade dessas obras foi posta em discussão, e surgiram inúmeras hipóteses, às vezes, até muito fantasiosas, sobre quem pode ter sido o verdadeiro autor, a verdadeira autora ou os verdadeiros autores; porque parece realmente incrível que uma única pessoa, um indivíduo com instrução modesta e poucas experiências de vida, sozinho, em alguns poucos anos, tenha sido capaz de forjar o conjunto dos dramas que formam o caleidoscópico e eruditíssimo *corpus* shakespeariano.

Talvez nunca se chegue a uma resposta definitiva sobre o tema, e nenhum documento possa provar que o autor dessas obras não seja o filho do fabricante de luvas de Stratford-upon-Avon, a quem a crítica oficial atribui a composição dos dramas. Mas certamente continua a existir um mistério, além da questão biográfica: como é possível que as combinações formadas pelas 31.534 palavras que compõem os 37 roteiros deste *corpus* teatral criado no decorrer de 25 anos possam ter definido toda a gama psicológica das criaturas humanas.

É esse mistério que me interessa e que exploro aqui, convidando o leitor e a leitora a me acompanharem na caminhada. O que tentei fazer foi me mover no teatro de Shakespeare como no interior de um mapa encantado das nossas almas; como se as palavras do Bardo tivessem o poder de nos levar a compreender melhor a psique de cada um de nós, de entender os medos, as alegrias, as angústias e os entusiasmos que trazemos dentro de nós, na contínua interpretação do personagem de nós mesmos que é a nossa vida.

No entanto, muita atenção! Este não é um livro de autoajuda, um daqueles volumes que prometem um percurso de melhoria pessoal para viver com mais saúde, mais serenidade ou para ser mais eficiente; esta obra não pode ser um livro desse tipo por um motivo fundamental: Shakespeare não nos ajuda, não nos salva – ao menos não diretamente. Em seu teatro não existem preceitos morais, indicações de quais caminhos seguir, esperanças nas quais acreditar.

Porém – e é um imenso "porém" –, pode ser reconfortante, esclarecedor, maravilhoso compreender que, quando um problema nos aflige, por mais grave ou ridículo que seja, William Shakespeare já tratou dele. E escreveu de uma forma que nos diz respeito pessoalmente, transformando aquele nosso problema em algo de sublime. É por isso que as obras de "Mestre Will" – como se acredita que o chamavam aqueles que o conheciam bem – podem nos levar a investigar as nossas pequenas e grandes mazelas cotidianas e, por meio delas, compreender mais profundamente aquilo que somos, num percurso de autoconhecimento.

É como se, pelo caminho do amor ou pelo caminho do poder, os personagens shakespearianos fatalmente tivessem de se tornar conscientes, a cada vez, do infinito (e perigosíssimo) potencial da própria alma. Ao contrário do que ocorre no teatro grego, os heróis e as heroínas dessas histórias não se chocam com forças externas por motivos contingentes, cegos: aqui, a origem da tragédia (ou a sua resolução na comédia) está na própria identidade do protagonista. Identidade que é também a nossa, e assim a história dele nos põe em contato pulsante com a nossa índole mais profunda. Com o universo infinito, incandescente e estupendo que cada um de nós traz dentro de si.

A quase totalidade das histórias contadas pelo Bardo consiste numa reescrita de tramas tomadas de fontes da tradição. Com

Shakespeare, não há perigo de *spoiler*: sabemos exatamente – e os espectadores de sua época também sabiam – como determinada história vai terminar, antes mesmo que ela seja levada ao palco. O que importa é o *como*: a morfologia narrativa do drama, ou seja, o jeito de narrar de Shakespeare. O que faz a diferença é o seu verbo poético: aquela forma peculiar de contar a história por meio da qual, numa espécie de feitiço, o personagem se torna um arquétipo, e as estruturas banais, miseráveis da vida humana se transformam em parábolas magníficas.

Além disso, nossa existência também tem um fim que já conhecemos: nascemos para morrer, e as pessoas que mais amamos são tiradas de nós sem nenhuma razão.

É isso. Mas esse *spoiler* não resume tudo. Para a vida, o que conta também é o como da narração, não o fim já conhecido. E é aqui que consultar Shakespeare como se fosse um livro sagrado se torna precioso. Porque, ao passar pela lente das narrativas shakespearianas, cada uma de nossas pequenas e fúteis insatisfações, cada um de nossos irredimíveis sofrimentos, cada uma de nossas tolas felicidades encontra um significado inesgotável.

Os dez capítulos que compõem este livro referem-se a dez problemas típicos da vida, e a cada um deles é associada uma obra shakespeariana que, por muitos aspectos, tocou a essência daquele problema. No fim de cada capítulo há uma pequena bibliografia, reduzida ao mínimo e obviamente não definitiva para o drama em questão, na qual são indicados apenas os textos citados ou aqueles nos quais me baseei diretamente para as minhas explicações. Exceto quando especificado de outro modo, as traduções dos textos de Shakespeare são minhas.*

A ordem que dei aos capítulos não é imprescindível: pode-se começar a ler o livro a partir de qualquer problema que se considere

---

* Para a edição brasileira, optou-se também por uma tradução livre da tradutora do livro. (N. da E.)

mais urgente, mais próximo ou mais significativo em determinado momento. Sequer é importante conhecer preliminarmente todas as dez obras shakespearianas de que falo – porque elas já conhecem você.

 Quando John Keats estava agonizando, acabado, consciente de que morreria em pouco tempo sem poder rever a mulher que tanto amava, sozinho e distante de casa, certo de não ter realizado nada de significativo na vida, enquanto perecia com apenas vinte e cinco anos de idade, passou pela mente do poeta um pensamento que, por um instante, o encheu de uma alegria estranha: percebeu que tinha tido tempo para ler as obras de Shakespeare e entender o tamanho de sua beleza. A mesma gratidão percebida naquele instante por Keats me acompanhou ao escrever este livro, como se fosse um talismã.

 Talismã que eu gostaria de passar à leitora e ao leitor destas páginas ao sugerir que, para enfrentar as mazelas terríveis e habituais da vida, recorra a Mestre Will. Porque, se você o consultar com cuidado e intensidade, ele responderá diretamente ao seu coração.

Cesare Catà
2020

SE TUDO VAI MAL,
VOCÊ PRECISA DE SONHO DE UMA NOITE DE VERÃO

É TUDO CULPA DOS DUENDES

A etimologia da palavra nos esclarece: um problema é algo que se coloca diante de nós, que nos impede de caminhar. Do grego *pro* ("diante", neste caso) e *bàllein* ("colocar", "lançar", "pôr"). Imaginemos um tronco caído no caminho que estamos percorrendo. Passar pelo tronco e continuar a caminhar significa resolver o problema. Talvez só tenhamos de subir nele e descer no outro lado. Ou, então, mudar de percurso, sair do caminho. Alguns indivíduos, mais estranhos e criativos, poderiam ter a ideia de cortar aquele tronco, tentar removê-lo ou até queimá-lo. Outras vezes, ao contrário, não parece haver um jeito de continuar, e paramos. Para Shakespeare, quem quer que tenha sido, interessava observar e narrar as infinitas formas do espírito dos peregrinos quando se deparam com troncos.

Diante de um tronco, o ser humano não é levado a tentar entender como ultrapassá-lo. Não, muitas vezes, diante de um problema, confiamos antes de tudo no pensamento mágico e evocamos forças divinas. Uma evocação que se manifesta de diferentes modos, do abandono místico à blasfêmia, que, no entanto, têm todos a mesma origem.

Mais de uma vez, na *Odisseia*, Ulisses, perdido nas tempestades, invoca os deuses, esbravejando contra Posídon, porque as coisas se complicaram no meio do mar. Apesar de grandiosas e magníficas, as palavras do herói homérico contra o deus do mar têm a mesma natureza das blasfêmias pronunciadas diariamente por qualquer cliente num bar quando alguém derrama sua bebida.

Por outro lado, acho que um dos muitos significados ocultos no livro de Jó, um dos textos mais fascinantes da narrativa bíblica, é: a ideia de que oração e blasfêmia se tocam na essência. É interessante ver que tanto a invocação contra Posídon pronunciada por Ulisses quanto os palavrões de um bêbado no bar não removem, de fato, o tronco – não resolvem o problema. No primeiro caso, a tempestade não cessa; noutro, a bebida não volta ao copo. E com certeza, no plano consciente, os dois sabem disso.

Acontece com todos nós ao encontrar um obstáculo: em vez de enfrentá-lo, por uma espécie de reflexo, amaldiçoamos ou invocamos os deuses; assim, atribuímos a energias sobre-humanas o fato de os eventos não tomarem o caminho que queremos. Pensamos que as coisas, como se diz, "vão mal", ou seja, tomam uma direção contrária ao caminho correto dos nossos propósitos, por serem guiadas por poderes que estão acima de nós. Somos dominados pela ideia de que a realidade está contra nós.

Há uma comédia de Shakespeare, entre as mais famosas e mais encenadas, em que essas forças sobrenaturais e misteriosas, que o ser humano evoca quando se depara com os problemas na vida, assumem as formas plásticas de criaturas mágicas da floresta. Estou falando de *Sonho de uma noite de verão*.

A história tem dois ambientes: uma cidade onírica e o bosque que a rodeia. Como sempre em Shakespeare, a ambientação não é contingente, mas revela algo sobre a essência da obra. Estamos em Atenas, cidade-símbolo da inteligência humana, da filosofia, do pensamento, da lógica. Essa cidade é cercada por um escuro e fervilhante bosque onde a realidade ateniense (ou seja, a cidade da ordem e da beleza) se subverte, dando lugar a entidades misteriosas. Aqui, o bosque representa o baú daquelas potências misteriosas que, invocando ou amaldiçoando, chamamos ao nos depararmos com um tronco no meio do caminho. É o lugar do irracional.

Shakespeare povoa esse Reino Secreto, esse País das Maravilhas, de criaturas estranhas e imortais, alheias ao reino da *pólis*. Não por acaso o próprio termo "floresta" indica, etimologicamente, "aquilo que está fora da cidade". No bosque, vive Oberon, senhor das criaturas encantadas, com sua esposa Titânia. Em seu séquito, descobrimos um mirabolante cortejo de seres mágicos, entre os quais se destaca o duende trapalhão chamado Puck.

Os gregos (questão a que o estudioso Eric Dodds dedicou um memorável ensaio) chamavam esse espaço do onírico apolítico em que atuam os deuses de όναρ (*onar*). Na tradição dos contos de fadas europeus, o conceito de "duende" receberia diferentes denominações: "Criaturas Intermediárias", "Povo Pequeno", "Espíritos Elementais" ou "*Sídhe*", para usar o termo gaélico do folclore celta que de alguma maneira revive no drama shakespeariano.

Se os gregos descreveram esses poderes extrarracionais com seu sistema de deuses, a narrativa folclórica europeia que Shakespeare reelabora com *Sonho de uma noite de verão*, ao contrário, deu a tais potências a forma e a figura de duendes.

Se algo "vai mal" em nossa vida, se nossa bebida é derramada ou nos perdemos no meio do mar, a culpa é deles. É tudo culpa dos duendes.

Se existe a possibilidade de você se apaixonar pela pessoa errada, isso vai acontecer

Estamos em Atenas, portanto. Seu rei, Teseu, está prestes a desposar Hipólita, rainha das Amazonas, que ele se orgulha de ter amansado com a violência. Hipólita é uma das várias "megeras" cujo *taming*, ou seja, a domesticação, Shakespeare narra com profunda ironia em seu teatro. Mas o casamento da realeza vai ter de esperar. Antes, há um problema para resolver. Um tronco se interpõe no caminho: o nobre Egeu deve dar sua filha Hérmia em matrimônio a um rapaz chamado Demétrio, mas ela se recusa. O motivo? Embora Demétrio a ame profundamente, ela está apaixonada por outro: Lisandro. A melhor amiga de Hérmia é Helena, que, por sua vez, ama Demétrio. Para escapar da pena de morte ou de ser encerrada num convento, Hérmia e Lisandro decidem fugir para o bosque. Helena, a quem Hérmia confiou o plano de fuga, o revela a Demétrio, e ambos resolvem seguir a dupla. Por isso, em resumo (esse enredo é sempre difícil de explicar, mas, no palco, fica tudo muito simples, além de muito divertido): Hérmia está apaixonada por Lisandro, mas deve se casar com Demétrio; Demétrio deve e quer se casar com Hérmia, mas ela ama Lisandro; Helena ama Demétrio, mas ele ama Hérmia; Lisandro ama Hérmia, mas ela deve se casar com Demétrio. Enquanto as coisas não se resolverem, Hipólita e Teseu não poderão celebrar as núpcias reais.

Para dizer a verdade, bastaria que Demétrio se apaixonasse por Helena, retribuindo o amor dela: àquela altura haveria condições para um duplo casamento (ou melhor, triplo, com o da realeza), e todos ficariam felizes e satisfeitos. Mas não é tão simples. De acordo com Shakespeare, o amor acontece por acaso, ou melhor, por lógicas indecifráveis, por mecânicas de conexões indeterminadas. É essa natureza imprevisível e anárquica do amor que constitui a essência narrativa e filosófica de *Sonho de uma noite de verão*. E é esse aspecto do amor, entendido como sentimento que foge a qualquer decisão de nossa parte e a qualquer plano humano, que se transforma em símbolo da imprevisibilidade da realidade, das forças estranhas que parecem fazer com que os acontecimentos da nossa vida tomem rumos inesperados.

"O verdadeiro amor nunca seguiu um curso fácil" (*The course of true love never did run smooth*), afirma Lisandro na primeira cena do primeiro ato. De fato, esse é realmente um *tópos*, um motivo essencial, de todo o teatro shakespeariano. Não se trata apenas do tema do amor proibido, típico de todo texto cavaleiresco ou romântico; em Shakespeare, o que se mostra é, antes, a assustadora natureza imperscrutável e ingovernável dos sentimentos que se desencadeiam no coração do homem, e como podem levar à nossa salvação ou destruição.

Romeu podia se apaixonar por qualquer uma em Verona, mas vai perder a cabeça, e ser correspondido, precisamente por Julieta, a filha dos inimigos mortais de sua família. Em *Muito barulho por nada*, Beatriz e Benedito se detestam com todas as forças e, apesar disso, acabarão se casando, esquecendo a aversão mútua que nutrem pelo casamento. Shakespeare parece nos dizer que, se existe alguém que você pensa que jamais amará, ou com quem é melhor não começar um relacionamento por uma série de motivos bem fundamentados, esteja certo de que vai se apaixonar justamente por essa pessoa. Porque o amor se diverte desse jeito. Ou, noutros termos, como diz a famosa Lei de Murphy, criada por Arthur Bloch: "Se uma coisa pode dar errado, ela vai dar errado".

Quando os jovens entram no bosque, de fato, as coisas já estão bem complicadas. Nas combinações dadas aos quatro personagens, existe apenas uma possibilidade de as coisas piorarem: caso Lisandro, que por enquanto está apaixonado por Hérmia – e é correspondido –, mesmo sem poder se casar com ela, se apaixone por Helena, que ama Demétrio, que ama Hérmia. Se isso acontecesse, seria o caos total. É claro que isso é exatamente o que ocorre. Porque, se uma coisa pode dar errado, ela vai dar errado. O pão sempre cai com a manteiga para baixo. Ao acordar, depois de ter adormecido entre as árvores, Lisandro se descobre apaixonado por Helena e indiferente a Hérmia. Assim, sem nenhuma razão. Ou, para melhor dizer conforme Shakespeare: por uma confusão do mundo mágico, pela ação em nosso destino de energias que não são de origem humana – Posídon, para Ulisses; Puck, para Hérmia e os outros jovens do drama.

Mas o que são essas forças e por que atuam contra nós? Esse é o ponto que *Sonho de uma noite de verão* esclarece. No fundo, trata-se do tema de *Unde malum?* – a abissal questão relativa à origem do mal que afligiu Agostinho e todos os filósofos cristãos, mas que aqui não encontra uma sistematização teológica reconfortante.

A resposta para essa última pergunta só pode ser dada se entrarmos no bosque de Atenas com os quatro jovens. De fato, ali o drama mostra o desvio ontológico que não faz as coisas seguirem o caminho certo. Para entender por que tudo dá sempre errado, temos de entrar no bosque. E, naquele reino secreto, conhecer Puck, o mágico duende servo de sir Oberon. Porque, como falei antes, é tudo culpa dele.

O segredo de Puck

Seguindo a evolução narrativa do drama, no segundo ato descobrimos que, enquanto o casamento entre Hipólita e Teseu é suspenso em Atenas, no bosque, está em andamento uma discussão feroz entre o rei Oberon e a rainha Titânia. É uma típica briga de amor entre apaixonados, que Shakespeare traduz, por assim dizer, "no plano élfico", ou seja, transformando o ciúme num atributo das Criaturas Mágicas. O pivô é um jovem que Titânia mantém consigo zelosamente, raptado de um soberano indiano. Ela sabe muito bem que isso incomoda seu marido, e, portanto, demonstra um apego profundo pelo jovem. Trata-se de uma discussão que, nas dinâmicas pintadas pelo diálogo shakespeariano, poderíamos atribuir a qualquer casal de qualquer tempo, ainda hoje.

> OBERON: Que maus encontros ocorrem à luz do luar. Olá, orgulhosa Titânia.
> TITÂNIA: Oh! O rei ciumento! Olá, Oberon! Venham, fadas, vamos embora. Já recusei a companhia deste e há tempos já lhe neguei o direito de ocupar meu leito...

OBERON: Não ouses mover-te, arrogante dançarina indiana. Esqueces que sou teu senhor?
[...]
TITÂNIA: São os delírios de um balão inchado, cheio de ciúme. Desde o início do verão tu e eu não nos encontramos em colinas, vales, bosques e prados, entre os seixos de uma fonte, entre os juncos de um riacho ou nas areias do mar, para dançar juntos nos suspiros do vento, sem que estragues nossas brincadeiras com essa tua atitude rude. [...]
OBERON: Depende de ti fazê-lo parar. Além do mais, por que uma rainha não deveria fazer feliz o próprio rei? A única coisa que te peço é aquele teu rapazinho raptado, para fazer dele o meu pajem, nada mais.
TITÂNIA: Ah, acalma o teu coração, Oberon! Não o entrego a ti nem por todo o Reino das Fadas. A mãe dele era uma sacerdotisa da minha ordem, e, no ar repleto de aromas da Índia, muitas vezes passávamos as noites sentadas, conversando [...]. Mas ela era uma mortal e expirou ao dar à luz aquele menino, e eu, por amor a ela, cuido dele, e, por amor a ela, jamais me separarei dele.

(II, i)

A "criança raptada" (*changeling boy*/*changeling child* são as expressões originais usadas pelo personagem de Oberon) é um antigo motivo do folclore celta, no qual se fala de crianças "trocadas" pelos seres mágicos; um motivo que será retomado por W. B. Yeats na famosa poesia *The Stolen Child*. O termo *changeling* indica, literalmente, uma "troca": refere-se, em especial, à troca que as fadas fariam entre um mortal que levam para seu reino (muitas vezes uma criança ou uma pessoa linda, tanto por fora como por dentro) e um simulacro dele que deixam viver na terra dos homens – crença viva ainda hoje no folclore irlandês.

Para se vingar de Titânia e de sua desdenhosa recusa de lhe conceder o menino raptado, Oberon convoca Puck, seu servo duende, para que lhe providencie uma flor mágica em que uma flecha de Eros caiu; uma flor que, desde então, tem um poder divino, já que o seu extrato, colocado nos olhos de quem dorme, faz o infeliz ou a infeliz se apaixonar pela primeira pessoa que vê ao despertar. Oberon quer fazer essa brincadeira com sua esposa. Nesse meio-tempo, nota a presença dos quatro jovens no bosque. Ele e Puck os observam, sem ser vistos, e Oberon ordena que o duende resolva a situação, derramando o fluido mágico da flor nos olhos de Demétrio, de modo que ele se apaixone por Helena e tudo se arranje.

Mas as coisas não tomam esse rumo. Ao contrário, dão errado. Porque Puck é um servo desastrado, brincalhão e pouco digno de confiança. Enquanto Oberon derrama o fluido nos olhos de Titânia adormecida, Puck – por engano – o derrama nos olhos de Lisandro, que, quando desperta, vê Helena, apaixonando-se por ela.

Esse "erro" de Puck, essa sua distração, constitui o núcleo filosófico do drama e encerra a mensagem secreta de *Sonho de uma noite de verão*: trata-se do símbolo que a narrativa shakespeariana usa para explicar por que as coisas dão errado na vida e, especialmente, no amor.

O personagem de Puck nos é apresentado, no início do segundo ato, com um dos monólogos mais belos e mais vibrantes de todo o teatro shakespeariano. O perfil do duende parece ter sido traçado seguindo os contornos que a mitologia grega confiara a Eros.

> PUCK: Disseste bem, sou aquele alegre vagabundo da noite; invento brincadeiras para sir Oberon e consigo fazer com que se mate de rir quando engano um garanhão gordo de tanto comer favas, imitando o relincho de uma égua no cio; às vezes, como uma maçã assada, mergulho na tigela de uma anciã tagarela e, assim que ela bebe, grudo em seus lábios, fazendo-a derramar tudo na papada; outras vezes, enquanto a mais sabida das comadres está contando sua história mais entediante, assumo a forma de um banquinho de três pés e, quando ela se senta, saio de baixo de seu grande traseiro, e ela grita

> maldições, e se sufoca de tanto tossir, e todos seguram a barriga de tanto rir, e cospem e espirram e juram que nunca passaram hora tão divertida... Mas agora não digas nada, Fada: Oberon está chegando.
>
> (II, i)

De fato, *Sonho de uma noite de verão* mistura continuamente, e com maestria poética, o pano de fundo dos mitos helênicos que o autor parece ter conhecido sobretudo (mas não apenas) por meio das *Metamorfoses* de Ovídio e a bagagem folclórica da região celta.

Assim, Oberon e Titânia são, sem dúvida, dois típicos Soberanos das Fadas da tradição das fábulas, dos quais já se falava numa obra como o romance cavaleiresco do século XIII *Huon de Bordeaux*, traduzido para o inglês em 1548 por lorde Berners. Shakespeare, porém, enxerta nessa base uma dinâmica relacional que imita diretamente o vínculo entre Zeus e Hera com suas paixões e ciúmes nos mitos gregos.

A mesma operação acontece com o personagem de Puck. De um lado, ele é um típico duende da tradição fabular celta. De outro, uma icônica reinterpretação do Eros da mitologia helênica.

Como eu dizia, assim como Eros, Puck é anárquico. Segundo o mito, Eros nasce de uma relação adúltera entre Afrodite e Ares. Talvez em virtude desse nascimento ilegítimo, seu modo de agir é completamente livre, desprovido de toda lógica e de toda regra. Ele, sem razão aparente, pode lançar suas flechas de ouro que despertam o amor, ou as de chumbo, que fazem cessar repentinamente toda a paixão. Assim, o mito antigo explicava a ideia expressa mais tarde no moderno dito popular sobre a "cegueira" do amor: o amor é cego. Trata-se de um dito que se tornou célebre precisamente por Shakespeare, que, retomando-o de Chaucer, utiliza-o em pelo menos três de seus dramas.

Eros, deus imperscrutável e caprichoso, selvagem e fatal, zombeteiro e misterioso, reflete todas essas suas características no duende de *Sonho de uma noite de verão*. Em seu ensaio *The Anatomy of Puck* [A anatomia de Puck], Katharine Briggs oferece uma análise aprofundada e original do personagem. Os trabalhos da folclorista e escritora britânica, que dedicou a vida a um estudo apaixonado do universo fantástico celta e britânico, estão entre os livros mais úteis e mais belos, por sua vez um pouco encantados, para conhecer aspectos e características do Povo Pequeno.

A estudiosa define o Puck shakespeariano como "a melhor descrição que temos de um duende". Mas o que é, realmente, um duende? E, sobretudo, que tipo de duende é Puck?

Os puritanos chamavam, com uma acepção depreciativa, de "hobgoblin" todo espírito (a maior parte do tempo invisível) que por séculos a tradição folclórica inglesa descreveu como minúsculas criaturas presentes nos bosques e nos cantos mais ocultos das casas rurais. A tradição atribui a elas a causa daqueles fenômenos que acontecem conosco sem motivo, para o bem e para o mal, trazendo-nos momentos felizes ou, com mais frequência, pequenos-grandes aborrecimentos.

Quando não encontramos as chaves de casa, mesmo tendo certeza de que as deixamos na mesa; quando chamamos o namorado pelo nome de um ex-namorado; quando tropeçamos e caímos em público; e, obviamente, quando derramamos nossa bebida, a tradição fabular atribuiria a culpa aos duendes. De fato, eles são descritos como espíritos cuja ocupação preferida é rir dos problemas em que homens e mulheres se metem. Muitas vezes os duendes nem sequer os causam de propósito: são simplesmente distraídos ou desastrados. Seja como for, as nossas reações enfurecidas sempre os fazem rir.

No entanto, esses duendes não estão incluídos entre os espíritos malvados. Eles são substancialmente amigáveis para com os seres humanos e muitas vezes nos ajudam em suas atividades cotidianas sem que percebamos. Mas, para que isso ocorra, as pessoas precisam ser gentis. E os duendes sempre sabem reconhecê-las.

Há uma correspondência afetiva entre o Povo Mágico e os espíritos gentis. Puck demonstra por Hérmia uma compaixão própria dessa natureza. Ao falar de duendes, portanto, convém jamais empregar o difamatório termo "hobgoblin", para não ser uma vítima da fúria de suas loucas brincadeiras. Nas fábulas, os duendes são mais frequentemente chamados de Povo Mágico, Povo Pequeno ou também, com mais devoção, "o Bom Povo", cuja diversão preferida "são as loucuras humanas", informa-nos Katharine Briggs. Como todos os duendes, Puck se diverte quando perdemos a cabeça. A origem de seu nome se perde na noite dos tempos, mas certamente está ligada ao galês *pwca*, que, por sua vez, indica um duende bondoso, mas muito perigoso quando é dominado pela ira. Uma antiga fábula celta fala de uma camponesa de Tryn Farm, nas proximidades de Abergwyddon, que por toda a vida sempre deixou uma gota de leite no fundo do copo porque tinha certeza de que um *pwca* visitava sua casa e a bebia. Certo dia, convencida por uma amiga a não repetir um gesto tão absurdo, sofreu pela primeira vez na vida uma terrível dor de barriga que durou a noite inteira. Desde então, jamais se esqueceu de deixar ao duende a sua parte.

É como se o mundo mágico, o mundo imperscrutável do sonho – ou seja, o bosque –, a parte irracional do real, pretendesse o seu lugar no cosmos da nossa vida. Quando as coisas dão errado conosco, é como se o Bom Povo viesse reclamar o seu lugar. Como se um Puck estivesse reivindicando a gota de leite que não lhe deixamos.

Puck, o duende de Shakespeare, se apresenta como Robin Goodfellow, nome associado também ao herói Robin Hood, personagem não por acaso anticívico e habitante dos bosques.

Para descrever o bosque shakespeariano, poderíamos falar de "Reino Secreto" e "País das Maravilhas". A segunda expressão, muito famosa, é obviamente emprestada de Lewis Carroll e das histórias de Alice, nas quais a jovem heroína descobre um mundo de realidade subvertida oculto sob o mundo comum.

"Reino Secreto", por sua vez, é o nome que Robert Kirk, misterioso e erudito presbítero escocês do século XVII, que passou à tradição como

Capelão das Fadas, atribuiu ao Universo dos Seres Encantados, escrevendo sobre eles um guia muito preciso, repleto de descrições e mensagens esotéricas. No guia do reverendo, teoriza-se sobre uma relação estrutural entre o mundo visível dos homens e o invisível do Bom Povo.

A floresta de *Sonho de uma noite de verão* prenuncia os pensamentos de Kirk e as histórias de Lewis Carroll. Mais adiante na linha da cultura ocidental, a floresta, com certeza, também representa aquilo que a psicanálise teorizaria com a ideia de inconsciente, *Unbewusste* – o bosque é alheio à cidade e, contudo, determina suas dinâmicas de forma obscura, não diferentemente do que acontece na relação entre inconsciente e Eu.

Para esse debate, não é irrelevante ressaltar a situação temporal que nos é fornecida pelo título do drama: esta é uma comédia de verão, com tudo o que o verão significa no plano simbólico em termos de exuberância, loucura, extravagância, vitalidade e êxtase, sobretudo para aquele momento especial no hemisfério Norte, entre 21 e 24 de junho, período do solstício de verão: tudo pode acontecer, especialmente à noite. De fato, em inglês há a expressão *midsummer madness*, "a loucura do meio do verão" que inspira músicas e filmes. É um momento em que podem ocorrer coisas fora do comum. Em que, como se diz em latim: *licet est insanire*, é permitido perder a cabeça.

O solstício de verão, como todos os momentos de passagem do ano, tradicionalmente assume valores mágicos especiais, uma vez que nessas ocasiões, de acordo com diversas crenças, o mundo humano e o mundo encantado podem se comunicar quando é aberta uma espécie de portal no fluxo do tempo. Nos solstícios, a cidade e o bosque se tocam – o Eu sente o inconsciente.

No bosque, como nos sonhos, a identidade subjetiva perde o seu fundamento quando o princípio aristotélico de não contradição que estrutura a nossa lógica racional não atua. Os absurdos que acontecem no bosque desse drama, como o desaparecimento das personalidades individuais (tema tão caro a Shakespeare quando se fala de amor), são elementos típicos dos mecanismos oníricos descritos por Freud. No bosque (na atividade onírica), a realidade baseada na lógica é subvertida numa outra racionalidade. Nesse sentido, o bosque é a imagem plástica do sonho mencionado no título da peça. É o lugar da desorientação, da loucura, daquela faculdade poético-imaginativa que os filósofos renascentistas contemporâneos de Shakespeare denominavam *imaginatio*.

No drama, Teseu afirmará (do ponto de vista da *ratio*, a razão, urbana) que "o louco, o amante e o poeta são compostos de imaginação". Portanto, é bom que essas criaturas não entrem em relação direta com as da cidade. Mas no solstício de verão, na *midsummer madness*, os dois universos podem estar em perigosa conexão.

O bosque shakespeariano é uma arcádia britânica típica dos contos de fadas: assim como os bosques de Warwickshire, é repleto de prímulas e de tomilho, de violetas, de madressilvas e rosas selvagens, sombreado por nevoeiros de orvalho e por nuvens cintilantes, mostrando ao maravilhado espectador as partes mais profundas da psique humana.

Se efetivamente o bosque está ligado ao conceito de inconsciente, ele representa aquilo que, em termos freudianos, poderíamos definir como o *Unheimlich*: aquele dado estranho e perturbador, que, apesar disso, nos atrai com irresistível fascínio. Aquela incontrolável e inquietante estranheza que tão bem conhecemos, da qual os sonhos são a voz criptografada.

No Reino Secreto do bosque shakespeariano, toda regra do mundo racional é reinventada, precisamente como nas descrições freudianas da morfologia do inconsciente presentes nas páginas de *A interpretação dos sonhos*. Harold Bloom chegou a afirmar, numa famosa passagem, que toda a obra de Freud não passa de um comentário a Shakespeare. De fato, Shakespeare frequentemente escreve em termos líricos o que Freud descreve em termos analíticos: as brincadeiras dos duendes não passam de atos falhos. Essas brincadeiras acontecem apenas no bosque, uma vez que o bosque representa o lugar de revelação do inconsciente. Ali, a lei ateniense não vale, assim como no inconsciente não vigora a lógica de não contradição.

O que Freud define como *Verdichtung*, "condensação", ou seja, a presença simultânea, num único ente, de duas realidades que a mente sabe que são distintas no nível consciente (como, por exemplo, quando sonhamos estar em dois lugares ao mesmo tempo, ou que uma coisa é simultaneamente outra coisa e assim por diante), constitui o núcleo de uma das cenas mais divertidas do teatro shakespeariano. Depois que Oberon derramou o sumo mágico nos olhos de Titânia, ela desperta do sono, sempre rodeada da corte de fadinhas de nomes encantadores: Semente de Mostarda, Ervilha de Cheiro, Mariposa, Teia de Aranha. O despertar de Titânia constitui o ponto alto cômico dessa obra que é antes de tudo um drama divertido. De fato, ao despertar, a rainha das fadas se depara primeiramente com Bobina, o diretor destrambelhado de uma companhia composta de operários que hoje definiríamos como "amadora", e que se retirara para o bosque para ensaiar uma peça em homenagem às núpcias de Hipólita e Teseu (observe-se que a prática do teatro também é realizada no Reino Secreto do bosque, quase como se fosse uma atividade mágica).

Entre seus feitiços desastrados, Puck transformara a cabeça de Bobina na cabeça de um burro, fazendo-lhe também crescer uma cauda. Nesse personagem parece agir uma memória de Lúcio, narrado por Apuleio em seu *O asno de ouro*, com todo o alcance cômico--grotesco e simbólico da transformação de um ser humano em criatura asinina.

Por causa do feitiço da flor de Puck, Titânia, ao despertar, se apaixona, portanto, por esse monstruoso ser semizoomorfo, cujo nome no original, Nick Bottom, por si só já é ridículo, evocando, em inglês, a palavra "traseiro" (poderíamos traduzi-lo também como "Nick Bundão"). Trata-se de um papel de grandes potencialidades dramáticas e, não por acaso, costuma ser destinado a intérpretes expressivos e de brilhante presença cênica.

Desse modo, a vingança de Oberon está completa; aliás, é até excessiva: o rei se arrependerá ao ver sua rainha se apaixonar por uma criatura tão reles e removerá o feitiço de sua mente. Puck fará a mesma coisa com Lisandro, após os quatro jovens, cansados de brigar, adormecerem novamente – e desta vez o duende derramará o sumo da flor mágica de modo correto.

Desconcertada ao acordar nos braços de Bobina, Titânia se reconcilia com Oberon, e os jovens, naquela mesma manhã redentora, se apaixonam de maneira mais funcional: Hérmia volta para Lisandro, Demétrio se une a Helena. O próprio Bobina será levado de volta ao seu estado antropomórfico originário. Assim, finalmente tudo se resolve – pode-se sair do bosque.

Em conclusão, Hipólita e Teseu, depois de terem encontrado os quatro jovens adormecidos, determinam que se celebrem o casamento real e o casamento dos dois casais apaixonados.

Para a tríplice festa de núpcias, a companhia de Bobina encena *Píramo e Tisbe*, a comédia ensaiada no bosque, e uma alegria generalizada toma conta dos presentes. Teseu declara as festividades encerradas, selando o final feliz do drama. No entanto, o verdadeiro encerramento é confiado significativamente à corte dos *Sídhe*, o Bom Povo do bosque, cujos membros desfilam diante do público, despedindo-se com o famoso epílogo de Puck:

> PUCK: Se nós, sombras, vos ofendemos, imaginai que o narrador desta história foi um sonho e, assim, recuperareis o tempo perdido. [...] Senhores e senhoras, Puck não é afeito a vos enganar com palavras, e se esta noite tiver a grande sorte de escapar de vossos insultos de língua de serpente, garanto-vos que me farei perdoar. Portanto, apertemos nossas mãos e sejamos amigos, e Robin recompensará vossos prejuízos.
>
> (Epílogo)

Foi tudo um sonho: portanto, não deem demasiada importância a tudo o que viram, diz o duende para concluir. Esse final evoca a sempre citada frase de Próspero em *A tempestade*: "Somos da mesma matéria de que são feitos nossos sonhos". Trata-se daquela sobreposição entre teatro e realidade, entre vida e sonho, que constitui o tema de fundo de todo o *corpus* shakespeariano, e que neste epílogo assume uma importância particular.

O duende shakespeariano está dando voz aqui a um princípio bem preciso, central na visão de mundo de Shakespeare: se formos capazes de ver, à luz desta justaposição entre teatro e existência, cada coisa real na sua fundamental irrealidade, todos os fatos da vida serão redimensionados em sua importância. O que, certamente, é terrível. Mas, por outro lado, traz também um grande alívio.

A nobre verdade de *Sonho de uma noite de verão*

Estamos diante de um aspecto do teatro de Shakespeare que quase se aproxima de uma visão budista. O termo sânscrito *anitya* (ou *anicca*, em língua páli), que costumamos traduzir como "impermanência", indica, na doutrina budista, o caráter ilusório fundamental de todo ente, de tudo o que experimentamos, transitoriamente, na história da nossa vida. Para o budismo, nada é real, mas tudo é fruto de uma ilusão que nasce da ilusão primordial, aquela que diz respeito à nossa própria existência (o que o budismo chama de *anatta*). Com esse fundamento, o budismo ensina o caminho do desapego de todas as coisas, que, em sua transitoriedade, provocam sofrimento. Só com a consciência de que a realidade é uma ilusão (*māyā*) é possível escapar do sofrimento inerente à vida. Se compreendemos que nada é real – nem mesmo nós, nem mesmo o nosso sofrimento –, certamente cada um de nossos cuidados e preocupações estarão destinados a se extinguir, como uma chama que deixa de queimar pela falta de combustível (esse é o exato sentido etimológico do termo *nirvana*).

Ainda que noutros termos, Puck não está nos dizendo algo muito diferente quando, no fim do drama, justapõe sonho e realidade, vida e teatro. Se não gostamos do espetáculo, diz o aviso do epílogo, basta considerar que ele não passa de uma encenação, em tudo igual a um sonho. Assim, não daremos importância demais ao dinheiro e ao tempo que perdemos. Se explicitamos essa metáfora em relação aos acontecimentos da vida que dão errado, encontramos um ideal do desapego muito parecido com o pregado pelos textos budistas. Por outro lado, aquela gentileza que os duendes apreciam nos humanos é a mesma característica que o budismo atribui a quem se liberta das ilusões, e que descreve em conceitos como os de *Mettā* e *Karuṇā*, que remetem justamente a uma predisposição de espírito semelhante: a sublime gentileza dos iluminados.

Nessa perspectiva, é interessante notar, como não deixou de fazer o filósofo, ator e diretor Franco Ricordi em seu estudo dedicado à filosofia shakespeariana, o fato de que *Sonho de uma noite de verão* faz referência explícita à cultura indiana. Sem dúvida, não teria sentido imaginar que o Bardo tivesse conhecimento histórico de conceitos budistas; mas a sugestão de uma atmosfera ligada a concepções orientais nada tem de casual. Tanto que o diretor Tim Supple, numa apreciadíssima apresentação de 2006 pela Royal Shakespeare Company, decidiu ambientar a comédia precisamente nessa atmosfera, fazendo com que os atores pronunciassem versos shakespearianos numa mescla de inglês e de sete línguas indianas.

"Por que parece que tudo na minha vida dá errado?" Se fizéssemos essa pergunta a Shakespeare, ele nos responderia, com Puck, que todas as coisas são insubstanciais; que as coisas dão errado na medida em que estabelecemos para a nossa vida uma direção "certa" que é arbitrária; que, noutras palavras, tratam-se de brincadeiras que os duendes nos pregam, porque talvez não sejamos almas muito gentis, com suficiente compaixão. Como se a vida não pudesse dar errado para alguém absolutamente gentil. Sem dúvida, quando alguém solta um palavrão porque sua bebida foi derramada no bar por uma brincadeira de Puck, os duendes riem muito. Mas, em geral, as pessoas gentis não falam palavrões. Por isso, os duendes não costumam pregar peças em pessoas gentis: não tem graça.

A travessia do bosque

A sabedoria shakespeariana oculta nesse drama estaria nos dizendo, portanto, que, quanto mais gentis formos, menos nossa vida vai dar errado? Embora pareça um lema que poderíamos encontrar na quarta capa de um livro de autoajuda na prateleira de uma banca de jornal: sim.

Mas, cuidado. Com "gentileza" não quero dizer boa educação (os duendes são contra as normas burguesas, não estão nem aí para a etiqueta) ou um respeito a determinadas regras que depois é recompensado (os duendes também não ligam para a meritocracia, ao contrário do Papai Noel). A gentileza a que me refiro indica antes uma atitude positiva diante da realidade baseada no desapego das coisas. Os pequenos problemas da vida (não as tragédias: elas não são atribuídas aos duendes) mudam dependendo da nossa atitude, com base na nossa capacidade de reação.

Dizer que os duendes não costumam pregar peças às pessoas gentis significa dizer que as pessoas gentis ficam menos incomodadas quando algo não sai de acordo com a vontade delas, porque têm uma espécie de armadura. As pessoas gentis não ligam muito para essas coisas porque têm consciência da natureza onírica do real, da origem teatral da vida, do fato de que nenhum de nós é o centro imóvel do universo.

Gentil é quem consegue, criativamente, expressar uma atitude positiva diante de um evento adverso. Gentil é aquele que, vendo um tronco caído em seu caminho, encontra um jeito de superá-lo. Gentis são aqueles que sabem rir das coisas. E quem sabe rir de qualquer coisa, como certa vez escreveu o poeta italiano Giacomo Leopardi no livro de ensaios *Zibaldone*, é quem é livre, como aquele que não tem medo de morrer. Uma ideia que parece ter sido sussurrada ao pé do ouvido do poeta diretamente por Puck. Porque só quando conhecemos e não mais tememos os poderes ocultos no bosque é que eles se tornam incapazes de nos fazer mal.

Por outro lado, se as pessoas por quem nos apaixonamos são escolhidas pelos duendes e se a estabilidade da nossa vida depende da briga entre o rei dos elfos e sua esposa por causa de uma criança raptada, isso pode nos dizer que estamos irremediavelmente à mercê de energias além de nós, que não podemos governar nem controlar. E, como eu dizia, isso é assustador em certo sentido. Mas, por outro lado, alivia as mazelas cotidianas do seu peso de realidade.

Shakespeare, quem quer que tenha sido, deve ter acreditado profundamente na presença dessas energias sobre-humanas que fluem invisíveis em nossa vida. Energias capazes de destruir de um instante para outro, e sem nenhum motivo, a nossa frágil existência. Energias das quais não podemos escapar – porque estão em nós mesmos.

Os habitantes de Atenas são uma cópia daqueles que vivem no bosque. Não sem motivo, em muitas encenações, o ator e a atriz que interpretam Titânia e Oberon também interpretam, com outras vestes, Teseu e Hipólita. Porque, se é verdade que o bosque circunda Atenas, ele também está dentro de nós. Se os Espíritos Elementais são imagens arquetípicas da nossa psique, é no interior de nós que Oberon e Titânia discutem; é dentro de nós que Puck faz suas travessuras. Trata-se de entrar em acordo conosco, com essas forças estranhas que trazemos dentro de nós, compreendendo que nós – com a nossa identidade, os nossos desejos e medos, as nossas tribulações e os nossos bens – não somos a totalidade do ser, mas apenas máscaras; e que a realidade, portanto, não pode ter a forma que pretendemos que ela tenha.

A própria expressão esclarece: se as coisas "vão mal", é antes de tudo uma questão de perspectiva. Um dia ruim, um período nefasto, uma série de pequenos problemas poderiam nos levar a crer que somos "azarados". Mas, precisamente, é uma questão de ponto de vista, que se baseia na importância que damos a nós mesmos e a tudo em que acreditamos. Para Shakespeare, nós não somos importantes: interpretamos apenas o papel de nós mesmos. Nesse sentido, mudar de perspectiva transforma necessariamente a deformação dos acontecimentos. Aliás, a deformação dos acontecimentos nos obriga a buscar esse ponto de vista alternativo. Porque, assim que eliminamos o que nos diferencia – ou seja, o que somos e o que queremos –, em relação a que as coisas poderiam dar "errado"?

Não por acaso, *Sonho de uma noite de verão* tem uma estrutura tripartida: o drama começa na cidade, em Atenas; desloca-se para o bosque; e por fim, na conclusão, volta para a cidade. Essa arquitetura narrativa mostra uma espécie de viagem iniciática realizada pelos quatro jovens protagonistas, uma viagem não apenas física, mas também interior: uma viagem de autoexploração. É o que o roteirista Christopher Vogler, na linha do inesquecível estudo de Campbell *O herói de mil faces*, chamaria de jornada do herói. Podemos observar essa trajetória narrativa em histórias de todos os tempos: seguindo Ulisses, Eneias, Rolando, Scarlett O'Hara, Frodo, Luke Skywalker ou Meredith Grey, poderíamos encontrar a mesma estrutura tripartida em seu desenvolvimento.

Deixar a própria morada habitual para se lançar ao desconhecido e voltar daquele mundo repleto de perigos como uma pessoa renovada e espiritualmente mais elevada: em *Sonho de uma noite de verão* reencontramos, de forma eminente, esse arquétipo que está presente em todas as histórias épicas. Os jovens que voltam da viagem alucinante no bosque não são os mesmos que partiram. Cresceram, mudaram. A vida se ajeitou, as coisas já não parecem dar errado. Mas, na verdade, foram eles que mudaram. E essa mudança, esse amadurecimento interior, ocorreu por causa de seu encontro com os Espíritos Elementais. Acertaram as contas, por assim dizer, com os poderes de seu inconsciente e sobreviveram. Por isso, a história tem um final feliz. Por isso, aqui, Shakespeare narra uma comédia. Não é o que ocorre noutros momentos: Romeu e Julieta, por exemplo, são dois amantes que ficam presos no bosque, por assim dizer, incapazes de criar caminhos para encontrar uma saída.

De fato, podemos nos perguntar: realmente não havia salvação para Romeu e Julieta? É o que lhes parece. Quando ele é exilado de Verona para Mântua, por exemplo, os dois jovens se desesperam, e as coisas caem na catástrofe total. Mas, de fato, não havia esperança? E se, por exemplo, ela fosse com ele? Mântua está a dois passos de Verona. Por mais simples que seja, nenhum dos dois pensa nisso. E, no entanto, teria sido uma solução plausível. Na realidade, mais que desafortunados, para Shakespeare, Romeu e Julieta são imaturos. Não estão prontos para o amor, e, portanto, aquela força sobre-humana os arrasta.

Os dois jovens veronenses não estão acostumados com as forças obscuras do ser, não sabem gerenciá-las: não atravessaram o bosque, como fizeram Hérmia, Lisandro, Demétrio e Helena. Para Romeu e Julieta, as coisas dão errado porque eles não realizaram aquela viagem iniciática interna que os tornaria capazes de lidar com a imprevisibilidade da realidade (talvez seja por esse motivo que, no fim do *Sonho*, a companhia de Bobina põe em cena, para as núpcias de Teseu, a história de *Píramo e Tisbe* como se fosse uma espécie de paródia da história narrada em *Romeu e Julieta*).

Se olhamos para *Sonho de uma noite de verão* sob essa perspectiva, ou seja, quase como se fosse um *Bildungsroman*, uma espécie de romance de formação, é ainda mais significativa a ambientação do drama em Atenas, onde, na cultura cívica da época clássica, era essencial o processo formativo chamado "efebato", para o qual, dos dezoito aos vinte anos de idade, os jovens deviam desenvolver um período de duro aprendizado psicofísico, que começava com um solene juramente no templo de Aglauro.

Só ao fim de tal processo o efebo podia ser considerado adulto, cidadão de pleno direito e, portanto, se casar. Do mesmo modo, os jovens dessa comédia realizam um aprendizado (neste caso, mágico--simbólico) que os retira do estado efébico, rumo à maturidade e à possibilidade de casamento.

Para Shakespeare, a questão assume antes de tudo um valor psicológico. Atravessar o bosque, como em alguns contos dos irmãos Grimm, significa enfrentar as forças terríveis que trazemos dentro de nós, forças que se manifestam quando a vida parece dar errado. Encontrar a força da gentileza para dar uma resposta criativa, positiva, para o problema que temos diante de nós significa sair do bosque, voltar para casa, na cidade. E, por mais que sejamos testados e fiquemos esgotados por aquela travessia, voltamos como seres melhores – de todo modo, renovados – se comparados à partida.

Claro, nem tudo é tão simples assim, há casos em que não voltamos mais para a cidade. Há troncos humanamente impossíveis de superar. Mas, nesses casos, a questão não é trabalho dos duendes, como eu dizia, e temos de consultar outros dramas de Shakespeare para observar os dados trágicos da existência. Aqui, estamos falando dos pequenos-grandes problemas da vida, de quando nos queixamos porque as coisas não vão bem para nós. E, quando as coisas não vão bem, temos de modificar o que somos, tanto quanto possível, para que aquela distorção deixe de ser uma distorção.

Levantou-se a hipótese de que essa comédia foi composta por ocasião das celebrações do casamento do conde de Derby com Elizabeth de Vere, em 1595. Não sei se é possível comprovar essa sugestão, mas tenho certeza de que a questão do casamento tem um significado importante. Não raro, em Shakespeare, o rito das núpcias assume uma acepção mística e simbólica, quase de redenção, como se o matrimônio pudesse salvar os protagonistas tanto no plano cívico como no metafísico.

É como se os efebos Hérmia, Helena, Lisandro e Demétrio, depois de terem vagado pelo mundo selvagem do bosque, voltassem, graças ao casamento, a se estabilizar na cidade. Mas, para que seja possível essa admissão no mundo cívico dos adultos, é necessário experimentar a natureza perigosa do amor, e dominá-la. Ou seja, nos termos do drama, é necessário conhecer e cair nas graças de Puck: ter, diante da vida e da sua maldade, descrita pela Lei de Murphy – uma maldade que sempre pode nos destroçar –, uma atitude criativa e livre, propositiva e – para usar um termo hoje demasiado na moda e que se tornou quase insuportável – "resiliente". Só então somos adultos, saindo do bosque. Tornando-nos, em certo sentido, uma forma mais robusta de nós mesmos.

O psicólogo Boris Cyrulnik, que dedicou uma vida de estudos à fenomenologia da resiliência, observando como a psique humana reage quando as coisas vão terrivelmente mal, notou como os que são capazes de se livrar de uma desventura são, quase sempre, os indivíduos mais dotados de criatividade e senso de humor. Precisamente aquelas faculdades, apreciadas por duendes como Puck, que procurei resumir na ideia de gentileza; precisamente as que se desenvolvem a partir da consciência da vida como sonho.

De acordo com Cyrulnik, entre dois indivíduos que respondem de maneira diferente ao mesmo trauma, um perdendo a lucidez ou tirando a própria vida, e o outro continuando corajosamente a própria existência, não há diferença na intensidade do sofrimento ou no grau de emotividade, mas, sim, na sua representação. Noutros termos, resiliente é quem reprograma a si mesmo por meio de um esforço criativo e uma capacidade de leveza. Quem conhece o segredo de Puck.

Quando tudo dá errado, e quanto mais errado mais a coisa é séria, somos chamados a ser mais gentis, ou seja, a reconhecer a quintessência onírica da vida. Quanto mais conseguimos isso, mais nos tornamos impermeáveis a toda distorção existencial. Eu tento fazer isso de forma constante, porque me dei conta de que se trata de um exercício que serve para nos tornarmos melhores, para nos fortalecermos, ou seja, para termos menos medo dos poderes do bosque e, consequentemente, sermos mais livres.

Por enquanto, não posso dizer que tenho tido muito sucesso. Mas, pouco a pouco, começo a melhorar: quando minha bebida derrama, por exemplo, sorrio e penso em Puck. Quase sempre.

Bibliografia

BLOOM, H. A Midsummer Night's Dream. In: SHAKESPEARE, W. *A Midsummer Night's Dream*. New Haven: Yale University Press, 2005. P. 164-167.

BRIGGS, K. *Dizionario di fate, gnomi, folletti e altri esseri fatati*. Roma: Avagliano, 2009.

BRIGGS, K. *The Anatomy of Puck*. Uma Examination of Fairy Beliefs Among Shakespeare's Contemporaries and Successors. Londres: Routledge, 2008.

CAMPBELL, J. *O herói de mil faces*. Tradução Camilo Francisco Ghorayeb e Heráclito Aragão Pinheiro. 1 ed. rev. ampl. São Paulo: Palas Athena, 2024.

CARROLL, L. *Alice*. Edição comentada ilustrada: Aventuras de Alice no País das Maravilhas & Através do espelho. Tradução Maria Luiza X. de A. Borges. São Paulo: Zahar, 2013.

CARUSO, A. (org.). *La cura Shakespeare*. Roma: Lithos, 2016.

CYRULNIK, B. *O nascimento do sentido*. São Paulo: Instituto Piaget, 1995.

CYRULNIK, B.; MALAGUTI, E. *Costruire la resilienza*. La riorganizzazione positiva della vita e la creazione di legami significativi. Trento: Erikson, 2005.

DODDS, E. *I greci e l'irrazionale*. Milão: Bur, 2009.

FILORAMO, G. (org.). *Buddhismo*. Roma/Bari: Laterza, 2001. p. 20-92.

FREUD, S. *Psicopatologia da vida cotidiana*. Tradução Elizabeth Brose. São Paulo: Autêntica Editora, 2023. (Coleção Obras incompletas de Sigmund Freud).

FUNKE, P. *Atene nell'epoca classica*. Bolonha: il Mulino, 2001.

FUSINI, N. *Maestre d'amore*. Giulietta, Ofelia, Desdemona e le altre. Turim: Einaudi, 2021.

HOLLAND, P. Introduction. In: SHAKESPEARE. *Midsummer Night's Dream*. Oxford: Oxford University Press, 1994.

HUMPHREYS, C. (org.). *Dizionario buddhista*. Roma: Ubaldini Editore, 1981.

KEHLER, D. (org.). *A Midsummer Night's Dream*. Critical Essays. Londres: Routledge, 2001.

RICORDI, F. *Shakespeare filosofo dell'essere*. Milão/Udine: Mimesis, 2011.

ROSSI, M. M. *Introduzione a R. Kirk*. Il Regno Segreto. Milão: Adelphi, 1980.

RUTH, N. *Comic Transformations in Shakespeare*. Nova York: Routledge, 2005.

TEMPERA, M. (org.). *A Midsummer Night's Dream:* dal testo alla scena. Bolonha: Clueb, 1991.

THOMPSON, S. P. *Readings on A Midsummer Night's Dream*. San Diego (CA): Greenhaven Press, 2000.

YEATS, W. B. *Fairy and Folk Tales of the Irish Peasantry*. Londres: Scott, 1888.

YEATS, W. B. *Poemas*. Edição Bilíngue. Tradução e Introdução Paulo Vizioli. São Paulo: Companhia das Letras, 1992.

ZAZO, A. L. *La lunga notte nel bosco:* inganni e magie di uno stregato Iperuranio. Introduzione a W. Shakespeare, Sogno di uma notte di mezza estate. Milão: Mondadori, 2012.

SE NÃO ENTENDE COMO UM SER HUMANO É CAPAZ DE COISAS TÃO HORRÍVEIS, VOCÊ PRECISA DE **MACBETH**

No pântano infernal que trazemos dentro de nós

Não é incomum ficar horrorizado com o comportamento de alguém. Às vezes, isso acontece porque a violência e a crueldade de determinadas ações não combinam com o papel social que uma pessoa assume – os noticiários estão repletos de eventos sinistros em que cidadãos respeitáveis se envolvem em terríveis homicídios de conhecidos e até mesmo dos próprios pais, irmãos ou filhos. E não é apenas um tema dos dias de hoje. A história humana está repleta de ações terríveis: genocídios, guerras e crueldades indizíveis corroem desde sempre suas engrenagens.

Diante desses horrores, nos perguntamos: pode-se realmente matar uma pessoa de tal modo? Um ser humano pode decidir sobre a morte e o desespero de outras pessoas sem que alguma coisa nele o impeça de agir assim?

São perguntas que nos fazemos também em situações menores, mais próximas de nós, e não necessariamente tão violentas: quando um amigo nos trata de modo desleal e quebra uma promessa; quando descobrimos que nosso companheiro nos trai; quando alguém de quem gostamos se revela egoísta ou desonesto – voltamos a nos perguntar: mas como é possível?

Somos todos, em potencial, monstros prontos a qualquer coisa? E, se somos, o que desencadeia em nós essa metamorfose? Os princípios morais que regulam os nossos atos são pilares tão frágeis assim? Ou a maldade, a violência pertencem apenas a alguns espíritos, que podem se normalizar temporariamente, mas cedo ou tarde estão destinados a cometer seus malfeitos, já que aquela é sua natureza? Ao atormentado desalento que suscita essas perguntas, Shakespeare dedica sua famosa tragédia escocesa: *Macbeth*.

A mais curta e sangrenta das obras shakespearianas nos conta como e por que um homem chega a cometer atos tão abomináveis. Costuma-se dizer que Macbeth, auxiliado e incentivado pela esposa, se mancha de crimes hediondos por sede de poder. Mas essa é uma banalização redutiva da grandiosa "Peça Escocesa": aqui não está em jogo tanto a ânsia de poder, mas a monstruosidade potencial de toda criatura humana.

Essa é a tragédia que conta como um ser humano (qualquer ser humano), consumido pelo próprio desejo, pode se tornar um animal infernal. E, efetivamente, para compreender o sentido desse roteiro, é no inferno que temos de entrar.

Se é verdade que no teatro de Shakespeare as ambientações são sempre significativas, no caso de *Macbeth*, o fato de a ação se passar na Escócia chega a ser imprescindível. O Bardo retoma das *Crônicas* de Raphael Holinshed, que tanta importância assumem em seus trabalhos históricos, o relato de um rei que viveu no século X e se tornou lendário já na era elisabetana.

Há dois motivos pelos quais o cenário escocês é tão importante. Em primeiro lugar, a Escócia é uma terra que o folclore povoou de fantasmas e de presenças estranhas: espíritos, criaturas demoníacas que a cultura fabular campestre transmite desde tempos imemoriais. Shakespeare está interessado em retomar o material mitológico dessa cultura para recontá-lo numa perspectiva psicológica, ou seja, para mostrar quais forças, ocultas dentro de nós, podem nos transformar em seres diabólicos.

Além disso, a Escócia é a pátria de Jaime I, que sucedeu a Elizabeth e ocupou o trono inglês quando a peça foi composta. Talvez *Macbeth* tenha sido encomendada diretamente pelo soberano e sem dúvidas é dedicada a ele: porque na obra se conta como um de seus pretensos antepassados, chamado Malcolm, por fim chegou honradamente a colocar a coroa na própria cabeça.

O pano de fundo folclórico escocês e a linhagem do rei. Esses dois motivos estão também relacionados entre si. De fato, o soberano Jaime I, para quem Shakespeare e seus *King's Men* (sua companhia teatral) recitavam, estava profundamente interessado naquelas criaturas fantásticas e terríveis – aquelas "bolhas da terra", como são definidas no início do drama –, conhecidas como seres demoníacos. Em 1597, o próprio rei compôs um tratado, intitulado *Demonologia*, para explicar a natureza e a influência de tais criaturas em nosso mundo. Há prováveis vestígios desse escrito em mais de uma obra de Shakespeare, bem como em várias passagens de *A história trágica do Doutor Fausto*, de Christopher Marlowe (obra mais ou menos contemporânea de *Macbeth*, e com a qual os pontos de contato são profundos). Antes de assumir o trono inglês, Jaime I foi também juiz nos famigerados processos em North Berwick, onde, entre 1590 e 1592, ao menos setenta pessoas foram levadas à fogueira por bruxaria.

Assim, tanto no plano exterior como no simbólico, devemos imaginar como tipicamente escocesa aquela árida paisagem em que a história começa: um *heath* (termo inglês com rima próxima ao nome de Macbeth) ou um pântano escuro, deserto, açoitado pelos ventos e envolto em brumas, onde nenhuma flor ousa crescer. Encontramos uma paisagem semelhante, igualmente povoada de espíritos assustadores, na *moorland*, a vegetação alagadiça de *O morro dos ventos uivantes* – cujo cenário de Yorkshire, entre outras coisas, não fica geograficamente distante do lugar em que *Macbeth* se inicia.

Nesse pântano assustador, as primeiras a aparecer no palco, quase como se fossem as verdadeiras protagonistas da história, são as

Três Bruxas, que descobriremos serem sacerdotisas de Hécate, que cantam entre si sibilinos refrões, repetindo em coro: "Belo é o horrendo, e horrendo é o belo" (*fair is foul, and foul is fair*). Procuram por Macbeth.

O tom dominante desse drama é a escuridão. Quase todos os diálogos acontecem na penumbra, numa obscuridade que é a das partes mais ocultas da alma, onde se agitam os nossos medos, as nossas ansiedades. Ao encenar *Macbeth*, a interpretação e a direção deveriam sempre tentar traduzir, no palco, esse ambiente tétrico que domina o texto. Na era elisabetana, embora os dramas fossem levados à cena no Globe às duas da tarde, portanto em plena luz do dia, os atores seguravam constantemente tochas acesas durante a representação de *Macbeth*, como se quisessem iluminar a escuridão.

"Rapaz, a quantas anda a noite?", a frase que Banquo pronuncia no início do segundo ato, reverbera por todo o drama como um sombrio eco de angústia. Como se aqui se estivesse falando de uma noite, de um breu que não pode ter fim. É interessante como essa frase parece espelhar aquela com que Falstaff, em *Henrique IV – Parte I*, expressa toda a sua exuberante vitalidade: "Rapaz, a quantas anda a jornada?". Se Falstaff é o símbolo da alegria de viver, em *Macbeth*, ao contrário, uma sombra mortífera envolve tudo.

O escuro pântano em que o drama se inicia tem, portanto, uma espécie de objetivo correlato que mostra ao espectador aquela zona sombria da mente em que têm origem os nossos pesadelos. A história que é levada ao palco falará de um caminho fatal, tomado pelo protagonista, nesse canto assustador da psique humana. Uma entrada que acontece por meio do encontro com as três Irmãs do Destino, as Bruxas de Hécate que vaticinam o futuro de Macbeth. E nós, espectadores e leitores, assistimos a essa horrenda e extraordinária viagem só de ida ao reino do demônio.

O QUE SÓ AS BRUXAS SABEM

Como sempre em Shakespeare, o sobrenatural não é um aspecto meramente alegórico do drama: ou seja, em *Macbeth*, as Bruxas não são inseridas como um efeito especial para agradar ao público. Certamente, a presença delas é espetacular e, na era elisabetana como hoje, de grande atração para os espectadores. Mas aquelas três irmãs fatais não são adereços cênicos: são símbolos, isto é, signos cifrados de realidades ocultas.

Como em *Sonho de uma noite de verão* com Puck, como em *Hamlet* com o fantasma do pai, ou em *A tempestade* com a ilha de Próspero, o mágico e o fantástico sempre têm um significado essencialmente psicológico no teatro shakespeariano. Os seres encantados são encarnações de elementos essenciais da psique humana. Nesse sentido, Macbeth, encontrando as Bruxas, vê os próprios desejos mais inconfessáveis e, com eles, o próprio destino. E é desse encontro que tem início a sua implacável queda, a sua transformação luciferina.

Ao comentar o começo da tragédia, a pesquisadora e crítica literária Nadia Fusini relembra uma frase de Freud em "Análise terminável e interminável": "É preciso consultar a bruxa". Embora naquela passagem Freud esteja discutindo *Fausto*, de Goethe, o sentido das suas palavras, no entanto, se refere ao valor que o símbolo da bruxa assume em *Macbeth*: ele encarna o transbordar das forças inconscientes no território do Eu. "Consultar a bruxa" significa tentar compreender atos e pensamentos de violência e maldade, aparentemente alheios a determinado sujeito, por serem provenientes de movimentos interiores inconscientes e inconfessados. Atos e pensamentos que, em última análise, poderíamos até considerar alheios ao próprio Eu.

As Bruxas são uma manifestação das forças inconscientes que trazemos dentro de nós – independentemente da nossa *persona*, da máscara do nosso Eu. Há um Macbeth corajoso e soldado leal e, oculto em potência dentro dele, há um outro, assassino, traidor e carrasco de crianças. E é o que acontece com cada um de nós: somos todos definidos por essa dialética entre o nosso Eu aparente e a parte abissal de nós mesmos. Somos Jekyll e Hyde de *O médico e o monstro*. A questão fundamental encenada em *Macbeth* é por que e como, em determinadas circunstâncias existenciais, o "Senhor Oculto" dentro de nós se manifesta com consequências devastadoras.

A primeira imagem do drama é a de um homem ensanguentado que se aproxima para trazer a notícia das façanhas heroicas do protagonista. O sangue domina de modo obsessivo essa tragédia que, juntamente com *Tito Andrônico*, é a mais sangrenta do cânone shakespeariano. O rei decidiu nomear Macbeth, senhor de Glamis, também senhor de Cawdor, em virtude de suas proezas e porque o detentor de tal título manchara sua reputação com uma gravíssima traição em batalha.

É importante que o público, antes de encontrar Macbeth, saiba mais sobre ele. Por esse motivo, Shakespeare nos dá essa informação entre o prólogo, em que falam as Bruxas, e a terceira cena do primeiro ato, em que aparece o protagonista.

No terrível pântano avança, veterano e vencedor, Macbeth. Com ele está Banquo, seu companheiro de armas e amigo. "Nunca vi um dia tão belo que fosse também tão horrendo", é a primeira frase do drama (*So foul and fair a day I have not seen*). É um dia de vitória, em que a sorte lhes sorriu, mas é também um dia denso de névoas, assustador de ver: daí o oximoro pronunciado por Macbeth, quase uma fórmula mágica que inconscientemente evoca o estribilho das Bruxas. É como se elas fossem invocadas pelas palavras do protagonista. Elas surgem diante dele e de Banquo e, naquele terrível encontro, pronunciam seus vaticínios. Saúdam Macbeth como "senhor de Glamis", como "senhor de Cawdor" – e como "Aquele que fatalmente será rei".

O termo inglês utilizado para "senhor" é, na realidade, *thane*, denominação tipicamente escocesa para indicar o chefe de um clã. Neste momento, o público sabe mais que Macbeth: sabe que, por determinação do rei Duncan, ele já é chefe do clã de Cawdor, além de Glamis. Por isso, os espectadores são induzidos por Shakespeare a reconhecer a veracidade do vaticínio das Bruxas ainda antes do protagonista. As três irmãs fatais saúdam também Banquo, chamando-o de "pai de um futuro soberano"; "Inferior a Macbeth, mas maior que Macbeth"; "Menos feliz que ele, e ainda assim mais feliz que ele".

Os dois estão desnorteados, sobretudo Macbeth, e não entendem se aquela visão é fruto de uma alucinação ou, ao contrário, se é algo absurdamente real. A desorientação se transforma em choque quando lhe chega a notícia de que, efetivamente, Macbeth recebeu do rei Duncan o título de *thane* de Cawdor. A partir daqui, todo o drama se estrutura sobre a reação de Macbeth às profecias das Bruxas.

A imagem que Shakespeare traça dessas servas dos destinos humanos é complexa e estratificada. O Bardo traz a imagem das anciãs mágicas e assustadoras do folclore escocês, mas, como sempre, reelabora, acrescenta, mistura material mais diversificado. Podemos dizer que as Bruxas do *Macbeth* shakespeariano representam uma síntese da ideia de bruxa no imaginário comum europeu, assim como Puck, em *Sonho de uma noite de verão*, pode ser visto como duende por antonomásia.

Shakespeare pinta com primor a mescla de horror e admiração que acompanha essa figura feminina encantada da tradição. A bruxa não é, originariamente, uma criatura perigosa ou negativa. É apenas no século XV que, de fato, a imagem dessa mulher sobrenatural se torna diabólica.

Na tradição europeia, além do substrato folclórico-fabular, a figura da bruxa apresenta um substrato teológico, bem representado pelas bruxas curandeiras do século XIII de Roger Bacon. Shakespeare reelabora ambos os aspectos e lhes acrescenta algumas outras coisas no nível mitológico. Um acréscimo significativo, que, na configuração da história, serve para explicar como o mal absoluto se desencadeia no coração do ser humano, arrebatando-o: o Bardo decide fazer dessas três bruxas do folclore escocês três servas da deusa grega Hécate. Nos relatos dos mitos helênicos, essas servas, chamadas Empusas (Ἔμπουσαι), são criaturas femininas monstruosas e mutantes, cuja atividade habitual é aterrorizar os viajantes com seu aspecto e suas palavras.

Hécate é a deusa dos feitiços, da comunicação entre vivos e mortos (é ela que pôde ouvir os gritos desesperados de Perséfone, raptada por Hades), dos ciclos lunares e das encruzilhadas (a ela é atribuída a capacidade de olhar para três direções ao mesmo tempo). Nos ritos mágicos, as encruzilhadas são elementos de grande importância, considerados lugares místicos. É justamente ao atravessarem uma encruzilhada que Banquo e Macbeth têm a primeira visão das Bruxas.

Há também um último elemento decisivo: elas são três anciãs assustadoras, que conhecem e dão forma ao destino do homem (podendo mudá-lo?). Essa característica aparece em muitas figuras mitológicas: mantendo a referência na Grécia Clássica, são essas as peculiaridades das terríveis Greias desafiadas por Perseu, que lhes roubou o único olho que tinham enquanto uma passava à outra para que pudesse enxergar; sempre na cultura helênica, as Moiras – Cloto, Láquesis, Átropos – também são três anciãs horripilantes que tecem o destino de cada homem e de cada deus (a própria palavra *moira*, em grego, tem o significado de destino, no sentido da morte que cabe especificamente a nós). Se mudamos de latitude, a coleção de poemas *Edda*, na antiga cultura nórdica, nos descreve as mesmas figuras na imagem das *Nornair*, ou seja, as três Nornas entalhadoras de runas nas tabuletas em que são inscritos os destinos dos homens e dos deuses.

Os exemplos nesse sentido poderiam multiplicar-se, sugerindo-nos que estamos diante do que a antropologia define como um mitema: uma forma narrativa recorrente em tradições mitológicas diferentes e independentes. O mitema das três anciãs terríveis que presidem o destino humano é fundido, por Shakespeare, com o da feiticeira do folclore escocês e da *vetula* na demonologia medieval. É Como se essa operação literária fosse, por si só, uma poção mágica. É do caldeirão fervilhante de sua imaginação que o Bardo tira essas três figuras alucinantes, que leem o futuro – ou talvez a alma – de Macbeth.

Mas é precisamente este o ponto: as Bruxas leem o seu futuro ou a sua alma? Porque isso faz uma grande diferença. O que as Bruxas veem são os desejos inconfessados de Macbeth ou os seus dias vindouros? Não há resposta: não sabemos se Macbeth é levado à perdição, independentemente de sua vontade, por um destino predeterminado. Também não sabemos se estaria em seu livre-arbítrio agir de outro modo, se não tivesse seguido, a qualquer preço, a ideia de ser rei.

Só temos uma certeza: quando as Bruxas surgem, Macbeth, face a face com seus desejos mais íntimos, encontra também seus pesadelos e entra no inferno. Está condenado, pois descobriu parte de si que não deveria ter conhecido. Porque há coisas que só as Bruxas sabem – e é bom que seja assim. Nesse sentido, falta a Macbeth a sabedoria de Ulisses, que, no Livro XII da *Odisseia*, pede que o prendam ao mastro do navio para evitar que reaja ao ouvir as vozes das sereias. Vozes cujo conteúdo a narrativa de Homero não explicita, porque deve continuar secreto. E, de fato, o herói se salva, porque, preso pelas cordas, não pode executar o que o chamado das sereias evoca nele.

Macbeth, ao contrário, não se salva, é uma espécie de Ulisses sem cordas: ele ouve as Bruxas e depois age com base naquilo que ouviu. De fato, em Shakespeare, diferentemente do que acontece em Homero, o coro das irmãs fatais é revelado ao leitor: "Salve, Macbeth, que um dia há de ser rei!" (*All hail, Macbeth, that shalt be king hereafter!*)

Mas ouvir aquelas vozes enfeitiçadas talvez não fosse suficiente para a própria ruína. Para que a perdição do herói seja total, deve entrar em cena a verdadeira protagonista dessa história: sua esposa. Aquela que traduz em atos os pensamentos do herói: Lady Macbeth. A senhora das sombras. Aquela que a crítica, com razão, viu como a quarta Bruxa. A mais terrível do drama.

O feitiço da quarta bruxa

É preciso matar Duncan: esta é a conclusão a que chega a esposa de Macbeth depois que o marido, numa carta, lhe conta do encontro com as Bruxas. Se em seu futuro está escrito que você poderá ser soberano da Escócia, deve fazer com que isso aconteça a qualquer custo: é esse o princípio que move os terríveis raciocínios de Lady Macbeth.

Os diálogos entre os dois personagens no primeiro ato da peça são de uma beleza que impressiona. Ao induzir o marido para o gesto extremo que poderá abrir-lhe o caminho para a coroa, a mulher parece iniciá-lo a uma intimidade com forças que originalmente lhe são estranhas. Sim, porque, de início – e este é o ponto essencial –, Macbeth não tem a moral corrompida. Pelo contrário, fazer o mal lhe causa repulsa, é um pensamento que o tortura. Quando sua esposa o impele ao gesto inaudito de matar o rei, ele é assaltado por inquietações, por remorsos angustiantes. Macbeth é um homem corajoso, altruísta. Ele ama Duncan – é leal a ele. Também por isso, ao ouvir a profecia das Bruxas, fica atordoado.

Ao contrário de Ricardo III, Macbeth não é movido, a princípio, por uma sede criminosa de poder. Entre todos os personagens de Shakespeare, ele é talvez o que passa pela transformação mais radical da sua natureza no decorrer do drama. O que transforma esse chefe de clã respeitável e honrado num assassino cego de ódio, obscurecido pela pretensão à coroa?

Se é verdade que as Bruxas encarnam os desejos inconscientes mais perigosos desse herói, eles teriam permanecido abstratos sem a presença da Lady Infernal. Poderíamos dizer que Macbeth não fala a língua das Bruxas; sua mulher, ao contrário, sim.

As *Crônicas* de Holinshed, das quais Shakespeare extrai a estrutura básica da história, contam como Lady Macbeth consegue desviar seu marido. Shakespeare parte dessa ideia, mas vai muito além: ele faz da Lady uma criatura íntima do Reino das Sombras. Sem ela, Macbeth não teria compreendido por completo a mensagem das Bruxas, não teria sido levado à zona proibida de si mesmo. No plano dramatúrgico, Shakespeare precisava de um personagem ontologicamente diabólico para mostrar como todos temos o potencial de sermos criaturas infernais.

Assim, o ponto conceitual do drama passa a ser: como ela o convence? E, acima de tudo: por que o faz? O que é esse desejo de poder que a habita, que a possui? Assim, se quisermos esclarecer nossa perplexidade ao ver uma pessoa realizar gestos tão terríveis, ações indizíveis, atos horrendos que jamais a imaginaríamos capaz de fazer, podemos tentar entender essa encruzilhada filosófica em *Macbeth*. Bastam dez versos fatais pronunciados por sua mulher na sétima cena do primeiro ato para fazer de Macbeth um assassino.

> LADY MACBETH: Estava embriagada a esperança com que te vestiste? Está adormecida desde aquele momento? Essa esperança agora desperta, detendo-se pálida e esverdeada diante do objetivo que um instante antes tão corajosamente ansiara? Então, posso considerar assim também o teu amor. Tens medo de ser, agindo com coragem, o que és quando desejas? O que querias? Ter o coroamento do que desejas, mas permanecer um covarde até aos teus próprios olhos? Querias permitir que o "Não me atrevo" acompanhe o "Eu gostaria", como faz o gato do provérbio, que não come os peixes que deseja para não molhar as patas?
>
> (I, vii)

Tudo o que faz de Macbeth um homem é desmantelado por essas frases de sua esposa. Sua honra, sua nobreza, sua lealdade, sua coragem, sua virilidade: tudo acaba se ele não agir em conformidade com a profecia das Bruxas. Esse é o verme infernal que ela crava em sua alma. Este homem não é intrinsecamente sedento de poder. Ele não quer a coroa em si, mas, sim, demonstrar quem realmente é com a conquista da realeza. Obviamente, a precondição para que tal mecanismo seja acionado é uma fragilidade originária do herói, um descentramento psíquico, poderíamos dizer. Ele não sabe exatamente quem é. Há um descompasso entre o seu Eu e a imagem ideal do seu *Self*. Se não fosse assim, as palavras de sua esposa não o afetariam.

Muitas vezes, nos telejornais, quando são relatadas notícias horríveis de pessoas que, de repente, matam um membro da própria família ou cometem um massacre sem motivo, entrevistam-se vizinhos e conhecidos. Não raro, a primeira coisa que eles respondem em relação aos assassinos é: "Parecia ser uma pessoa tão boa". Poderíamos dizer o mesmo de Macbeth.

Em 1971, o psicólogo Philip Zimbardo conduziu uma pesquisa que se tornou famosa, conhecida como "Experimento de aprisionamento de Stanford". Vinte e quatro estudantes universitários foram levados à prisão e a eles foram atribuídos, aleatoriamente, os papéis de guardas e detentos. Passadas apenas 36 horas, alguns desses bons rapazes de classe média tornaram-se algozes desumanos; outros, dominados pelo pânico, tiveram ataques de ansiedade ou de violência incontrolável. Zimbardo foi obrigado a interromper a pesquisa, mas extraiu dela uma conclusão decisiva: "Qualquer ato cometido por qualquer ser humano, por mais horrível que seja, poderia ser cometido por qualquer um de nós, se submetido a determinadas pressões situacionais". Trata-se do que ele depois chamaria de Efeito Lúcifer, ou seja, a transformação – sempre potencialmente possível – de pessoas que poderíamos definir como "boas" ou "normais" (pelo que podem significar essas categorias) em seres horrendos, capazes de ações terríveis, violentas, assustadoras. Pois bem, Lady Macbeth desencadeia no marido o Efeito Lúcifer.

Sem aqueles versos lançados contra ele pela esposa no primeiro ato como uma espécie de maldição transformadora, poderíamos muito bem imaginar que Macbeth teria continuado leal a seu rei, e um valoroso soldado.

O fato de Shakespeare atribuir a Lady Macbeth uma atitude luciferina pode ser intuído do formidável monólogo com que a personagem dá início às próprias maquinações, na quinta cena do primeiro ato. Trata-se de uma espécie de evocação necromântica, com a qual ela invoca verdadeiros espíritos, para que façam dela algo além de uma mulher terrena.

O tom e o ritmo são os de um ritual diabólico e, de fato, Lady Macbeth quer realizar uma metamorfose da própria matéria humana.

> LADY MACBETH: Vinde, espíritos que governais os pensamentos de morte, e privai-me do meu sexo, e enchei-me completamente da crueldade, esvaziada de todo sentimento. Adensai o meu sangue; vetai o acesso e a passagem de qualquer escrúpulo em mim, de modo que nenhuma visita cortês dos sentimentos naturais do homem possa fazer tremer os meus propósitos, de modo que nenhuma trégua jamais seja selada entre o que desejo fazer e o que farei! Vinde ao meu seio de mulher e transformai em fel o meu leite, vós, arautos do assassínio, onde quer que estejais, em vossas sutis substâncias, vós, que vos dedicais aos perversos crimes da natureza. Vem, noite densa, e envolve-te na mais densa fumaça do inferno, para que minha adaga afiada não veja a ferida que abre, para que o céu não possa espiar-me das tendas da escuridão e gritar-me: "Para, para!".
>
> (I, v)

Para levar seu marido a feitos desumanos, ela deve deixar de ser mulher. Pede literalmente aos espíritos que a "privem de seu sexo" (*unsex* é o verbo usado em inglês). Quer ser privada de todo instinto de cuidado e de toda atitude materna e afetiva, daquela característica feminina sublime que em inglês é definida como *broodiness*.

As "sutis substâncias" evocadas no monólogo remetem à natureza dos demônios. Acima de tudo, nessas palavras da Lady shakespeariana refletem-se os versos de Medeia cantada por Sêneca, texto que o Bardo devia ter lido (também) na poética tradução inglesa de John Studley.

Na abertura da tragédia de Sêneca, quando Medeia se prepara para cometer o ato extremo de matar os próprios filhos para se vingar de Jasão, há uma evocação na qual parece se basear a da Lady Macbeth de Shakespeare. Ambas as mulheres, mesmo na sua diversidade radical, convocam as forças obscuras do cosmos para que sua natureza de mulher seja transformada numa condição desumana, demoníaca. E Medeia de Sêneca pronuncia, entre outros, o nome de Hécate – a divindade à qual são devotas as Bruxas de *Macbeth*.

Depois dessa invocação inicial, a roda dos eventos do drama se põe em movimento. Uma roda que girará em ritmos alucinantes.

A trama de *Macbeth* se desenrola depressa. Como *Romeu e Julieta*, esse é um drama ágil, no qual os fatos não apenas ocorrem, mas se precipitam, quase como se não houvesse tempo para se dar conta da terrível natureza do que está acontecendo. No palco, seria preciso reconhecer sempre o mérito à brevidade (*brevitas*) que Shakespeare escolheu para essa tragédia, condensando-a em menos de 2.500 linhas: *Macbeth* não devia durar mais de noventa minutos. Não sabemos se o texto que chegou até nós no *Folio* de 1623 está cortado, como muitos críticos supõem. Sem dúvida, na versão que conhecemos, essa tragédia tem um ritmo veloz. É como se o herói estivesse sempre atrasado em relação aos próprios pesadelos: como se o que ele imagina e teme que possa acontecer já esteja acontecendo, precisamente porque ele o imagina e o teme. Esse é o drama dos pesadelos que se encarnam, das visões terríveis que se concretizam. Nessa história, o destino se antecipa sem parar contra o protagonista.

Depois que a esposa, que conhece sua estatura moral e teme que ele seja um entrave para sua ascensão ao trono, consegue desmontar os fundamentos éticos da mente de Macbeth, convencendo-o a matar o rei Duncan numa visita ao castelo, ele tem uma alucinação: vê uma adaga flutuando no ar. Em seguida, fica transtornado com o que fez.

O plano arquitetado por Lady Macbeth, que o vê como o selvagem executor, funcionou: a culpa deverá recair sobre os guardas que eles embriagaram, e ninguém poderá suspeitar de outra coisa. No entanto, Macbeth está apavorado, temendo que seu ato seja descoberto. Lava o sangue com que se sujou, e sua esposa o tranquiliza. Mas não é o bastante. A primeira gota de sangue derramado levará a derramar outras, em abundância. "Sangue chama sangue." Esse famoso lema vem justamente de *Macbeth*.

Batem à porta do castelo. O vigia (que nesse drama desempenha substancialmente o papel-chave de *fool*, do tolo-sábio) permite a entrada de Macduff, barão de Fife, leal seguidor de Duncan. Diante do assassinato do rei, Macduff não apenas está horrorizado, mas também desconfiado: algo não faz sentido. Nesse meio-tempo, o pânico de Macbeth aumenta cada vez mais. Teme que os guardas acordem, que falem, que tenham visto alguma coisa. E comete um ato que apenas algumas horas antes teria sido completamente inconcebível: trucida aqueles rapazes para que não possam acordar e contar o que aconteceu. O feitiço de Lady Macbeth fez efeito. O monstro dentro dele despertou.

A PERSEGUIÇÃO DA MALDIÇÃO

Com o trono vago e a necessidade de encontrar rapidamente um substituto para Duncan, a escolha recai sobre Macbeth. Ele é coroado e, com isso, a profecia das Bruxas se cumpre completamente. Poderia ser um final feliz, mas é apenas o começo do fim. Porque essa não pode ser uma história tranquilizadora. Não pode por causa das forças que foram evocadas. Forças que exigem sangue. É magnífico como Shakespeare nos mostra, de forma progressiva, a transformação antropológica de Macbeth. Agora, a mente desse nobre guerreiro é capaz de conceber coisas horríveis, como assassinar seu fiel Banquo.

Macbeth o faz por dois motivos: antes de tudo, porque, segundo as Bruxas, um dos filhos do soldado está destinado a tornar-se rei, e, portanto, constitui um perigo para a manutenção do trono; e depois, por suspeitar que Banquo desconfia dele. É o suficiente.

Banquo, seu querido Banquo, é morto. Pouco depois, porém, o personagem retorna espetacularmente ao palco na forma de um fantasma, na famosa quarta cena do primeiro ato, quando Macbeth parece delirar ao falar com uma cadeira vazia, convencido de vê-lo. Lady Macbeth se apressará em justificar a atitude do marido, atribuindo-a aos excessos de seu caráter. No plano dramatúrgico, as palavras formais de Lady Macbeth servem para mostrar com mais força ao espectador um dado bem preciso: agora a metamorfose monstruosa está completa. Macbeth já não pertence ao mundo dos homens. Ele vendeu sua alma.

O que são essas alucinações que perturbam sua tranquilidade? O que é aquela "adaga da mente", como ele a define, que não para de ameaçá-lo? E qual é a natureza da aparição incorpórea de Banquo, nascida quase por encanto da ligação sonora entre o nome de seu amigo e o "banquete" que estava acontecendo? São imagens enviadas pelas Bruxas? Desde que matou Duncan, ou melhor, desde o momento em que a ideia de fazê-lo foi plantada em sua mente pela esposa, Macbeth está paranoico. O pacto que ele e Lady Macbeth selam os exclui do mundo numa claustrofobia psicossocial à qual apenas o delírio tem acesso.

Macbeth não tem escolha, precisa voltar às Bruxas, à fonte de tudo, e interrogá-las. E as Bruxas respondem: Macbeth permanecerá firmemente no trono (enquanto o bosque de Birnam não avançar sobre a colina Dunsinane); e não poderá ser assassinado (exceto por um homem não nascido de uma mulher). Macbeth está satisfeito: os bosques não andam, e todo homem que vive, por definição, nasceu de uma mulher. Assim, ele se sente seguro com sua coroa.

Contudo, essa serenidade não recupera a natureza original do herói. Não se volta atrás do Reino das Sombras. Quando lhe chega a notícia de que Macduff pretende organizar um exército com a participação de Malcolm, Macbeth ordena a morte da mulher e dos filhos de Macduff. O gesto é terrível, desproporcional, além de desnecessário, em relação ao perigo, e de uma maldade desumana. Sangue chama sangue: Macbeth já não mais raciocina, pois deixou de ser humano. Sua alma está agora "repleta de escorpiões" (*full of scorpions*).

A imagem tem uma força extraordinária. São pensamentos venenosos que atravessam sua mente, mas, como acontece com os escorpiões, é difícil se livrar deles sem ser picado, infectado. Numa angústia indescritível, é como se Macbeth agisse contra a própria vontade ao cometer o mal. Desde que encontrou as Bruxas, é como se o pensamento do crime o torturasse sem cessar; como se cometesse o mal apenas para se desfazer do pensamento de ter que cometê-lo. Macbeth mata para não ser dilacerado pela ideia de ter que matar. Contudo, uma vez realizado, o mal espalha nele uma angústia cada vez mais profunda, assim como o veneno de um escorpião se espalha aos poucos no corpo.

Não podemos viver com escorpiões dentro da cabeça, nos diz Shakespeare, e não podemos domesticá-los, torná-los inofensivos. Ninguém é imune ao veneno mortal do mal. De fato, para que o drama possa enfim se consumar, Lady Macbeth também deve sucumbir, sob o peso dos próprios feitiços. Como se as forças evocadas por ela não fossem suportáveis para uma criatura humana, um sentimento de culpa a leva à loucura. Fazer o mal – eis a grande diferença em relação a Medeia – não a realiza, a destrói.

Numa famosa cena, a rainha, sonâmbula, tenta lavar uma mancha de suas mãos, mas a mancha é indelével. Nenhuma água pode limpar aquele sangue. Lady Macbeth enlouquece e morre. Na verdade, o texto não mostra nem diz de que forma, mas leva o público a deduzir que, tendo enlouquecido, a sombria senhora tirou a própria vida. A notícia chega a Macbeth que, nesse meio-tempo, presencia o impossível: um bosque que se movimenta, e, em breve, diante dele, um homem que não nasceu de uma mulher.

Sim, porque, enquanto isso, os soldados de Malcolm e Macduff acampados no bosque de Birnam recebem a ordem de se esconder, camuflados atrás de galhos cortados das árvores, e assim avançar, desbaratando as defesas inimigas: eis o bosque que caminha. E Macduff, como um anjo vingador, encontra Macbeth, revelando-lhe que foi arrancado antes do tempo do ventre de sua mãe por um parto cesariano: e eis um homem "não nascido de mulher".

Macbeth percebe que foi enganado pelas palavras das Bruxas. Que não entendeu. Macduff leva a melhor na luta e o decapita, concretizando a profecia. Assim, Malcolm assume o poder, dando início à dinastia que, no contexto político-legendário do drama, o público da época sabia ser a de James I. "É o dia mais feliz da História da Escócia", conclui o novo rei libertador.

À luz desse desfecho, seria correto afirmar que não estamos diante de uma tragédia em sentido estrito? No fundo, tanto para Shakespeare como para o público da época, esse desfecho representava um epílogo justo da História, o esperado, que pressupunha o início da linhagem de James I. Não acredito nisso: estou convencido de que, em última análise, *Macbeth* continue a ser uma narrativa trágica, uma vez que no centro da história está a grandiosa e contraditória personalidade do protagonista que é aniquilado. Para melhor dizer, essa é a história de como um herói perde a si mesmo, perseguido pelos eventos que ele mesmo evocou.

Muitos sabem que, no meio teatral, se evita até mesmo mencionar o título dessa obra, preferindo dizer *the Scottish drama*, "a peça escocesa", para evitar terríveis infortúnios. Entre os atores, desde sempre, afirma-se que esse texto dá azar, por ser amaldiçoado.

Em sua primeira representação conhecida, conta-se que o jovem Hal Berridge, que deveria interpretar Lady Macbeth, antes de entrar em cena, adoeceu repentinamente de pleurite e teria sido substituído pelo próprio Mestre Shakespeare. Depois que Shakespeare, no papel de Lady Macbeth, teve de evocar as forças obscuras no famoso monólogo inicial, toda representação dessa obra teria sido acompanhada de uma inexplicável má sorte, atribuída a uma maldição que, contudo, não encontra nenhum respaldo objetivo nas fontes.

Parece-me interessante a falta de fundamentos históricos na crença de que *Macbeth* é uma peça amaldiçoada, diante da tradição que defende e corrobora, ano após ano, essa fama de maldição. Poderia ser um típico caso de profecia autorrealizável. E talvez seja precisamente esse o núcleo filosófico de *Macbeth*.

O conceito de "profecia autorrealizável", estudado por sociólogos e psicólogos como Robert K. Merton, indica a ideia de algo que se torna real depois de ter sido pensado ou pronunciado por alguém, na medida em que se acredita nisso. No plano social, isso é fácil de observar: se um político afirmasse que a provisão de alimentos está acabando, mesmo que isso não correspondesse à verdade, as pessoas iriam correndo aos supermercados, e em pouco tempo a escassez de alimentos se tornaria efetiva. "Se as pessoas consideram reais determinadas situações, então elas são reais em suas consequências", afirma o chamado Teorema de Thomas, que sistematiza esse pensamento.

Isso significa que, se acredito que falharei em determinada tarefa, não conseguirei fazê-la? E se estou totalmente convencido de meu sucesso, serei bem-sucedido? Em parte, sim, embora, é claro, não possamos banalizar a questão dessa maneira. Digamos que a psique molda a percepção do mundo de acordo com seus próprios parâmetros, transformando-o. Nesse sentido, parte significativa do nosso futuro depende da interpretação que lhe damos internamente. Ele já está escrito – com base no que está guardado em nossa mente.

Nessa perspectiva, a peça *efetivamente* dá azar, porque acreditamos nisso. E, é importante ressaltar, não basta dizer "eu não acredito nessas bobagens!" para anular seu efeito. A realidade pode ser modificada pelo nosso inconsciente ou pela mente de quem nos cerca. As Bruxas são sempre mais fortes que as nossas pequenas vontades.

Então, nesse sentido, a própria história de Macbeth, a história desse homem que se torna desumano e comete atos horríveis, é apenas a parábola de um homem que se tornou cego por sua própria autoprofecia? Ele, o senhor de Glamis, tinha sido nomeado senhor de Cawdor. Por si só, essa circunstância nada tem a ver com se tornar rei. Se Macbeth não tivesse assassinado Duncan, jamais teria tomado o lugar dele, e, portanto, jamais se tornaria o soberano da Escócia. É ele que – traduzindo em atos os pensamentos de sua esposa – torna a profecia real. Macbeth é o servo executor do vaticínio das Bruxas. Com esse drama, Shakespeare nos coloca contra a parede diante do paradoxo da predestinação. Nosso livre-arbítrio parece ser apenas o mecanismo mediante o qual acionamos o destino.

O perigosíssimo mundo dos demônios poderia ter sua essência no pavor abissal do homem diante da imponderabilidade do destino de cada um de nós. Isso não significa redimensionar ou racionalizar a figura das Bruxas. Pelo contrário: significa conferir um estatuto mágico ao sentir humano. O que chamamos de "azar", "perseguição", "fatalidade" ou "maldição" está diretamente ligado a nossas forças psíquicas.

Não se brinca com magia, *Macbeth* parece sussurrar para nós. Porque à mente do homem, mesmo que não percebamos isso, pertence a capacidade de evocar qualquer coisa, até mesmo monstruosa, até mesmo a própria catástrofe. A imensa e única culpa de Macbeth poderia ser a de ter desejado, no seu âmago (e de modo involuntário), ser rei – evocando, assim, essa realidade. Aquele desejo, que cresceu desmesuradamente dentro dele, quebrou o frágil perímetro do seu Eu e fez dele um monstro assassino.

Dentro de nós, dentro de todos nós, existem forças que podem transformar a realidade num inferno. Nós carregamos as Bruxas dentro de nós. Com certeza – estou convencido disso – *Macbeth* dá azar. É bom abordar esse texto sempre com prudência e respeito. Porque é fácil encontrar as Bruxas, e extremamente difícil não cair na armadilha das profecias que fazem.

Entre os atores, recomenda-se que, se alguém por acaso tiver de mencionar *Macbeth* enquanto estiver no teatro, repita imediatamente uma fala de *Hamlet* que tem valor de bênção contra os espíritos: "Anjos e ministros da graça, defendei-nos!" (*Angels and ministers of grace defend us!*). Obviamente, também eu, tendo escrito várias vezes o título da peça escocesa nestas linhas, antes de concluir este capítulo, enquanto escrevo neste momento, estou dizendo em voz alta, repetidamente: "Anjos e ministros da graça, defendei-me!".

BREAKING BAD E O JOGO DA FRAUDE MÁGICA

Breaking Bad, a série de televisão transmitida pela Netflix de 2008 a 2013, é um dos produtos televisivos mais interessantes de todos os tempos no âmbito da dramaturgia. O enredo conta a história conturbada de um modesto professor de química, Walter White, que vai se tornando, da primeira à quinta temporada, produtor e traficante de metanfetamina, bem como um dos criminosos mais implacáveis do Novo México. Trata-se do conteúdo narrativo contemporâneo que mais se aproxima, no espírito, do *Macbeth* shakespeariano. O espectador fica grudado na tela observando a profunda metamorfose daquele homem pacato num fora da lei. É uma metamorfose que abre um mundo de aventuras inconcebíveis na vida anterior de Walter, revelando-lhe, assim, uma parte reprimida, castrada – e terrível – de si mesmo, uma parte que ele trazia tacitamente dentro de si.

É justamente isso o que acontece com Macbeth. O seu *breaking bad*, a sua transformação na versão maligna de si mesmo, acontece na explosão de algo não dito, reprimido. Assim como o protagonista Walter White jamais teria embarcado na aventura fatal do tráfico de metanfetaminas se não tivesse tido uma existência miserável, na qual era oprimido por todos, Macbeth também entra no turbilhão do mal porque algo explode dentro dele. Poderíamos dizer que a imagem das Três Bruxas encarna precisamente essa explosão do invejoso, de desejos irrealizados. O problema de Macbeth é não ter confessado a si mesmo o desejo de se tornar rei.

O ator que interpreta esse papel deve ser capaz de levar ao palco, no curto espaço de tempo da obra, uma mudança visível, até mesmo física, do personagem entre o primeiro e o quinto ato, semelhante ao que vemos na mente e no aspecto de Walter White entre a primeira e a quinta temporadas de *Breaking Bad*. Não é apenas uma questão externa, de aparência: é uma metamorfose espiritual que se manifesta no monstruoso, na maldade, com todo o seu fascínio sinistro – a metanfetamina ou os punhais não passam dos meios contingentes para levar a termo essa transformação.

No entanto – e é por isso que essa história é uma tragédia – o herói, nesse percurso, não desvenda a si mesmo. No fim da história, tanto Walter White como Macbeth estão destruídos. Não tanto pela morte truculenta, mas porque compreendem que não acreditaram em nada: que se enganaram profundamente, que perderam tudo. Como Macbeth, Walter White, no auge do seu império do mal, não tem nada. Perdeu o amor da esposa e do filho, perdeu a liberdade, não tem mais nenhuma vontade de sobreviver.

A grandeza de Macbeth também é enganada pelo destino. Mais do que um vilão, Macbeth é uma vítima. Por esse motivo, não se parece com os outros vilões shakespearianos. Quando muito, poderíamos pensar nele como uma versão trágico-infernal do Falstaff de *As alegres comadres de Windsor*, porque ambos são enganados. Só que aqui não estamos lidando com as exuberantes esposas de Windsor, e sim com os demônios; e o engano não despe comicamente o herói das suas roupas, como Falstaff caindo no barril, mas, de forma trágica, o despe de sua alma.

Seguir o caminho das Bruxas leva Macbeth a não ter mais nada: os amigos estão mortos, assassinados por ele; sua mulher enlouqueceu e tirou a própria vida; não tem herdeiros. No âmbito crítico, muito se escreveu e se disse sobre o casal Macbeth: como ele é assombrado pela perda de um filho, à qual se alude rapidamente; como ele sublima na busca desesperada pelo poder um impulso sexual talvez já ausente em seu relacionamento. Certamente, essas são temáticas interessantes e presentes no texto, mas o ponto central continua a ser outro: aquele evidenciado no fim pelo personagem de Macduff quando compreende que poderá até o matar, mas não poderá se vingar de fato – porque agora Macbeth não tem família, nem pessoas queridas, a perder. Não ama ninguém. Ele já não é nada.

No quinto ato, Macbeth é um ser incapaz de sentir emoções, assim como Walter White, que, no fim da quinta temporada, não derrama lágrimas pelo filho deficiente que o renega, nem pela esposa que o rejeita. Shakespeare pinta com alguns de seus versos mais belos esse irremediável niilismo que define o epílogo do personagem de Macbeth ao pronunciar o monólogo sobre a morte de sua esposa.

> MACBETH: Fatalmente, ela teria morrido, cedo ou tarde. Mais cedo ou mais tarde, chegaria a hora dessa palavra. Amanhã, e amanhã, e amanhã, rastejamos passo a passo, dia a dia, até a última sílaba do tempo predestinado; e todos os nossos ontens apenas iluminaram para os cretinos o caminho que leva a uma morte nas cinzas. Chega, chega, apaga-te, curta vela! A vida é apenas uma sombra que caminha, um ator miserável que se exibe e se contorce por uma horinha no palco, e do qual depois não se ouve mais nada. A vida é uma história contada por um idiota, cheia de barulho e tumulto, e não significa nada.
>
> (V, v)

"A vida é uma história contada por um idiota." Essa talvez seja a frase mais poderosa da literatura europeia para descrever a completa perda de sentido de tudo. Como se a existência fosse uma representação teatral desprovida de propósito. Esse grito de um homem despojado de todas as facetas humanas é a elegia final de Macbeth. Observar a sua trajetória destrutiva – a forma como se engana – nos revela como um ser humano pode potencialmente se transformar num monstro se não souber lidar com seus próprios desejos, tornando-se o executor cego dos turbilhões alucinantes da violência.

De fato, Macbeth se engana porque não compreende o vaticínio das Bruxas. Os manuais geralmente nos dizem que Macbeth não compreende a segunda profecia, mas devemos nos lembrar de que ele também se engana sobre a primeira. As servas de Hécate lhe dizem: "*All hail, Macbeth, that shalt be king hereafter!*". O problema está todo no advérbio: *hereafter* pode significar tanto "mais cedo ou mais tarde" como "no além". Em português, poderíamos traduzir: "Salve, Macbeth, que fatalmente será rei!". Ele entende apenas a primeira acepção e, em virtude dela, força o destino na direção do seu próprio desejo.

O mal-entendido do segundo vaticínio está ligado ao primeiro. Um bosque que caminha, um homem não nascido de uma mulher: ou seja, o absurdo; mas o que o herói não compreende é como o absurdo é real – que outra coisa é a morte, senão a realização do absurdo, o inimaginável que se torna inevitável, "a possibilidade que nega toda possibilidade", para retomar a famosa definição heideggeriana? Macbeth se engana também em acreditar que o que é absurdo não é real. Escapa-lhe a natureza da morte.

Todas as vezes que a incredulidade se apodera de nós e, por uma espécie de reflexo, nos perguntamos: "Mas como é possível que tal pessoa tenha feito isso?"; "Não, não foi ela, não é possível" – a resposta, para nosso assombro, está nas Bruxas. Ou seja, no desencadeamento de forças capazes de enganar o indivíduo, transformando-o num monstro que, pela necessidade irrefreável de submeter o destino a desejos que não se realizaram na sua existência, obedece a uma violência cega.

É essa a magia obscura que constitui a essência de *Macbeth*. É como se esse herói, assim como qualquer pessoa que comete atos horríveis, fosse presa de um feitiço, de um engano da mente – o que Dante, falando de Michael Scot, no Canto XX de *A divina comédia – Inferno*, em que trata dos impostores que praticaram a arte divinatória, chama de "o jogo da fraude mágica".

Seria interessante tentar entender qual a relação entre a obra do estudioso do século XIII Michael Scot e os conhecimentos que, também por intermédio do tratado de James I, seu conterrâneo escocês, chegam a Shakespeare. Sábio e mago na corte de Frederico II, Michael Scot misturou a reflexão filosófico-teológica com as artes necromânticas e o esoterismo astrológico, demonstrando, de acordo com vários relatos, numerosas profecias que depois se mostraram verdadeiras. Também se dizia que ele cavalgava um cavalo preto alado. Se, por um lado, Michael propunha um sincretismo bastante erudito, em que se mesclavam influências cristãs, árabes, judaicas e hispânicas, por outro, provavelmente se baseava numa antiga cultura folclórica ligada à sua terra natal, a mesma cultura que, três séculos mais tarde, Shakespeare teria reinterpretado em seu *Macbeth*.

"Aquele outro de tão parcos flancos, / Michael Scot foi que verdadeiramente / das mágicas fraudes soube o jogo": pálido e abatido, assim Dante imagina este filósofo-necromante. Mas o que é aquela "mágica fraude" pela qual Scot é eternamente condenado? Trata-se da sua capacidade divinatória. No entanto, ela não é considerada simples charlatanismo, do contrário o supremo poeta não usaria o advérbio "verdadeiramente". Trata-se, antes, de um conhecimento secreto. Secreto e proibido. O termo "jogo", aqui, significa uma arte conduzida por meio do conhecimento de regras esotéricas. Onde está a fraude, então? Por que Scot é condenado à pena eterna, se suas previsões são embasadas numa teoria? A questão é que, segundo Dante, Michael Scot não é um pecador porque suas previsões estavam erradas (talvez Dante tenha acreditado na sua capacidade necromântica de ver os acontecimentos futuros), mas por constituírem um saber proibido e indecifrável para o ser humano.

Noutras palavras, a arte necromântica revela conhecimentos que devem permanecer ocultos, fechados a sete chaves num lugar inacessível da alma, por serem incompreensíveis, perigosíssimos, originados na escuridão do mal. Macbeth é envolvido nesta fraude mágica: ao tomar conhecimento do que ele acredita ser o futuro, torna-se vítima de si mesmo até perder a própria essência. Por esse motivo, *Breaking Bad* seria um ótimo subtítulo para essa tragédia shakespeariana. Porque *Macbeth* é a história de um herói que é enredado fatalmente no jogo da fraude mágica. No enigma insolúvel das Bruxas.

Breaking Bad é uma gíria, usada principalmente no estado da Virgínia, com múltiplas acepções, mas que significa algo como "perder a compostura", "fazer feio", "armar uma confusão", "criar um inferno", além de "envolver-se em atividades ilícitas", "não se importar com a lei".

Se tivéssemos de designar a história de Macbeth com uma única expressão, provavelmente *breaking bad* seria a mais adequada para descrever um soldado leal que, depois de ter visto as Três Bruxas no pântano, é dominado pela sede de poder, mata as pessoas que mais ama, extermina mulheres e crianças, perde a esposa por suicídio e, diante do caos e da catástrofe, continua a gritar a própria raiva como se estivesse possuído pelo demônio. E, no entanto, parecia uma pessoa tão boa.

Bibliografia

ANKARLOO, B.; STUART, C.; MONTER, E. W. *Witchcraft and Magic in Europe*. Londres: Athlone Press, 2002. v. 4.

BROWN, J. R. *Macbeth*. Shakespeare Handbooks. Nova York: Palgrave Macmillan, 2005.

CALDERWOOD, J. L. *If It Were Done:* "Macbeth" and Tragic Action. Amherst: University of Massachusetts Press, 1986.

COLERIDGE, S. T. Notes for a Lecture on Macbeth. In: *Writings on Shakespeare*. Nova York: Capricorn, 1959.

DONÀ, M. *Tutto per nulla*. La filosofia di William Shakespeare. Milão: Bompiani, 2016.

FEDERICI VESCOVINI, G. *Medioevo magico*. La magia tra religione e scienza nei secoli XIII e XIV. Turim: UTET, 2008.

FUSINI, N. *Di vita si muore:* Lo spettacolo delle passioni nel teatro di Shakespeare. Milão: Mondadori, 2010.

GARBER, M. Macbeth: The Male Medusa. In: *Shakespeare's Ghost Writers:* Literature as Uncanny Causality. Nova York: Routledge, 2010.

GREEBLATT, S. *Il Tiranno*. Shakespeare e l'arte di rovesciare i dittatori. Milão: Rizzoli, 2018.

HARRIS, J. G. The Smell of Macbeth. *Shakespeare Quarterly*, n. 58, p. 465-486, 2007.

LIPAROTI, A. *Shakespeare nelle grandi serie-tv american*e. Disponível em: https://www.illibraio.it/news/storie/shakespeare-serie-tv-americane-186241.

LOMBARDO, A. *Lettura del Macbeth*. Milão: Feltrinelli, 1992.

MAGUIRE, L.; SMITH, E. *30 Great Myths about Shakespeare*. Londres: Wyley & Sons, 2013.

MERTON, R. K. La profezia che si autoavvera. II. Studi sulla struttura sociale e culturale. In: *Teoria e struttura sociale*. Bolonha: il Mulino, 1971.

RICORDI, F. *Shakespeare filosofo dell'essere*. Milão/Udine: Mimesis, 2011.

SCHOENBAUM, S. (org.). *Macbeth:* Critical Essays. Londres: Routledge, 2016.

STALLYBRASS, P. Macbeth and Witchcraft. In: RUSSELL BROWN, J. (org.). *Focus on Macbeth*. Londres: Routledge & Kegan Paul, 1982.

SPURGEON, C. F. E. *A imagística de Shakespeare*. Tradução Barbara Heliodora. São Paulo: Martins Fontes, 2006.

TYSON, D. (org.). *James I and VI, The Demonology of King James I:* Includes the Original Text of Daemonologie and News from Scotland. Woodbury: Llewellyng, 2011.

ZIMBARDO, P. *L'effetto lucifero*. Cattivi si diventa? Milão: Raffaello Cortina, 2008.

SE ESTÁ PREOCUPADO, PENSANDO QUE JAMAIS ENCONTRARÁ O AMOR DA SUA VIDA, VOCÊ PRECISA DE **MUITO BARULHO POR NADA**

Nós dançamos sozinhos

Será que alguém pode optar por não fazer parte do intenso e doce jogo do amor? Podemos viver sozinhos (para além de escolhas de origem religiosa) ou a vida humana deve necessariamente ser estruturada em casais? Podemos ser solteiros e felizes ao mesmo tempo? É em torno dessa questão que Shakespeare desenvolve o drama que muitos consideram sua obra-prima cômica, aquela que também considero sua comédia mais bonita, a que mais gosto de levar ao palco: *Much Ado about Nothing*, tradicionalmente traduzida como *Muito barulho por nada*.

Ainda hoje, em nossa sociedade ocidental que se esforça e se orgulha de superar todos os preconceitos de gênero e a estigmatização das pessoas com base em suas orientações afetivas e sexuais, há um ostracismo moral oculto, difícil de eliminar, diante das pessoas que não têm laços afetivos.

"Singlismo", do inglês *single*, solteiro, é um interessante neologismo que indica a visão estereotipada sobre solteiros como pessoas fundamentalmente infelizes, abandonadas a si mesmas, tristes e solitárias. Um preconceito que, se parece duro em relação aos homens, no que diz respeito às mulheres se torna até maldoso, brutal. No passado, as mulheres solteiras tinham bem poucas possibilidades, além do convento, para não serem consideradas loucas ou marginalizadas pela sociedade. Ainda nos dias de hoje, "solteirona" é apenas um, e talvez o menos violento, dos tantos termos pejorativos atribuídos às mulheres que não encontram (ou não querem) um marido.

Muito barulho por nada conta a história de dois solteiros convictos, uma mulher e um homem, uma solteirona e um solteirão. Beatriz e Benedito têm certeza de que não querem um parceiro. Benedito tem uma opinião muito ruim sobre o gênero feminino, e Beatriz tem uma concepção terrível de todos os homens. Se existe uma criatura que, para Benedito, reúne em si todos os defeitos das mulheres, essa criatura é Beatriz. Ela, por sua vez, está convencida de que Benedito é, entre todos, o exemplo mais flagrante de quanto os homens são horrendos e repulsivos. Com um enredo animado em que drama e comédia se misturam encantadoramente, a peça conta como os dois protagonistas passam do ódio ao amor mútuo.

Se Romeu e Julieta são dois jovens que se apaixonam muito facilmente, Benedito e Beatriz, ao contrário, são duas pessoas maduras que parecem ter se tornado imunes ao amor por conta de suas experiências (e desilusões), impermeáveis às atrações românticas. Benedito e Beatriz dançam sozinhos.

Ao ouvir a tragédia de Julieta e de seu Romeu, temos a impressão de que aqueles dois poderiam perder a cabeça praticamente por qualquer pessoa, tal era sua impaciência para amar. Em contrapartida, ao final do drama, os protagonistas de *Muito barulho por nada* nos levam a pensar que não poderiam ter se apaixonado senão um pelo outro – tamanha era a diferença entre eles, indispostos e avessos a uma relação a dois. Nesse sentido, a obra constitui a contraparte cômica de *Romeu e Julieta*: lá, choramos por um amor considerado necessário que se revela impossível; aqui, rimos de um amor considerado inconcebível que se torna inevitável.

Há algo que Benedito e Beatriz contestam no início da comédia: quem disse que obrigatoriamente devemos nos casar e que, uma vez casada, a pessoa é mais feliz do que seria solteira? Ambos implicam com aquilo que, usando mais uma vez um neologismo de origem estadunidense, podemos chamar de "matrimania", a febre do casamento que nos é inculcada pela sociedade, que dita que o matrimônio é o necessário coroamento do destino individual; que diz que quem não se casa ou não define claramente sua esfera sentimental é um indivíduo não realizado, tanto no plano metafísico-espiritual como no cívico-social, alguém que, no fundo, não é digno de confiança.

O "singlismo" alimentado pela "matrimania" muitas vezes gera, de modo consciente ou não, uma angústia interna naqueles que estão solteiros após os quarenta anos – a idade-limite nas convenções sociais para "se estabelecer antes que seja tarde". Hoje, poderíamos imaginar que os protagonistas de *Muito barulho por nada* devem ter por volta dessa idade. Mas qual é a origem da concepção enraizada que diz que, se não estivermos casados ou namorando, temos de nos considerar fracassados, incompletos? Por que, mesmo quando estamos bem sozinhos, satisfeitos com a nossa vida, alguma coisa nos diz que "algo está errado"?

Em *Muito barulho por nada,* paira essa estranha angústia de ser solteiro. Precisamente por esse motivo, a comédia pode nos ajudar a enfrentar o problema que surge quando nos perguntamos: "Por que não encontro o amor da minha vida?", "Por que o mundo coloca casais na minha frente, enquanto eu sigo o meu caminho sozinho, acompanhado da minha sombra?". Mestre Will responderia: não se preocupe, é apenas muito barulho por nada, você está se preocupando sem nenhum motivo.

A história se baseia em várias fontes, nem todas fáceis de identificar. Por alguns aspectos, a comédia retoma o Canto V de *Orlando Furioso,* de Ludovico Ariosto, e, por outros, a novela de Matteo Bandello sobre Piero e Fenícia de Messina, talvez conhecida por Shakespeare na versão francesa de François de Belleforest. Além disso, também inclui a trama do romance helenístico *Quéreas e Calírroe*, traduzida para o inglês por Thomas Hoby. Como sempre, o Bardo reescreve livremente todo o material em que se inspira, conferindo-lhe uma extraordinária força narrativa e psicológica. Assim, todo o complexo material de *Muito barulho por nada* gira habilmente em torno do tema que hoje chamaríamos "a busca pela alma gêmea".

Trata-se de um *tópos* muito antigo já na época de Shakespeare, cuja raiz originária se encontra em *O banquete*. Nesse diálogo de Platão, seu porta-voz é o personagem de Aristófanes, que nos conta que, nesta vida, todos estamos em busca de alguém que nos complete, porque, na origem, éramos todos duplos unidos a outro ser: ou seja, tínhamos duas bocas, dois corações, quatro olhos e assim por diante. Éramos completos e, por isso, tão felizes, tão autossuficientes, que não tínhamos necessidade alguma de rezar. Foi então que a ira dos deuses nos puniu e, para fazer de nós criaturas eternamente necessitadas, eles nos dividiram em dois. Desde então, vagamos pelo mundo em busca da metade que perdemos e de que necessitamos para sermos realmente completos. Enquanto não a encontramos, estamos incompletos.

Mas nem todos acreditam na metáfora de Aristófanes. Alguns pensam que, quando duas pessoas formam um casal estável, o que as mantém juntas é apenas uma convenção social, uma resposta ao medo da solidão ou, na melhor das hipóteses, a necessidade de se ajudar mutuamente. Noutras palavras, alguns estão convencidos de que o discurso de Aristófanes em *O banquete* é uma imensa tolice: que nós, criaturas humanas, não estamos destinadas a outra pessoa que nos complete, mas apenas a ser nós mesmos.

Não existe nenhuma alma gêmea: o amor é apenas um impulso para aperfeiçoar a nossa condição humana. Se você está entre os que pensam assim – ou seja, se é um anti-Aristófanes, porque acredita que não existe nenhuma pessoa destinada a completá-lo ou, pelo menos, que sua alma gêmea se perdeu em algum lugar enquanto vinha procurá-lo –, então, como Benedito e Beatriz, você é alguém que dança sozinho na vida. E *Muito barulho por nada* é a comédia para você.

Apaixonar-se significa notar o nada

Festeja-se, porque a guerra acabou: essa é a primeira cena da nossa história. Qual guerra? No caso dessa comédia, isso não parece ser relevante. Sabemos apenas que Leonato, governador da cidade de Messina, então sob o domínio hispânico, recebe a notícia do fim das hostilidades e da vitória da tropa comandada pelo capitão Dom Pedro de Aragão.

Entre os homens sob o comando de Dom Pedro estão Cláudio, um jovem florentino que se distinguiu na batalha e pelo qual Hero, filha de Leonato, demonstra um interesse especial; e Benedito, um brilhante solteirão de Pádua que desperta a curiosidade de Beatriz, sobrinha de Leonato e prima de Hero. Enquanto o interesse de Hero por Cláudio é romântico e profundo, Beatriz, ao contrário, se mostra muito sarcástica e desdenhosa em relação a Benedito. Toda a estrutura narrativa da comédia será definida pelos diferentes modos de se relacionar dos dois casais.

O fato de *Muito barulho por nada* começar no fim de uma guerra, com uma festa, não é desprovido de significado. Outra famosa obra shakespeariana, *Ricardo III* começa com as celebrações de alegria de um imediato pós-guerra. Naquele caso, o Bardo quer nos mostrar o isolamento do futuro rei, afastado com sua sombra, no inverno infinito de seu descontentamento. Ele não quer e não pode fazer parte dos festejos de sua família de York, pois para ele a guerra não terminou. O rei está em guerra permanente consigo mesmo.

Em *Muito barulho por nada*, ocorre o contrário: o que se mostra no início é uma explosão de energia, como se as forças eróticas e afetivas dos protagonistas, longamente reprimidas em virtude do compromisso militar, precisassem se expressar ao máximo e, explodindo, trazer jovialidade, entusiasmo e alegria de viver a Messina.

Sir Kenneth Branagh ressaltou essa explosão de energia vital que abre *Muito barulho por nada* na cena inicial da sua adaptação cinematográfica de 1993: um vigoroso galope dos homens que retornam das batalhas e se despem para se lavar nas fontes da cidade, sob o olhar brilhante e sorridente das jovens sicilianas. É a festa da "regeneração coletiva" mencionada por Mircea Eliade em seu ensaio *La nostalgia delle origini* [A nostalgia das origens].

Recebidos com todas as honras por Leonato, Dom Pedro e seus homens entram na cidade. Assim que Beatriz e Benedito se encontram, é como se entre os dois surgisse um campo magnético, dando início àqueles duelos de perspicácia, zombarias, provocações mútuas feitas de acrobacias linguísticas que constituirão o *leitmotiv*, o tema condutor de todo o drama.

Não sem causa, Mary Augusta Scott sugeriu, em sua época, que Shakespeare poderia ter usado outros personagens como modelo para os dois amantes-briguentos: Gaspare Pallavicino e Emilia Pia, descritos por Baldassare Castiglione em *O cortesão*. De fato, o que testemunhamos na comédia é uma espécie de anticortejo, um flerte ao contrário, se assim quisermos chamá-lo, no qual as provocações são sublimações de inconfessadas adulações – e nisso está a diversão.

Los que se pelean se desean, diz um provérbio castelhano que poderia servir de subtítulo nesta comédia siciliano-espanhola: "Duas pessoas que brigam se desejam".

"Meu único amor nasce do meu único ódio": quando Julieta pronuncia essa fala, a atriz que a interpreta deve ter condições de levar o público a entender o quanto a jovem Capuleto está aterrorizada, preconizando a própria catástrofe. Em *Muito barulho por nada*, ao contrário, é com um jogo que o ódio se transformará em amor, mostrando como os dois opostos são, na realidade, as faces de uma mesma moeda.

Shakespeare parece nos dizer que apenas se odeia o que se amou ou o que poderemos (ou poderíamos) amar. Portanto, temos de ter cuidado ao encontrar alguém que não suportamos e que nos dá nos nervos: num piscar de olhos, poderemos nos apaixonar exatamente por aquela pessoa. O ódio é o sinal de um amor não expresso, proibido ou potencial: esse é o ponto essencial na relação entre Benedito e Beatriz, que Shakespeare expressa elevando ao máximo o ritmo e a altura lírica das discussões.

> BEATRIZ: Pergunto-me o que ainda te impele a falar, senhor Benedito: ninguém te ouve.
> BENEDITO: Ora, vejais só, minha cara senhorita Azedinha! Então ainda estás viva!
> BEATRIZ: Bem, mas a Azedinha não pode morrer quando se alimenta de algo como o senhor Benedito. Até a gentileza em pessoa azeda na tua presença.
> BENEDITO: Bem, então não podemos confiar na gentileza. De qualquer forma, todas as mulheres correm atrás de mim, exceto tu. Dizem que não tenho coração, porque não escolho uma delas, mas a verdade é que nenhuma delas me interessa.
>
> (I, i)

Lady Disdain, que gosto de traduzir como "senhorita Azedinha", é o apelido que Benedito dá a Beatriz no original. No início do drama, ela, por sua vez, o chamara de Mountanto (do francês *mountant*, termo derivado da esgrima), ou seja, "fanfarrão", "metido", poderíamos parafrasear. Entre os dois há uma batalha cujas armas são a criatividade verbal, os comentários incisivos e perspicazes, o jogo de palavras e o sarcasmo vibrante. Um elevado talento linguístico faz os protagonistas dessa comédia, em sua oposição, serem profundamente semelhantes. Até seus nomes estão relacionados, em suas etimologias luminosas: Benedito e Beatriz, ou seja, "aquele que traz bênção" e "aquela que torna feliz".

Não por acaso, a relação entre Beatriz e os personagens femininos é refletida na relação entre Benedito e os personagens masculinos. Quando, na primeira cena da obra, Cláudio confessa a Benedito, seu bom amigo e companheiro de armas, seu encantamento pela filha de Leonato e a decisão de pedi-la em casamento, Benedito não perde a oportunidade de expressar, desdenhoso e incrédulo, toda a sua filosofia misógina de solteirão irredutível. Paralelamente, Beatriz fala cobras e lagartos do gênero masculino ao ver que sua prima Hero está perdidamente apaixonada por Cláudio.

Um pouco como Mercúcio faz com Romeu, mas de modo mais lógico e mais divertido, Benedito tenta de todas as formas ridicularizar e redimensionar os arroubos românticos do amigo. Nessa cena entre Benedito e Cláudio há uma passagem de diálogos muito importante, que nos coloca no núcleo do drama. Cláudio lhe pergunta: "Benedito, notastes Hero, a filha do senhor Leonato?"; "Não a notei", responde ele, "mas eu a vi". No texto original, os dois verbos utilizados por Mestre Will são *note* e *look on*:

> CLAUDIO: *Didst thou note the daughter of Signior Leonato?*
> BENEDICK: *I noted her not; but I looked on her.*

A diferença semântica entre *to note* e *to look on* neste diálogo expressa a diferença fundamental entre alguém que está apaixonado e alguém que não está. Toda a comédia gira em torno dessa relação entre verdade e aparência, entre realidade e ilusão, que se alternam dependendo de como se veem as coisas. Cláudio procura (sem encontrar) conforto em Benedito para entender se, ao ver em Hero "a jovem mais encantadora que jamais existiu", está enganado ou não. "Para ser sincero, parece-me baixa demais para um elogio tão alto, morena demais para um elogio tão claro e, para um elogio da boa forma, demasiado rechonchuda", responde-lhe Benedito com seu inconfundível sarcasmo. E acrescenta:

"Vê, eu ainda consigo enxergar bem sem óculos, e nela não vejo absolutamente nada do que dizes" (*I can see yet without spectacles and I see no such matter*).

Benedito é hostil à paixão por não ser um observador atento. Noutros termos: quando vê o nada, não vê nada. A certa altura, deixa escapar que Beatriz está para Hero "como o primeiro dia de maio está para o último dia de dezembro", mas diz isso quase entredentes e logo volta à sua principal preocupação: "Mas tu não estás pensando em casar-te, não é?", pergunta ao amigo com a ansiedade de quem descobriu nele uma doença.

É como se Shakespeare estivesse nos dizendo que, em última análise, o amor consiste numa espécie de alucinação distorcida, uma forma de alteração cognitiva, pela qual já não vemos determinado objeto da mesma maneira que os outros o veem.

Observe-se que o título da comédia no original, *Much Ado about Nothing*, tem um interessante valor polissêmico, uma vez que abrange vários significados que podem ser esclarecedores. De fato, como ressaltou Nadia Fusini, o termo *nothing*, no inglês elisabetano de Shakespeare, soa quase como *noting*, ou seja: "notar, perceber", verbo utilizado por Benedito para se referir àquele olhar peculiar que é específico do fenômeno do amor. Poderíamos até traduzir o título dessa obra para *Muito barulho por ter visto algo de forma diferente dos outros*. Noutros termos, de acordo com essa comédia shakespeariana, o amor consiste em ver algo onde o resto do mundo não vê nada. Amar é *noting the nothing*: notar o nada.

Em Shakespeare, o nada quase nunca é nada. *Nothing* é um conceito central em *Hamlet*, *Ricardo III*, *Rei Lear* e *Sonho de uma noite de verão*, obras nas quais assume várias formas, muitas vezes oníricas, muitas vezes monstruosas. Na época de Shakespeare, o nada começa também a ser explorado de maneira profunda e sistemática no plano filosófico. Poucos anos antes da composição dos textos shakespearianos, um escrito misterioso e fascinante de autoria do místico picardo

Charles de Bovelles, com o título *Liber de nihilo*, ou seja, *O livro do nada*, analisa o conceito de *nihil*, chegando quase a identificá-lo com a infinitude divina.

Em *Muito barulho por nada*, o *nihil*, o *nothing*, o nada, protagonista desde o título, é a forma do enamoramento. Para o espectador elisabetano, o termo provavelmente adquiria também um sentido ulterior, um pouco vulgar, pois, na gíria da época, a palavra *nothing* também designava o órgão genital feminino.

Não sem tirar proveito da carga cômica dessa mistura de significados, o drama nos diz que se apaixonar consiste em *notar* aquilo que outros se limitam a ver. Contudo, Cláudio não tem certeza de que aquilo que notou é real, que o nada é diferente do vazio. Como faz para saber se, em relação a Hero, não está confundindo as coisas? Como pode ter certeza de que sua paixão não passa de uma alucinação? Basicamente, não pode. Assim como Hamlet não pode confiar nas palavras do fantasma do pai, e como Macbeth não pode confiar nos vaticínios das Bruxas, Cláudio não pode se basear na própria paixão para ter certeza de que Hero é a garota que ele acredita ser. Ele precisa de uma prova. Mas o que fazer para ter certeza da verdade de uma alucinação? Como se faz para ter certeza do nada?

Hamlet resolverá a questão com o artifício do teatro, encontrando, assim, a confirmação de que o fantasma de seu pai dizia a verdade. Macbeth voltará às três Irmãs Fatais para interrogá-las mais uma vez. Para ambos, isso será o início do fim: como se o nada não se deixasse observar com um olhar analítico sem provocar uma catástrofe. De fato, depois de seu questionamento, Hamlet e Macbeth são destruídos como Sêmele, que, no mito, foi incinerada pela luz de Zeus por ter tentado descobrir sua verdadeira natureza.

Assim como todos nós quando não temos certeza sobre algo ou sobre alguém, Cláudio só precisaria de uma palavra de conforto de um amigo para se tranquilizar, como quando perguntamos à pessoa ao nosso lado: "Você também viu aquela estrela cadente ou é imaginação minha?". Pois bem, Cláudio busca essa comprovação em Benedito, mas há muito pouco a esperar daquele obstinado apóstolo do celibato. Cláudio, assim como Hamlet, precisará de uma ficção teatral para entender o que é verdade e o que não é. E ele encontra essa ficção em Dom Pedro, que se disfarça de Cláudio numa festa a fantasia e, assim vestido, se declara para Hero para ver como ela reage. Só na ficção teatral, parece nos dizer Shakespeare, a verdade se revela – também, e sobretudo, no amor.

Para a sorte de Cláudio, visto que Benedito está mais decidido do que nunca a levá-lo a abandonar qualquer fantasia romântica, o capitão Pedro chega para corroborar sua intuição, sentenciando: "A garota é digna". Pois bem, àquela altura, Cláudio pode confiar na sua alucinação.

Quando Dom Pedro fala com Hero disfarçado de Cláudio, na primeira cena do segundo ato, é como se mais uma vez a questão do amor fosse mostrada como uma mudança de perspectiva em relação ao nada. O amor só pode se revelar num baile a fantasia porque consiste na capacidade de acreditar que uma condição possível é real: a do nosso ideal divino que se encarna numa pessoa concreta.

Hero deve se apaixonar por aquele que ela acredita ser Cláudio, para amar Cláudio. Noutros termos: se nos apaixonamos por alguém, é porque esse alguém corresponde à ideia que temos do amor. Ou, pelo menos, precisamos acreditar que ele ou ela corresponde a essa ideia – mesmo que os outros não vejam "nada".

Não raro, como aqui, Shakespeare é Pirandello em essência: porque o seu teatro já é uma encenação do paradoxo da identidade. Certamente, a frequência com que Shakespeare faz seus personagens se apaixonarem enquanto estão disfarçados, ou enquanto estão participando de bailes de máscaras (pensemos, entre os vários exemplos, em *Noite de Reis*, *Como quiserem*, *Medida por medida* e, obviamente, *Romeu e Julieta*), nos diz que o amor é uma grande encenação na qual decidimos acreditar.

O amor como ilusão. A ilusão mais envolvente e a mais perigosa de todas. Aquela que começa quando notamos o nada.

Para encontrar o amor da sua vida, você deve não o querer

Muito barulho por nada se baseia exatamente nessa dialética entre verdade e aparência: nós, de fato, nos apaixonamos por alguém quando nos apaixonamos? Ou – ao contrário – projetamos nossa imaginação noutro indivíduo, tentando satisfazer nossa necessidade de ter o nosso amor retribuído? Para dizer a verdade, esta última perspectiva é proposta por Freud, que no ensaio *Contribuições à psicologia do amor* explicava o amor como fenômeno essencialmente narcisista.

Lendo a questão dessa maneira, se não encontramos o amor da nossa vida, significa que decidimos não confiar em nossas intuições, porque não acreditamos nas aparências. Noutras palavras: não confiamos, porque temos consciência da natureza ilusória do amor. Sabemos que o nada não é nada.

Por outro lado, podemos nos perguntar (com Benedito e Freud, por assim dizer): o que Cláudio sabe sobre Hero quando perde a cabeça por ela? Ele a viu apenas algumas vezes, nem sequer a conhece. Será que não se apaixonou apenas pela ideia que tem dela, enganado pelo próprio fascínio? Freud diria que Cláudio tem um delírio narcisista: ou seja, ele projeta os próprios desejos subjetivos na jovem filha de Leonato. Aquela jovem por quem ele se apaixonou não existe, parece lhe dizer (freudianamente) Benedito, porque está apenas na cabeça dele.

Seja como for, o galanteio de Cláudio diante de Hero, feito por outra pessoa disfarçada, tem sucesso, apesar dos protestos de Benedito. No entanto, quem trama contra o casamento de Cláudio é o irmão de Dom Pedro, Dom João. Ele é o verdadeiro vilão da história, e tenta arruinar tudo com uma mentira, insinuando que Pedro está cortejando a jovem para si mesmo. Mas ninguém acredita em João, e as maquinações dele, por enquanto, são inúteis. Então Leonato dá a sua bênção, e os dois jovens se veem prontos para o casamento.

Observemos que, até esse momento do drama (já estamos no segundo ato), Hero e Cláudio nunca conversaram um com o outro. Estão apaixonados, é claro, mas – assim como Romeu e Julieta – não se conhecem. Mestre Will quis orquestrar a história de modo que, na hora do casamento, os dois jovens ainda não soubessem nada um do outro. E isso para mostrar como esse "nada", na realidade, é tudo. É nesse "nada" que Hero e Cláudio – e todas as pessoas que perdem a cabeça por amor, poderíamos acrescentar – projetam seus desejos ideais. É pelo nada-que-é-tudo que se faz tanto barulho, quando falamos de amor.

Depois de resolver a dúvida amorosa de Cláudio, capitão Pedro pensa em pedir a mão de Beatriz para si, mas recebe uma cordial recusa, baseada na firme convicção de que nenhum homem jamais poderá agradá-la. Aquela recusa, em vez de abalar o capitão, desperta nele uma ideia formidável: o homem certo para Beatriz poderia ser Benedito, um solteirão convicto assim como ela, e alguém que ela detesta com todo o coração.

Seguindo essa intuição, Pedro, com a ajuda do senhor Leonato e de Cláudio, decide orquestrar uma brincadeira à custa de Benedito e Beatriz: em duas cenas paralelas, Benedito ouvirá Leonato e seus companheiros de armas afirmarem que Beatriz nutre por ele um fortíssimo sentimento de amor, sempre mantido em segredo. Ela, por sua vez, ouvirá Hero e sua dama de companhia, Úrsula, ambas envolvidas na brincadeira por Pedro, dizerem o quanto Benedito está apaixonado por ela. A partir desse momento, toda a comédia assume os tons divertidos do engano amoroso no qual os dois protagonistas são envolvidos.

De forma cômica, torna-se claro que aquela idiossincrasia, aquela repugnância exagerada que Beatriz e Benedito tinham um pelo outro, era apenas o sinal de um profundo amor inconsciente, não declarado. De fato, a partir do momento em que são enganados pela brincadeira, os dois começam a se aproximar cada vez mais, até se apaixonarem abertamente. É como se o engano – a máscara, mais uma vez – fosse, para Shakespeare, a face verdadeira do amor.

E, de novo, muito barulho por nada.

Enquanto Benedito e Beatriz descobrem pouco a pouco seu sentimento, do outro lado a trama de Shakespeare se complica: o pérfido Dom João concretiza sua intenção de arruinar o casamento de Cláudio, levando-o a acreditar que Hero não é casta. Na verdade, tudo isso também é um engano, pois João aproveita uma troca de identidade entre Hero e a dama Margarida. Isso é o suficiente: todos acusam Hero de ser uma prostituta. Na cerimônia que deveria celebrar as núpcias, Cláudio a rejeita como "uma laranja podre". Seu pai, Leonato, a renega e decide prendê-la para sempre na torre. Ela, atingida pela dor e pelo terror, desmaia, sem conseguir convencer ninguém da própria inocência. Apenas duas pessoas não acreditam na calúnia: o frade que deveria celebrar o casamento e Beatriz.

Numa cena muito forte, que reflete a temática da relação entre amizade e amor abordada por Shakespeare em *Os dois cavalheiros de Verona*, Beatriz, agora íntima de Benedito, grita o seu desespero pela sorte da prima, afirma que gostaria de ter nascido homem para fazer justiça por si mesma e pede que Benedito vingue a ofensa sofrida por Hero, matando Cláudio. Inicialmente, Benedito resiste à ideia de duelar com seu melhor amigo, mas depois aceita, demonstrando, assim, que sua metamorfose, de solteirão obstinado a noivo obediente, está completa.

Mas o sol de Messina não se assemelha à neblina de Verona, e essa é uma história sem mortes. Não haverá nenhum duelo entre os dois amigos, porque a trama se encaminha para a resolução: os desajeitados homens da guarda municipal, Dogberry e Verges, ouviram Boráquio, servo de Dom João, se vangloriar da maquinação de seu senhor e correram para avisar Leonato. Nesse meio-tempo, seguindo o conselho do frade, Hero fingiu que estava morta. Ao descobrir a inocência de sua amada já falecida, Cláudio se desespera, acreditando que a perdeu, e, como penitência, aceita se casar com uma prima de Hero que jamais vira. No entanto, quando essa prima aparece diante de Cláudio, ele descobre que, na verdade, a jovem é ninguém menos que Hero, ainda viva. "Ela esteve morta enquanto a calúnia estava viva", explica o sábio Leonato.

O duplo casamento, o de Cláudio com Hero e o de Benedito com Beatriz, conclui o drama. Dom João é preso, e uma grande festa anima as ruas da cidade com danças. Beatriz e Benedito ainda se provocam com seus jogos de palavras, mas agora seus gracejos se transformaram num adorável jogo que expressa abertamente o amor que sentem um pelo outro. Um amor que Benedito sela com uma frase que antecede um beijo: "Basta, agora vou calar a tua boca!" (*Peace, I will stop your mouth!*).

Algumas edições atribuem essa fala a Leonato, e não a Benedito. Assim, ela significaria que Beatriz se casa pela vontade da autoridade paterna representada pelo tio, contra os próprios desejos. De fato, no fim, Beatriz ainda revela um espírito refratário ao casamento, e *Muito barulho por nada* poderia, portanto, parecer um drama de final ambíguo, um pouco como acontece com *Medida por medida* e *A megera domada*.

Pessoalmente, porém, nunca tive essa impressão. O desfecho dessa comédia me parece uma festa completa, e os gracejos de Beatriz não passam de uma continuação do seu jogo de amor com Benedito. Sua exortação final parece encerrar a comédia com um tom de harmonia: "Não pensemos mais em João, pelo menos até amanhã! Agora, que soem as flautas!". É hora, portanto, de danças e de alegria. Iniciado com o fim de uma guerra, o drama termina com o tempo da alegria. Uma alegria que se revela no olhar de Beatriz, agora casada, e de Hero, pura e "ressuscitada".

Várias leituras críticas observaram que Hero finge estar morta a conselho do frade, exatamente como faz Julieta na tragédia veronense. Romeu, por sua pressa e por azar do destino, não conseguirá chegar a tempo para saber que sua amada apenas parece estar morta, mas que, na verdade, não está. Cláudio tem um destino melhor, pois o engano é descoberto antes que seja tarde demais. Como noutras peças de Shakespeare – penso em *Rei Lear* e *Péricles, príncipe de Tiro* –, toda a trama de *Muito barulho por nada* se desenrola em torno do conceito que em literatura é chamado de "agnição".

A "agnição", que explica a estrutura do drama teatral e já foi mencionada por Aristóteles na *Poética* com o conceito de *anagnorisis* (αναγνώρισις), é o reconhecimento, por parte do personagem de uma história, de uma verdade que se revela no fim da trama. É típica de romance policial, mas também da literatura de natureza psicológica, e seu uso é muito antigo: Ulisses que enfim se mostra como ele mesmo ao retornar a Ítaca; a descoberta trágica que Édipo faz da própria identidade; o encontro entre Virgílio e Sordello no *Purgatório* de Dante são exemplos típicos de agnição.

Em *Muito barulho por nada*, a agnição desempenha um papel fundamental: na última cena, Cláudio precisa descobrir o que o espectador já sabe, ou seja, que Hero é uma jovem casta e honesta. Cláudio duvidou disso porque não conhece realmente a garota por quem se apaixonou. Do contrário, não poderia e não deveria desconfiar de seu comportamento. Por isso, ele se torna uma vítima fácil do engano de Dom João: porque não conhece aquela a quem afirma amar (levado ao auge da ansiedade, esse é o tema central do *Otelo*).

No início da comédia, Cláudio e Hero, que não se conhecem, estão convencidos de que se amam. Ao contrário, Beatriz e Benedito, que se conhecem bem, estão convencidos de que não se amam. Os quatro farão muito barulho por nada. Cláudio, acreditando que Hero é promíscua, torna-se um misógino pior do que Benedito, que no início da história se autodenomina o "inimigo jurado do sexo frágil".

E Benedito, quando descobre que Beatriz está apaixonada por ele, torna-se um pretendente mais apaixonado e meloso do que Cláudio.

Há um valor simbólico na morte de Hero em *Muito barulho por nada*: morre aquela Hero que Cláudio construíra em sua mente. "Uma Hero morreu desonrada, mas eu estou viva", diz ela a Cláudio quando o engano é revelado. É como se – no plano simbólico, precisamente – ele tivesse que perceber que a imagem ideal que criara de Hero não existe. Benedito, ao contrário, precisa perceber que aquela Beatriz, que ele finge que não existe, que ele faz de tudo para não ver, desprezando-a com suas brincadeiras, é, na verdade, real.

Na primeira cena do quarto ato, quando Cláudio rejeita Hero como uma "laranja podre", ele exclama algo significativo: "Basta de aparência! Eu tenho problemas com a aparência!" (*Out on thee! Seeming! I will write against it*), tentando entender qual é a realidade. "Tu parecias tão pura quanto Diana [...], e agora descubro que és luxuriosa como Afrodite", afirma ele, logo depois. Quem, de fato, é Hero? Uma Diana ou uma *Afrodite*? Cláudio não sabe. Por isso (assim como Hamlet quando diz que não conhece o "parece", respondendo à sua mãe Gertrudes), ele está louco em busca da verdade, e sua atitude é muito instável (Shakespeare certamente lhe atribui esse nome pensando em seu ser "claudicante" no âmbito do conhecimento). E se todo aquele barulho tivesse sido em vão? E se a garota que ele pensa amar não existir de fato?

Não há dúvida mais atroz, para os que se apaixonam, do que acreditar ter atribuído à pessoa amada virtudes e qualidades que, na realidade, não lhe pertencem. No primeiro ato, Benedito está bem ciente disso e, de fato, prefere não ceder a nenhuma ilusão de amor. A pessoa dos sonhos não existe, segundo ele; existem apenas pessoas às quais atribuímos nossos sonhos. Pelo menos é o que ele diz acreditar no início da comédia. No quarto ato, ele já não pensará mais assim.

É como se Shakespeare estivesse nos dizendo que existe uma precondição necessária para encontrarmos a pessoa certa: não querer encontrá-la, ou estarmos convencidos de que jamais a encontraremos. Em termos mais claros e diretos: para não acabarmos como Cláudio, ou seja, decepcionados por nossas projeções narcisistas, não deveríamos procurar alguém que nos complete, mas, sim, alguém com quem nos tornemos melhores.

O significado oculto em *Muito barulho por nada* é (também) este: só conseguimos reconhecer a pessoa que realmente combina conosco quando já não precisamos encontrá-la. Caso contrário, é o desejo que nos cega. Aqueles que, como Benedito e Beatriz, são almas que dançam sozinhas – por mais que isso, às vezes, seja complexo e doloroso – têm uma capacidade de julgamento mais elevada na escolha do parceiro. Eles escolherão um companheiro ou uma companheira se – e somente se – essa pessoa estiver à altura de seus desejos. Porque são capazes de se sentir bem mesmo sozinhos; aliás, essa é sua condição natural. Eles não têm medo da solidão: eis o ponto. O homem ou a mulher adequada poderiam nunca aparecer. Um Benedito e uma Beatriz não temem tanto essa possibilidade. Já Hero e Cláudio, sim.

No amadurecimento espiritual de Benedito, reconhecemos a evolução, nem um pouco óbvia, de um homem que abre lugar em seu coração para uma história de amor, não por estar em busca dela, mas porque não pode evitá-la.

Benedito e a síndrome de Peter Pan

Em sua convicção de que não existe uma mulher adequada para ele (muito menos aquela insuportável Beatriz), em sua obstinação na condição de solteiro, Benedito, no início do drama, poderia ser visto como uma espécie de eterno menino, um *Puer Aeternus*. Aos quarenta anos, ele ainda não pôs a cabeça no lugar, é um adulto que continua a ter atitudes adolescentes, prefere a dimensão do jogo à do compromisso sério, desconfia e se ressente do gênero feminino, diverte-se com os flertes, mas é alérgico à ideia do casamento. Com todas essas características, Benedito poderia se encaixar por completo no perfil que normalmente é atribuído a homens solteiros com a expressão "síndrome de Peter Pan", conhecida tecnicamente como "neotenia psíquica".

O nome popular desse perfil psicológico remete às histórias escritas por James Barrie: de um menino que, na terra encantada de *Neverland*, em sua mágica Terra do Nunca, não cresce jamais, permanecendo jovem para sempre. Quando, consciente ou inconscientemente, um homem se recusa a entrar no mundo da vida adulta e da sociedade, diz-se precisamente que ele é um Peter Pan.

Na obra de Barrie, há uma sutil dialética entre Peter Pan e a protagonista feminina, Wendy. Wendy representa o mundo real, aquele que Peter rejeita. Não porque ele não queira crescer, mas porque não acredita que vale a pena abandonar seus sonhos, suas "brincadeiras", por Londres, onde o tempo continua a passar.

Para Peter, sua fada Sininho, também conhecida por Tinkerbell, parece ser mais real na eternidade do que Wendy no reino dos adultos. Ele tem a impressão de que, no mundo real, os homens se esforçam em vão. A não ser que Wendy se torne mais importante para Peter do que Sininho com todas as suas magias, mesmo que apenas por um momento. Nesse caso, ele poderia escolher Londres no lugar da Terra do Nunca. Trata-se, fora da metáfora, da escolha que somos psicológica, espiritual e concretamente chamados a fazer quando escolhemos um amor definitivo em nossa vida. Os protagonistas de *Muito barulho por nada* são descritos pelo Bardo nesse momento essencial de transição.

Na terceira cena do segundo ato, pouco antes de ser enredado na brincadeira de Dom Pedro e Leonato que o levará a se envolver com Beatriz, Benedito reflete sobre a própria condição de solteiro e não se conforma ao ver seu melhor amigo agora dominado pelo amor absurdo por Hero. Benedito está defendendo aqui seu direito de viver na Terra do Nunca. Essa passagem é um dos monólogos mais divertidos e bonitos, tanto de recitar como de ouvir, de todo o teatro shakespeariano.

> BENEDITO: Não consigo entender como um homem, vendo como outro se torna um idiota quando se dedica de corpo e alma ao amor, depois se torne ele mesmo objeto do próprio desprezo, apaixonando-se por sua vez. Pois bem, é isso o que Cláudio se tornou. Eu o conheci quando para ele não existia outra música além da música dos tambores de guerra e das trombetas que soavam; agora prefere o som das harpas e das flautas. Eu o conheci quando ele caminharia dez milhas a pé para apreciar a forja de uma bela armadura; agora ficaria acordado dez noites para entender o feitio de um espartilho em moda. Era um rapaz esperto, que ia direto ao ponto, como convém a um homem honesto e a um soldado; agora se tornou um retórico e um cantor, suas palavras são um banquete absurdo abarrotado de pratos esquisitos. Será que eu também poderia me transformar e ver o mundo com olhos assim? Não sei, acho que não. [...] Uma mulher é bonita? Tanto melhor. Outra é inteligente? Fico feliz. Outra ainda é virtuosa? Ótimo para ela. Mas até que todas essas graças estejam reunidas numa única mulher, apenas uma mulher jamais cairá nas minhas graças. Ela deve ser rica, não há dúvida sobre isso; inteligente, caso contrário, nem sequer falo com ela; virtuosa, senão nem a cumprimento; bonita, senão nem olho para ela; meiga, ou não poderá ficar ao meu lado; querida, caso contrário, cada centavo gasto com ela a fará parecer assim. Além disso, deveria ser capaz de fazer discursos brilhantes e ter sensibilidade para a arte. E seus cabelos deverão ser... bem, quanto aos cabelos, posso deixar isso nas mãos de Deus.
>
> (II, iii)

Assim como Peter Pan é chamado a deixar a Terra do Nunca por Wendy, Benedito também terá que descobrir, no decorrer da comédia, que Beatriz é real. Que, por ela, ele poderia até abandonar sua condição de solteiro e se comprometer. Mas aqui ele ainda está zombando do amigo, que, apaixonado, mostra todos os sinais de uma estupidez que, a seu ver, é causada pela loucura do amor. A chave cômica do drama está precisamente na possibilidade, concedida ao espectador, de ver Benedito sendo pouco a pouco dominado por uma estupidez sentimental ainda maior, assim que o levam a acreditar que Beatriz está secretamente apaixonada por ele.

Benedito ainda não tem sabedoria. Poderíamos dizer que ainda é um homem indeciso. Podemos ver isso ao comparar seu personagem com o de Leonato. Na comédia, Leonato demonstra, com várias falas, os sinais da maturidade. É quase um sábio à maneira de Sêneca. "Não existe filósofo que possa curar uma dor de dentes" é uma frase emblemática nesse sentido, que ele pronuncia para dizer que ninguém poderá consolá-lo pela dor de ter descoberto sua filha desavergonhada.

Na estrutura do drama, também tem importância fundamental o papel do vilão, aquele Dom João que trama impiedosamente contra a felicidade dos outros, sem que o espectador seja informado do motivo de suas ações. Sombrio, taciturno e maldoso, ele também estava em conflito com o irmão, o corajoso capitão Dom Pedro, que é seu completo oposto: um homem radiante.

Num dos sonetos mais citados de Shakespeare, o CXVI, o primeiro verso poderia ser uma excelente epígrafe para *Muito barulho por nada*: "Não encontrarei razões contra o casamento de duas almas sinceras". Nesse soneto, conta-se como há forças, capazes de atrair as almas, que vão além de nossa mera vontade, forças que não estão sujeitas às contingências, mas são fixas "como um farol que observa a tempestade sem ser abalado". Pois bem, João é o vilão dessa história porque tenta de todas as formas se opor ao mágico poder magnético do amor, contrapondo-se ao "casamento de duas almas sinceras". Dom Pedro, ao contrário, é aquele que tenta dar continuidade a essas forças. É como se os dois irmãos fossem as manifestações opostas das energias mencionadas no soneto.

E, a meu ver, há um ponto interessante a ser observado: na primeira parte do drama, Benedito é, por assim dizer, um cúmplice de Dom João. Não no sentido de ajudá-lo a conspirar contra a felicidade amorosa de Cláudio, mas ele também está fazendo de tudo para impedir o casamento de duas almas sinceras, para boicotar a felicidade amorosa de alguém: a dele mesmo. Desde o início é docemente nítido para o espectador que ele e Beatriz estão apaixonados. De fato, não há nada que impeça um possível relacionamento entre ambos: eles não são infelizes como Romeu e Julieta, nem separados por suspeitas e ansiedades como Otelo e Desdêmona, nem impedidos por distâncias sociais como Pórcia e Bassânio, nem dominados pela paixão como Antônio e Cleópatra. Qual é o problema deles? O problema são apenas eles mesmos: aquela convicção de que desejam dançar sozinhos. É nesse sentido também que fazem tanto barulho por nada. Porque não há nada que os separe, a não ser suas defesas internas: o medo inconsciente de amar.

Se Beatriz realmente é a sua felicidade, Benedito, nos dois primeiros atos da comédia, não faz outra coisa exceto sabotar a si mesmo. Será que tem medo de se desiludir e, por isso, fala tão mal do amor? Ou será que tem medo justamente de ser feliz? Se estamos convencidos de que estamos bem solteiros, não existe problema. Mas se nos questionamos – se apenas nos perguntamos por que ainda não encontramos o amor de nossa vida – então provavelmente, no fundo, existe um problema.

Todas as vezes que ficamos tristes ou nos preocupamos porque dançamos sozinhos, seria bom olhar para dentro de nós mesmos e nos perguntar se, e em que medida – e por qual razão profunda – estamos nos autossabotando para não alcançar a felicidade. Talvez não sejamos totalmente honestos conosco mesmos:

há um medo que não estamos confessando, e o escondemos atrás da recusa ao amor.

Nascida sob uma estrela que dança: Beatriz e o destino das solteironas

Além da síndrome de Peter Pan, podemos reconhecer em Benedito também outra síndrome, a chamada "síndrome do Príncipe Encantado". Podemos definir assim aquela atitude feminina (mas também masculina) que consiste em rejeitar todos os pretendentes, porque cada um deles é portador de um defeito insuportável. Algumas pessoas ficam solteiras porque nenhum ser real consegue corresponder ao seu modelo ideal. Construímos em nossa mente uma imagem tão perfeita de alguém para ter ao lado, que nenhuma pessoa que cruzar o nosso caminho estará à altura dela. Talvez, para Benedito (e também para muitos de nós), essa seja uma maneira de fugir da realidade de um compromisso concreto.

Beatriz, em sua condição de solteirona, sem dúvida também vive uma síndrome do Príncipe Encantado. Ela é sofisticada, animada, inquieta, cheia de energia, alegre e dotada de uma dialética extraordinária. Por trás de sua vitalidade, no entanto, há uma jovem habitada por uma profunda melancolia, por algo sombrio, por uma dor inconfessável.

Beatriz não confia nos homens e está convencida de que pode (e deve) se virar sozinha. *Muito barulho por nada* é também a história de como todas essas defesas dentro dela desmoronam.

Esse esquema narrativo arquitetado por Shakespeare se tornará clássico, no teatro e depois no cinema, principalmente, para o gênero que hoje chamamos de "comédia romântica". Num primeiro momento, os protagonistas têm certeza de que não gostam um do outro, mas sua evolução psicológica os leva, entre enganos e mal-entendidos, a descobrir que estão destinados um ao outro. Trata-se do típico enredo narrativo entre destino e casamento, que constitui um aspecto central, por exemplo, nos romances de Jane Austen. E de Jane Austen, esse modelo vai longe: podemos encontrá-lo em inúmeros filmes, mesmo muito diferentes entre si, como *Noivo neurótico, noiva nervosa, Uma linda mulher, O casamento do meu melhor amigo, Um dia especial, Harry e Sally: feitos um para o outro*.

A esse respeito, li diversas vezes, em muitas críticas, que o relacionamento entre Benedito e Beatriz refletiria o de Petrúcio e Catarina em *A megera domada*, pois ambas as obras seriam exemplos originais de comédia romântica. A meu ver, isso não é bem verdade. Aqui não assistimos tanto a uma domesticação brutal da mulher pelo homem, mas, sim, a uma descoberta, por parte de Beatriz, do seu próprio destino: de uma parte oculta, não expressa e enterrada de sua psique. Para se casar, Catarina diminui sua personalidade, ao passo que Beatriz, ao se casar, a expande.

Para entender esse ponto fundamental, creio que seja interessante refletir sobre o conceito de amor que nos vem da filosofia de Jung, fundador da psicologia analítica. Numa visão junguiana, a concepção freudiana do amor como projeção narcisista se revela reducionista. Lembremos de que, no início de *Muito barulho por nada*, é essa imagem "freudiana" que Shakespeare nos mostra quando Cláudio se apaixona por Hero. É essa visão que tanto Benedito como Beatriz não aceitam e em nome da qual se professam solteiros convictos. É como se os dois buscassem algo mais do que um amor que se reduz a encontrar no outro aquilo que se procura para preencher a própria falta.

Simplificando bastante a questão, poderíamos dizer que, em Jung, o amor é, antes de tudo, o reconhecimento de uma parte perdida de nós mesmos no outro. Nessa perspectiva, *Muito barulho por nada* é, de fato, a história de duas pessoas que aceitam e redescobrem parte de si mesmas que tinham reprimido, ocultado e negligenciado. Nesse sentido, procurar o amor de sua vida não significa "se acomodar". Não tem nada a ver com o julgamento social sobre solteiros e solteironas, nem com nossa necessidade de encontrar alguém que supra nossas carências e nos ajude a preencher nosso tempo. Esses são problemas de outra natureza. Lendo *Muito barulho por nada*, descobrimos que realmente nos apaixonamos por aquelas pessoas que despertam em nós fragmentos de nós mesmos que tínhamos perdido.

Jung escreve em *Símbolos da transformação*: "É a incapacidade de amar que priva o homem de suas possibilidades. Este mundo é vazio apenas para quem não sabe direcionar sua libido para as coisas e as pessoas, dando-lhes vida e beleza de acordo com sua inclinação específica". Isso significa substancialmente que o amor da sua vida está dentro de você, e não fora.

Há pessoas que têm mais dificuldade do que outras em definir os próprios sentimentos. Beatriz, em particular, destaca-se no grupo de suas amigas como a personagem mais complicada, incontrolável e contraditória. Para uma atriz, interpretá-la é sempre um desafio intrigante, pois ela deve ser capaz de transmitir, no palco, a inquietude inclassificável e a vitalidade sombria que caracterizam essa personagem. Sua prima Hero, no início do terceiro ato, a descreve emblematicamente como *coy and wild as haggards of the rocks*.

É uma imagem de extraordinária eficácia. *Coy*, aqui, indica uma personalidade desdenhosa, recalcitrante, relutante, inconstante e indisponível para tudo; *wild* alude a algo selvagem, indomável, perigoso, entusiasmado e livre; creio que o *haggard of the rocks* é um tipo específico de falcão, "rupestre" ou "habitante das grutas", extremamente difícil de ser capturado e que não pode ser domesticado.

Em seu ser *coy* e *wild*, Beatriz, esse falcão indomável das rochas, é a progenitora literária de várias personagens icônicas da história da literatura que – em virtude da excepcionalidade de seu espírito selvagem – encontram uma dificuldade prática para amar e serem amadas. Estou pensando em Lizzie Bennet de *Orgulho e preconceito* ou em Jo March de *Mulherzinhas*. A relação entre Beatriz e Hero preconiza as relações entre Lizzie e sua irmã Jane, ou entre Jo e sua irmã

Meg. Quando, em seus respectivos romances, Jane e Meg parecem encontrar uma estabilidade no plano afetivo, elas deixam as protagonistas num estado de solidão aparentemente irreparável, devido à excepcionalidade de seu caráter *coy and wild*.

Lizzie, Jo e Beatriz são falcões das grutas, que acabam encontrando paz onde não imaginavam ser possível. Mr. Darcy, professor Bhaer e Benedito são homens capazes de corresponder não às carências delas, mas às suas possibilidades.

Shakespeare parece ter se detido de maneira especial na personagem de Beatriz. De fato, há outra imagem muito bonita que o Bardo usa para descrevê-la: na segunda cena do segundo ato, Pedro diz a ela, referindo-se ao seu espírito alegre e vital: "Certamente nasceste numa hora alegre". Beatriz, porém, responde: "Tenho certeza de que não, meu senhor; minha mãe chorou quando vim ao mundo; mas depois uma estrela começou a dançar, e sob ela nasci" (*No, sure, my lord, my mother cried; but then there was a star danced, and under that was I born*).

Beatriz, cuja mãe talvez tenha morrido enquanto ela nascia, é, portanto, uma garota solitária, com um futuro incerto. Apesar das aparências, é habitada por uma tristeza profunda. Além disso, seu tio Leonato a descreve dizendo: "Pouco há nela do elemento da melancolia" (*There's little of melancholy element in her*).

Ter nascido "sob uma estrela que dança" significa ter, por destino, uma vida inquieta, difícil de ser compreendida pela maioria das pessoas; significa carregar dentro de si uma riqueza espiritual anômala, que não pode se encaixar numa moral preestabelecida nem nos limites de uma existência predeterminada. Significa ser uma criatura inclassificável, extraordinária, especial – e, portanto, encontrar grandes dificuldades para "se encaixar", como faz o resto do mundo. Nascer sob uma estrela que dança significa estar destinado a ser um indivíduo estranho e solitário.

Uma imagem idêntica está surpreendentemente presente em Nietzsche. "Eu vos digo que ainda é preciso ter um caos dentro de si, para que se possa gerar uma estrela que dança", escreve o filósofo numa passagem-chave de *Assim falou Zaratustra*. Não sei dizer se Nietzsche efetivamente retoma essa sua imagem da fala de Beatriz, ou se estamos diante de uma incrível coincidência poética. No entanto, estou convencido de que as duas imagens têm um mesmo significado. A estrela dançarina (*tanzender Stern*) a que Nietzsche se refere alude à capacidade criativa incontrolável do espírito dionisíaco, que não se conforma com valores preestabelecidos, mas cria novos, forjando a própria vida a partir de um sentir livre e inaudito. Esses espíritos fortes, excepcionais, que Nietzsche concebia como "além do homem" (*Übermensch*), são solitários, assim como seu Zaratustra.

A rebelde Beatriz é um espírito dionisíaco no sentido nietzschiano. Enquanto a covardia do restante dos homens (do rebanho, como diria Nietzsche) os faz buscar o amor, ela é livre, porque tem uma coragem diferente: sente que pode se virar sozinha. É justamente essa consciência além do homem, que consiste em não desejar o amor para lidar com os próprios medos, que a torna pronta e adequada para Benedito.

Se alguém de nós, como ela, nasceu sob uma estrela que dança, não deve se afligir ou se preocupar, e sim encontrar em si o fundamento da própria vida. Então, apenas nesse momento, o amor poderá se manifestar. Quando aceitamos que o amor não é nada além do próprio nada, o próprio nada poderá vir ao nosso encontro na forma do amor.

Bibliografia

ARISTÓTELES. *Poética*. São Paulo: Editora 34, 2015.

BARRIE, J. *Peter Pan:* edição comentada e ilustrada. Tradução Julia Romeu. São Paulo: Zahar, 2012.

BLOOM, H. (org.). *William Shakespeare's Much Ado About Nothing*. Broomal (PA): Chelsea House Publisher, 1988.

BOITANI, P. *Riconoscere è un dio*. Turim: Einaudi, 2014.

BOVELLES, C. de. *Il piccolo libro del nulla*. Gênova: Il Melangolo, 1994.

CERCIGNANI, F. *Shakespeare's Works and Elizabethan Pronunciation*. Oxford: Oxford University Press, 1981.

COOKSON, L. (org.). *Critical Essays on "Much Ado About Nothing" by William Shakespeare*. Nova York: Pearson Books, 1984.

D'AGOSTINO, N. *Introduzione* a W. Shakespeare, *Molto rumore per nulla*. Milão: Mondadori, 1990.

DAWSON, A. B. Much Ado About Signifying. *Studies in English Literature*, n. 22, p. 211-222, 1982.

DEPAULO, B. (org.). *Singlism:* What It Is, Why It Matters, and How to Stop It. Nova York: Doubledoor Books, 2011.

EVANS, B. Much Ado About Nothing. In: *Shakespeare's Comedies*. Oxford: Clarendon Press, 1960. p. 66-87.

FREUD, S. *Contributi alla psicologia della vita amorosa*. Milão: Bollati Boringhieri, 1976.

FUSINI, N. (ed.). Il nulla che c'è. In: SHAKESPEARE, W. *Molto rumore per nulla*. Milão: Feltrinelli, 2002.

JUNG, C. G. *Símbolos da transformação*. Tradução Eva Stern. Petrópolis: Editora Vozes, 2013. (Obra Completa v. 5).

KILEY, D. *A síndrome de Peter Pan*. São Paulo: Melhoramentos, 1987.

NIETZSCHE, F. *Assim falou Zaratustra*. Tradução Paulo César de Souza. São Paulo: Companhia de Bolso, 2018.

OSBORNE, L. E. Dramatic Play in Much Ado About Nothing: Wedding the Italian Novella and English Comedy. *Philological Quarterly*, v. 69, p. 167-188, 1990.

PLATÃO. *O banquete*. Tradução José Cavalcante de Souza. São Paulo: Editora 34, 2016.

PROUTY, C. T. *The Sources of "Much Ado About Nothing"*. New Haven: Yale University Press, 1950.

ROBERTS, J. A. Strategies of Delay in Shakespeare: What the Much Ado is Really About. *Renaissance Papers*, p. 98-102, 1988.

SCOTT, M. A. *The Book of the Courtyer:* A Possible Source of Benedick and Beatrice. Londres: Kessinger Publisher, 2008.

SWINBURNE, A. *The Age of Shakespeare*. Nova York: Harper, 1908.

YEOMAN, A. Now or Neverland: Peter Pan and the Myth of Eternal Youth. A Psychological Perspective on a Cultural Icon. *Studies in Jungian Psychology*, v. 82. Toronto: Inner City Books, 1998.

SE PENSA QUE NUNCA VAI FAZER NADA DE BOM NA VIDA, VOCÊ PRECISA DE **HENRIQUE V**

HENRIQUE V COMO ARQUÉTIPO DA CONFIANÇA EM SI MESMO

Quando narra as histórias dos reis, que a crítica costuma chamar de *Chronicle Plays*, Shakespeare aplica seu típico método narrativo aos eventos ocorridos na Inglaterra. Noutras palavras, ele toma uma trama já conhecida da tradição e a transforma radicalmente para seus objetivos dramatúrgicos.

Pouco importa se, nesse caso, a trama não é fruto de um romance ou de um mito, e sim da própria história que seus concidadãos viveram alguns anos antes de seu nascimento; Shakespeare trabalha com a mesma desenvoltura criativa até ao reelaborar os acontecimentos históricos da própria terra. O Bardo tinha acesso detalhado a eles lendo as *Chronicles of England, Scotland and Ireland* [Crônicas da Inglaterra, Escócia e Irlanda], compostas por Raphael Holinshed, em 1587, texto no qual se baseia livremente. Os versos do poeta e historiador Samuel Daniel sobre as guerras inglesas, que circulavam na era elisabetana, também podem tê-lo inspirado, assim como o escrito de Edward Hall *The Union of the Two Noble and Illustrate Famelies of Lancastre and Yorke* [A união das duas nobres e ilustres famílias de Lancaster e York].

Seja qual for a fonte, o dramaturgo molda esses eventos atribuindo aos personagens protagonistas características, papéis e ações específicas que, embora não contradigam as crônicas, são invenções livres de um escritor. Essas invenções oferecem ao leitor um aprofundamento psicológico da realidade e, com ele, uma interpretação específica de algumas passagens essenciais da história inglesa. A reescrita que Shakespeare oferece da evolução de seu povo e de sua nação nos dramas que retratam os monarcas desse período e seus feitos está bem longe de ser neutra.

Nos dramas históricos, o método narrativo shakespeariano, em vez de contar, por assim dizer, a evolução dos fatos por uma visão externa, concentra-se no mundo interior, na psique dos personagens. Esse procedimento, observável em todas as peças de Shakespeare, se aplica, nesse contexto, a algumas figuras do passado em carne e osso.

O ponto fundamental dos dramas históricos shakespearianos é o mundo interior dos soberanos, com todos os seus problemas, suas fragilidades e medos, seus entusiasmos e fantasmas, seus sonhos e pesadelos. Poderíamos dizer que Shakespeare conta a história da Inglaterra psicanalisando seus protagonistas, detendo-se a cada vez na contradição que o papel – sagrado – de rei implica para o ser humano que o exerce. Assim, a deposição de Ricardo II, em 1399, é narrada a partir do que poderíamos chamar de seus delírios narcisistas; e, igualmente, a ascensão e a consequente queda de Ricardo III, em 1485, são contadas através da lente do que poderíamos ver como seu complexo de inferioridade originário.

Por outro lado, ao encenar a história de Henrique V, Shakespeare o descreve como um homem que se redescobre, e, ao fazê-lo, realiza as potencialidades latentes de sua personalidade (revelando, em alguns momentos, uma saudável e fecunda megalomania).

Os anos de 1399 e 1485, mencionados anteriormente, não são casuais. Eles definem o quadro cronológico dos eventos narrados pelos dramas shakespearianos. Por que precisamente esse período?

Porque é o mais difícil para a Inglaterra, período da Guerra das Duas Rosas, na qual as famílias Lancaster e York disputaram o trono numa luta fratricida, uma guerra civil cujas consequências ainda deviam ser palpáveis na época de Shakespeare.

Em 1399, Ricardo II é deposto por seu primo Bolingbroke, pertencente à Casa de Lancaster, que ascende ao trono com o título de Henrique IV, estabelecendo efetivamente as premissas para a guerra. Já 1485 é o ano em que Ricardo III, filho da Casa de York, é derrotado na batalha de Bosworth Field por Henrique Tudor, que assume o trono com o título de Henrique VII.

A ascensão de Henrique VII ao trono e seu subsequente casamento com Elizabeth de York põem fim ao conflito e dão início à dinastia que governará a Inglaterra até o século XVII. Uma dinastia da qual Elizabeth I, a soberana na época de Shakespeare, é a brilhante descendente.

Portanto, com seus dramas históricos, o Bardo pretende explicar ao público elisabetano como seu povo chegou até ali. Para fazer isso, investiga e narra os eventos tumultuosos e sangrentos que antecederam a era Tudor. Aqueles eventos, talvez escabrosos, que constituem o alicerce da civilização que o novo rumo da Coroa inglesa se propõe a construir nos séculos vindouros.

Nesse sentido, com suas *Chronicle Plays*, Shakespeare mergulha no inconsciente coletivo do povo inglês e emerge para trazer ao palco as figuras dos reis, não como personagens históricos, mas, sim, como figuras literárias, arquetípicas – quase como personagens de antigos mitos ou de fábulas da tradição folclórica. Shakespeare transforma em mitologia a história de sua terra.

É por isso que as *Chronicle Plays* shakespearianas continuam a nos cativar, entusiasmar e emocionar. Porque, em sentido estrito, tais peças não são dramas históricos, e sim psicológico-filosóficos. Elas explicam e contam a evolução do mundo a partir da alma dos homens. E essa alma tem a ver conosco. Nós somos Ricardo II quando vemos a realidade aniquilar e refutar nossos desejos mais profundos, e tudo parece desmoronar ao nosso redor; somos Ricardo III quando sacrificamos todos os valores humanos para conquistar o que queremos. E somos, certamente, Henrique V quando olhamos para nós mesmos, para as nossas potencialidades, para o nosso destino.

Shakespeare faz de Henrique V um herói, um cavalheiro. Talvez seja o único rei realmente digno do título, entre os narrados por ele. Mas não se trata de uma mera celebração de um soberano vitorioso. Há muito mais. É a história de um homem que se perdeu e se reencontrou; ou, noutras palavras, de um homem que, depois de sofrer uma profunda sensação de derrota pessoal, tem força para assumir o próprio destino e, ao fazê-lo, tornar-se o salvador de seu povo.

Nesse sentido, *Henrique V* de Shakespeare é um drama que conta como um ser humano é capaz de se realizar. Com este último termo, "realizar", quero dizer tornar atuais as próprias potencialidades – um amadurecimento emocional, psicológico e comportamental em que o estado de um indivíduo coincide ao máximo com suas aspirações mais profundas e mais autênticas.

Por esse motivo, *Henrique V* é uma leitura preciosa para quem se encontra naquele estado de aflição, tão horrível e tão comum, que muitos de nós atravessamos – às vezes, sem sair dele –, provocado pela sensação de fracasso. Aquele estado em que sentimos que não fizemos nada significativo na vida, que estamos desperdiçando nosso tempo e nosso potencial, que nossos objetivos mais verdadeiros nos escapam e não conseguimos dar voz ao que realmente somos – ao que poderíamos ser. Às vezes, esse estado é determinado por circunstâncias específicas; outras, por algo que nem sequer somos capazes de explicar. A questão sempre tem a ver com uma relação não completamente resolvida conosco mesmos.

Shakespeare conta a história do rei Henrique V como a de alguém que sai de um estado de fracasso, de perda de si mesmo, encontrando força para se autorrealizar. Então, acredito que esse drama de guerra e de política esconde uma mensagem significativa sobre confiar em nós mesmos – no que somos e no que podemos ser.

DE HAL A HENRIQUE V: A AUTORREALIZAÇÃO DE UM REI

Para realmente ser compreendido, o drama *Henrique V* deveria ser lido, estudado e representado em conjunto com outros quatro dramas shakespearianos: *Henrique IV – Parte 1*, *Henrique IV – Parte 2*, textos em que o Bardo conta o percurso pelo qual o príncipe Hal sucede a seu pai, Bolingbroke; bem como o *spin-off* geralmente conhecido como *As alegres comadres de Windsor*, no qual Shakespeare propõe um aprofundamento narrativo do personagem-chave, Falstaff, para entender a personalidade de Henrique V. Acrescente-se que os eventos narrados nesses textos de Shakespeare não podem ser completamente compreendidos sem considerar, como antecedente, o que o Bardo descreve em sua obra mais poética e complexa, isto é, *Ricardo II*.

Seria obviamente inimaginável uma representação cênica unificada que respeitasse a continuidade narrativa: resultaria num espetáculo de cerca de vinte horas. Contudo, os que hoje se aproximam de *Henrique V* são chamados a ter presente a contiguidade da narrativa. O público que assistia aos espetáculos shakespearianos na era elisabetana tinha essa consciência, conhecendo, ao menos vagamente, o contexto histórico em que os fatos ocorreram, e os consumia como se fossem uma série, assim como fazemos hoje com produtos da Netflix.

De fato, poderíamos considerar e abordar os dramas históricos de Shakespeare como uma espécie de série teatral em episódios, na qual encontramos descritas, em vários episódios interligados por uma unidade narrativa subjacente, as histórias de Ricardo II, Henrique IV, Henrique V, Henrique VI e Ricardo III – embora tenham sido escritas e representadas em momentos diferentes, não respeitando a linha do tempo nem a lógica dos acontecimentos.

Entre todos, *Henrique V* talvez seja o episódio que mais se assemelhe a um filme de ação. Junto com o *Coriolano*, é o verdadeiro drama de guerra de Shakespeare, quase um faroeste. Mas essa é apenas a fachada do roteiro. Por trás da simplicidade essencial (bastante incomum para o Bardo) das relações entre os personagens e das ações realizadas pelos protagonistas, na realidade, encontramos um motivo filosófico de mil faces: a coragem. Em especial, descobrimos como a coragem de Henrique V se torna contagiante para o povo da Inglaterra, levando a uma vitória memorável contra os franceses na batalha de Azincourt.

No âmbito do conflito conhecido como Guerra dos Cem Anos, os homens dos Plantagenetas ingleses e os dos Valois franceses se enfrentaram. Um dos momentos decisivos da guerra foi a batalha ocorrida em 25 de outubro de 1415, nas proximidades da atual Azincourt. Apesar da desproporcional desvantagem numérica, os ingleses liderados por Henrique V levaram a melhor com uma vitória esmagadora. O episódio assinalou um ponto de virada, não apenas no conflito, mas também no desenvolvimento da política, da economia e da consciência da sociedade inglesa.

Shakespeare decidiu transformar essa batalha no ponto nevrálgico do seu drama e, em especial, contá-la explicando a vitória inglesa como se fosse a consequência de um discurso extraordinário que o rei Henrique proferiu para suas tropas. Os soldados, exaustos pelos esforços e em menor número, só desejam se render e voltar para casa, e os generais já imaginam quais acordos fazer se eles desistirem de lutar. Ninguém pretende participar de um confronto sabendo que será massacrado. Então Henrique fala com eles. E tudo muda.

Porque sempre, para Shakespeare, a linguagem é a essência da realidade.

O poder mágico, xamânico, hipnotizador daquelas palavras tem uma raiz profunda na história e na psique do rei. Deriva do caminho doloroso até a tomada de consciência que o fez se tornar quem ele era, que o fez adquirir uma profunda e generosa confiança interior.

Essa confiança lhe permite infundir uma coragem inabalável, quase sobre-humana, no coração de seus homens.

Certamente, como se costuma dizer, *Henrique V* é o drama no qual Shakespeare exalta e glorifica a grandeza da Inglaterra através de uma de suas vitórias mais impressionantes, quando uma *band of brothers*, um pequeno "grupo de irmãos", conseguiu derrotar um exército gigantesco. Costumamos pensar em *Henrique V* como uma obra eminentemente patriótica, na qual encontramos o devoto retrato do soberano perfeito e virtuoso. A meu ver, a questão é mais fascinante e mais complicada do que isso. De fato, creio que *Henrique V* é, antes de tudo, o relato de um homem capaz de dar força e esperança aos que o cercam. O relato de um verdadeiro líder, que o é porque soube acertar as contas consigo mesmo, com a ideia mais profunda de fracasso.

Além de valoroso, Henrique também é um rei impiedoso, terrível, que não hesita em enviar à morte amigos de outrora, sob suspeita de traição. Sua audácia é nobre, mas severa; régia, mas feroz. Assim, a guerra é representada em todo o seu horror no plano humano e moral. As cores sombrias desse drama luminoso e vibrante traem a complexidade da psicologia do protagonista, que faz com que a Inglaterra se torne o que deveria ser e encontre a paz (ao menos por alguns anos) graças a esse amadurecimento.

Nas primeiras falas, dois altos prelados, o bispo da Cantuária e o bispo de Ely, discutem estratégias políticas e minúcias jurídicas. Então, em seus discursos, o rei Henrique aparece. O bispo da Cantuária descreve a profunda mudança do monarca após "seus excessos juvenis, como se o juízo descesse sobre ele como um Anjo. Nunca um homem se transformou tão repentinamente em sábio"; "Essa mudança é uma bênção para todos nós" (*We are blessed in this change*), responde-lhe o bispo de Ely.

A mudança ocorrida no príncipe Hal, seu amadurecimento, é o tema central da obra. A confirmação disso é a cena seguinte, a segunda do primeiro ato, na qual a corte inglesa recebe um mensageiro do delfim da França. A situação é tensa: as coroas inglesa e francesa estão prestes a acertar as contas: Henrique, desafiando Carlos V, será convocado para a missão mais importante de sua vida, terá que cumprir seu destino.

O mensageiro francês traz consigo um baú para entregar ao rei da Inglaterra. Dentro há um presente estranho: bolas de tênis. Trata-se claramente de uma provocação: os franceses querem insinuar que Henrique é apenas um garoto, querem lhe dizer que é melhor se dedicar aos jogos, não à guerra; à diversão, não à política, como ele sempre fez até aquele momento. De fato, sua fama de vagabundo dissoluto, amante de bebidas e de mulheres, que passa o tempo inteiro no balcão da taberna Cabeça de Javali em companhia de sujeitos sórdidos e miseráveis, chegara até a França.

No entanto, aquele tempo acabou. Hal, agora, é o rei Henrique V. E uma nova era se abrirá para a Inglaterra, precisamente por causa dessa *renovatio*, dessa transformação.

As palavras do rei em resposta à provocação dos franceses são ardentes e violentas. Shakespeare nos mostra, agora no palco, um homem determinado, fervoroso, com um único pensamento: a guerra contra a França para defender o próprio reino. Aquele jovem que conhecemos nas duas partes de *Henrique IV* passou por uma profunda metamorfose, dando vazão a uma parte de si mesmo que até então não se manifestara.

Logo após a cena das bolas de tênis, o drama se desloca da corte real para o cenário de *Henrique IV – Parte 1*: as ruas lamacentas de Eastcheap, o bairro de Londres onde o jovem Hal passava todo o seu tempo na taberna. Uma ambientação de valor simbólico, ligado à perdição, aos dias desatinados do futuro rei.

O grupo de companheiros de bebedeiras que Hal frequentava na Cabeça de Javali era composto de gente da ralé, sem eira nem beira, fracassados e vagabundos, como os desordeiros Bardolph, Nym e Pistola, ou como a tagarela, extravagante e ousada taberneira Nell Quickly, um pouco *gigolette* e um pouco filósofa, que antes era amante de Nym e agora é esposa de Pistola. Parece que, precisamente, eles estão tramando contra Henrique. Serão condenados à morte – como se o rei quisesse, assim, destruir de uma vez por todas seu passado de jovem inconsequente, de príncipe sem coroa.

Para reforçar essa transição, na terceira cena do segundo ato ocorrerá a morte de sir John Falstaff, o capitão da desfeita companhia de Eastcheap, aquele alegre cavalheiro que foi como um segundo pai para Hal, quase a encarnação de um destino alternativo em relação à coroa. Sua morte – que acontece fora do palco – é contada por Nell Quickly num magnífico monólogo que lembra o discurso platônico sobre a agonia de Sócrates.

Falstaff com certeza é um dos personagens mais grandiosos e emocionantes de todo o cânone shakespeariano. É um cavalheiro brincalhão que vive à margem das regras cavalheirescas, excessivo no beber e no comer, amante exagerado das mulheres, fanfarrão e orgulhoso, trapaceiro e mentiroso, a própria imagem da alegre vitalidade.

Ele talvez seja a criação cômica mais bem-sucedida do Bardo, a mais amada pelos leitores. Entretanto, trata-se também de um personagem com uma psicologia complexa, em que se revelam traços trágicos ressaltados pelo pano de fundo de melancolia.

Ao contrário dos outros desordeiros de Eastcheap, Falstaff não é um fracassado. Ele é, antes de tudo, um aventureiro que decidiu viver a vida do seu jeito, em total liberdade e respeitando apenas a beleza da existência, desafiando todos os absurdos do mundo. À sua maneira, é um sábio. Nós o conhecemos quando já está em idade avançada, e sempre o imaginamos despreocupadamente acima do peso e com a barba desalinhada.

Henrique IV – Parte 2 termina com Hal que, finalmente coroado, o renega, numa espécie de tentativa de apagar o passado com tal gesto. A cena é angustiante, dura, ao mostrar o rompimento de uma relação feita de afeto sincero e terno, por mais grotesca e desajeitada que fosse. "Eu não te conheço, velho", diz Hal. E, um pouco adiante, com três falas muito significativas, acrescenta: *Presume not that I am the thing I was; For God doth know, so shall the world perceive, That I have turn'd away my former self.*

> REI HENRIQUE V: Não presumas que sou o que eu era antes. Porque – Deus sabe, e o mundo logo perceberá – repudiei meu eu anterior.
>
> (V, v)

A notícia da morte de Falstaff, dada por Nell, corresponde, portanto, ao nascimento do novo Hal, ao renascimento do príncipe como Henrique, o rei, transcendendo seu antigo eu.

A partir desse momento, testemunharemos as façanhas do soberano e, nelas, o cumprimento do destino da Inglaterra. As cenas seguintes nos mostrarão o cerco de Harfleur e a batalha de Azincourt; como Henrique luta valorosamente, encorajando os soldados e tornando-se um com as tropas e com o povo; como é implacável com os inimigos, prisioneiros e traidores; como é capaz de se adaptar a diferentes situações, com astúcia política. E, por fim, veremos os ingleses triunfarem e Henrique cortejar a bela Catarina da França, quase sugerindo um encontro final entre os dois povos, graças às conquistas do rei.

Shakespeare molda o personagem de Henrique V na imagem do cavaleiro cristão medieval. Henrique é um *miles Christi*, um guerreiro que luta para defender os mais fracos em nome de uma mística justiça divina. "Minha alma para Deus, minha espada para meu soberano, meu coração para minha dama, minha honra para mim": o antigo lema atribuído aos cavaleiros de Cristo poderia muito bem se aplicar a Henrique V de Shakespeare. Seu modo de ir à batalha é cavaleiresco, assim como sua forma de se relacionar com seus súditos. Cavaleiresca é a coragem que ele encontra, após tantas adversidades, dentro de si mesmo. É o cortejo final à dama francesa, Catarina.

Como todo cavaleiro, é em nome de Deus que ele responde ao seu soberano com devoção e piedosa dedicação. Neste caso, porém, o soberano é ele mesmo. Poderíamos dizer que Hal luta por Henrique V.

A investidura é uma espécie de renascimento. Não por acaso, muitas vezes o cavaleiro também muda de nome. É como se o monge-guerreiro tivesse que escolher renascer em Cristo, superando sua identidade original, seu "antigo Eu". Essa renovação traz graves tormentos interiores, pois a primeira batalha que o cavaleiro é chamado a enfrentar ocorre em sua própria alma.

Encontramos um eco disso também no personagem de Aragorn em *O Senhor dos Anéis*, de J. R. R. Tolkien. No início da saga, conhecemos Aragorn como um andarilho que tem outro nome, Passolargo. Só depois de confrontar a si mesmo e aceitar seu destino como rei, ele se tornará o que é chamado a ser, ou seja, senhor Aragorn.

Hal é para Henrique V o que Passolargo é para Aragorn: trata-se de um Eu chamado a evoluir num sentido mais elevado, na aceitação do próprio destino. Ambos estão convictos de que não conseguirão, mas encontram em si mesmos a resposta e uma força jamais imaginada. São cavaleiros que, tendo vencido a batalha interior, podem se dedicar à batalha exterior, libertando o próprio povo.

Por isso, acredito que *Henrique V* é, antes de tudo, a história de um homem que enfrenta seus fantasmas, seus medos, o próprio fracasso e emerge renovado. É a história de como um homem se torna o que é.

Tornar-se si mesmo, ganhar coragem, entender a Inglaterra

No fundo, a chamada *Henriad*, ou seja, o conjunto de dramas em que o Bardo conta a história dos reis ingleses, não é senão um *bildungsroman*, um romance de formação em formato dramatúrgico.

Nesse sentido, Henrique V pode ser comparado a famosas criações literárias modernas, desde Werther de Goethe até Emil Sinclair de Hesse, desde Törless de Musil até Toru Watanabe de Murakami, até mesmo Harry Potter da célebre saga de J. K. Rowling. Esses personagens, apesar de suas grandes diferenças, têm em comum um percurso que os leva a um amadurecimento fundamental, à saída de um imaturo estado de não realização, ao cumprimento de seu potencial.

Em Shakespeare, há um dado adicional. Além de ocorrer no plano pessoal, a evolução do príncipe para rei também se verifica no plano coletivo: é a Inglaterra que, juntamente com Hal, encontra a própria identidade. Esse impulso épico permeia o roteiro de *Henrique V*, marcado por três memoráveis monólogos do soberano, portadores de um epos grandioso: a conquista de uma identidade por parte do protagonista corresponde à fundação identitária de seu povo.

O monólogo que abre o terceiro ato é o da cidade de Harfleur, cujo início "Mais uma vez à brecha, meus homens, mais uma vez" (*Once more unto the breach, dear friends, once more*) tornou-se quase uma espécie de palavra de ordem para incentivar um grupo a não desistir, a persistir apesar das adversidades, visando a um fim mais elevado:

> REI HENRIQUE V: Mais uma vez à brecha, meus homens, mais uma vez; ou então fechai a parede com os cadáveres ingleses dos nossos [...]. Serrai as mandíbulas, agora, dilatai as narinas, segurai o fôlego e levai ao limite mais extremo possível toda a vossa força! Avante, força, força, meus nobilíssimos ingleses, cujo sangue foi criado por pais que conheceram o que foi a guerra [...]. Tornai-vos, agora, modelo para homens que têm sangue menos refinado que o vosso, e ensinai-lhes o que significa lutar! E vós, infantes, simples soldados cujos corpos foram forjados na Inglaterra, mostrai-nos a têmpera do vosso povo, pois juro que sois dignos de vossa raça! [...]. Agora, todos vós sois como galgos na coleira, prontos para ser liberados. Vede, vede, a presa está encurralada. Segui vossos

espíritos, meus ingleses, ao ataque! Ao ataque! Que Deus esteja com Henrique, com a Inglaterra e com São Jorge!

(III, i)

O discurso do rei Henrique objetiva infundir em seus soldados coragem e força, partindo da consciência de serem ingleses. Poderíamos vislumbrar nesse monólogo uma forma britânica de *jingoism*, equivalente ao *chauvinisme* francês, ou seja, um patriotismo exaltado e violento, voltado para uma política de conquista, com base numa suposta superioridade étnico-cultural do próprio povo em relação aos outros.

Certamente, a visão que *Henrique V* encarna não está isenta disso: na era elisabetana, esse texto deve ter representado uma autoexaltação dos povos da Inglaterra, que, naquela época, precisavam mais do que nunca reafirmar fortemente sua unidade identitária. Mas, em Shakespeare, há algo mais. Esse "algo mais" tem a ver com a magia que as palavras de Henrique são capazes de realizar, infundindo coragem em seus homens à luz da consciência de serem ingleses.

Embora se sintam fracos, indefesos e derrotados, Henrique os convence de que dentro deles vive a nobreza de serem filhos da Inglaterra. Independentemente de quem sejam, de sua condição social, há neles uma mesma energia, uma mesma intrépida coragem, potencialmente ilimitada. Pois trazem consigo a experiência dos pais. É como se o rei Henrique lhes mostrasse, numa espécie de mágica hipnose coletiva, que eles guardam uma força que os transcende. Com essa força, eles conseguem sitiar Harfleur.

Essa força não é simplesmente a confiança nos próprios recursos. Talvez possamos compreendê-la pensando que na filosofia de Ralph Waldo Emerson, conhecida como transcendentalismo, ela é indicada com a expressão *self-reliance*. A palavra inglesa *reliance* indica um confiar, um recorrer a, um depender de. De acordo com Emerson, o homem verdadeiramente livre é aquele que consegue depositar a *reliance* em si mesmo. Isso não significa isolar-se do mundo num delírio de onipotência e solipsismo, e sim encontrar em si a força essencial.

Adquirir *self-reliance* significa compreender que somos criaturas moralmente autônomas e intelectualmente independentes, graças à descoberta de nosso próprio talento. Em seu caminho de emancipação, Hal não apenas incorpora esse princípio, mas contagia o povo, instigando cada um a encontrar em si uma centelha divina que o motive para a batalha. A consciência de serem ingleses é a modalidade retórica que o rei utiliza para acender essa centelha.

O ponto fundamental é convencer-se de ser mais forte do que se acredita. Não por acaso, quando a vitória de Azincourt se revelar em todo seu caráter milagroso, Henrique, seguindo um preceito essencial da cavalaria, jamais reivindicará o mérito para si mesmo, e fará ecoar o lema bíblico dos cavaleiros: *Non nobis Domine, non nobis, sed nomini tuo da gloriam*. A glória não pertence aos homens que realizaram a façanha, mas a Deus, que a inspirou e permitiu.

Friedrich Nietzsche retomaria as reflexões de Emerson, desenvolvendo-as no conceito de *Selbstwerdung*, ou seja, o famoso "tornar-se si mesmo". Para Nietzsche, tornar-se si mesmo significa descobrir qual é a nossa natureza mais profunda e fazer tudo, contra todos e independentemente de tudo, para realizá-la da forma mais completa e mais autêntica. A certa altura, enquanto o pai está morrendo, Hal percebe quem ele próprio é: o herdeiro do trono da Inglaterra escolhido por mecanismos celestes. Esse é o seu destino.

O rei Henrique V, corajoso e destemido cavaleiro, estava escondido dentro do frágil príncipe Hal. Estava escondido, por medo, atrás da máscara do jovem vagabundo beberrão amigo de Falstaff. Isso pode valer para cada um de nós: todos guardamos uma identidade mais profunda, capaz de expandir nossa capacidade de agir, de pensar e de ser. Essa identidade se revela quando nos tornamos mais autênticos, quando respondemos ao que somos.

Tornar-se si mesmo, para Nietzsche, é um caminho trágico. Implica uma morte simbólica (como a do cavaleiro no ato da investidura) e não pode ser ensinado por intermédio de prescrições, pois é um caminho eminentemente solitário, individual.

Essa ideia nietzschiana reaparece no "processo de individuação" teorizado por Carl Gustav Jung, cujo objetivo é o desenvolvimento da identidade individual do sujeito em sua irrepetibilidade. Quando Hal abandona Eastcheap, poderíamos dizer, ele dá início ao seu processo de individuação. O seu Eu (príncipe Hal) se abre para o seu Si mesmo (rei Henrique V).

A realização pessoal não leva a um isolamento, mas, sim, a um fortalecimento das relações interpessoais. Como Hal é um rei, seu tornar-se si mesmo tem um impacto decisivo no envolvimento de seu povo.

Com a individuação de Hal, a Inglaterra encontra seu caminho histórico e político. Um caminho de afirmação coletiva que se abre com a espetacular vitória de Azincourt. Ao atribuir a razão dessa vitória à exortação do valor mágico do rei, Shakespeare nos diz algo de essencial: quem enfrenta a si mesmo e se torna autêntico, fiel ao próprio talento, respeitoso do próprio destino, adquire o superpoder de infundir confiança e coragem em seus semelhantes.

Dessa visão surge o monólogo presente na terceira cena do longo quarto ato, uma das passagens mais célebres do teatro de Shakespeare. O trecho é tão famoso que foi reinterpretado e reproduzido inúmeras vezes, tornando-se fonte de inspiração para discursos monumentais nos mais diversos âmbitos: no cinema, onde monólogos como o de William Wallace às tropas em *Coração valente* são, para todos os efeitos, reescritas dele; na política, em que discursos como o famoso *We Shall Fight on the Beaches*, proferido por Churchill na Câmara dos Comuns em 4 de junho de 1940, habilmente refletem cada uma de suas linhas; e até mesmo no esporte, quando treinadores, capitães e técnicos, às vezes, inconscientemente, utilizam a mesma modalidade retórica do Henrique shakespeariano para motivar seus atletas.

Shakespeare, como sempre, é o mestre do perspectivismo: consegue oferecer ao público uma pluralidade de pontos de vista. Isso é particularmente verdadeiro em *Henrique V*, em que percebemos o entusiasmo do rei, tanto quanto os medos dos combatentes; as glórias da guerra, tanto quanto seus horrores. Assim, compreendemos o desespero dos soldados, desorientados e temerosos, antes da batalha:

> RAPAZ: Oh, como eu gostaria de estar agora numa taberna de Londres! Eu trocaria toda a minha glória de soldado por um gole de cerveja e por estar seguro.

Até os generais temem e desejariam o mesmo. O conde de Westmorland, comandante das tropas, murmura sem esperança:

> WESTMORLAND: Ah, se pudéssemos ter aqui ao menos dez mil daqueles homens que agora estão sem fazer nada na Inglaterra.

O rei, até aquele momento distante do acampamento, ouve esta última frase ao voltar para o meio de seus homens. E é então que lhes fala:

> REI HENRIQUE V: Quem é que deseja isso? Meu primo Westmorland? Não, caro primo. Se hoje é o dia que a morte nos destinou, já estamos em número suficiente para infligir uma grande perda ao nosso país; mas, se vivermos, quanto menos formos, maior será nosso quinhão de glória. Portanto, em nome de Deus, eu te peço, não desejes que haja nem um homem a mais [...]. Em vez disso, meu caro Westmorland, proclama a todo o exército que quem não tem fígado para lutar conosco hoje deve partir; nós lhes daremos passe livre e lhes garantiremos até o dinheiro para a viagem. Porque jamais gostaríamos de morrer na companhia de alguém que tem medo de ser nosso companheiro

na morte. Hoje é o Dia de São Crispim e São Crispiniano; quem sobreviver neste dia e retornar em segurança à pátria baterá no peito e ficará em posição de sentido ao ouvir mencionar este dia. Quem hoje sobreviver e chegar à velhice a cada ano celebrará o retorno desse dia e, na véspera, dirá aos seus vizinhos: "Amanhã é São Crispim!". Então levantará as mangas e mostrará suas cicatrizes, dizendo a todos: "Eu as ganhei no dia de São Crispim!". Quando ficamos velhos, nos esquecemos de tudo e ele também se esquecerá de todas as coisas, mas sempre se lembrará das proezas desse dia. Então, nossos nomes, familiares em sua boca como palavras comuns – Henrique, o rei, Bedford e Exeter, Warwick e Talbot, Salisbury e Gloucester – serão lembrados nos brindes de suas canecas transbordantes. Todo homem corajoso contará essa história ao filho, e o dia de Crispim e Crispiniano nunca passará, desde hoje até o fim do mundo, sem que sejamos lembrados nele. Nós, poucos; nós, felizes poucos. Nós, um grupo de irmãos. Sim, porque quem hoje derramar o sangue comigo será meu irmão; e, por mais humilde que seja a condição dele, ela será elevada à nobreza; e quantos cavalheiros agora na cama em sua pátria se amaldiçoarão por não estarem aqui conosco hoje, e terão nojo de si mesmos como homens, por não terem estado entre nós, ao ouvir falar dos que lutaram juntos no dia de São Crispim!

(IV, iii)

Henrique V, juntamente com Marco Antônio, é o maior orador entre os personagens shakespearianos. A construção retórica desse monólogo segue as regras áureas descritas por Cícero em seus tratados de retórica. Com uma linguagem hiperbólica e evocativa, o rei inverte o raciocínio de seus homens, realizando o ideal ciceroniano do *movere*: o baixo número de homens se torna uma escolha, não uma desvantagem. Os *happy few* – expressão que com o tempo se tornaria emblemática para descrever quem está orgulhosamente em minoria

– não são infelizes, e sim "os poucos sortudos", os escolhidos para um destino excepcional. Depois do discurso de Henrique, cada um coloca a sobrevivência em segundo plano em nome de um valor maior: lutar e entrar para a história. Estar no campo de Azincourt torna-se um privilégio.

É como se Henrique V compartilhasse com seus homens a própria natureza sagrada do rei, dividindo-a com os que lutam ao seu lado. Lutar significa tornar-se irmão do soberano, nobre, independentemente da própria condição social. Significa tornar-se criatura divina. Nesse ponto, o que se pode temer?

A atitude de Henrique V aqui é oposta à descrita por Shakespeare em Ricardo II: se o trágico pecado deste último é considerar o próprio estado de rei como uma diferença ontológica imutável em relação aos súditos, Henrique declara que até os súditos podem se tornar nobres, se lutarem com o rei e pelo rei.

A magia, o feitiço realizado pelo rei Henrique V com sua maestria retórica, pode ser chamada de "inspirar coragem", ou seja, tornar outro sujeito capaz de superar a própria fraqueza, em vista de um objetivo. Significa tornar o outro mais forte, mais autêntico. Inspirar coragem significa contagiar o outro com confiança.

Há sempre algo de mágico em quem consegue dar a outra pessoa a força e a serenidade para enfrentar uma situação tensa, como passar por uma cirurgia, aceitar a perda de um ente querido ou fazer uma prova muito difícil. Inspirar coragem é um ato mágico.

Nesse contexto, a pergunta interessante é: essa capacidade mística do rei de inspirar coragem tem a ver com o seu percurso de individuação, no qual Shakespeare se concentra tanto nos dramas que o envolvem? Creio que o ponto esteja exatamente aqui: Henrique V adquire a capacidade mágica de infundir confiança em seus homens em virtude da confiança nele mesmo, graças ao caminho que o leva a se tornar si mesmo. Isso significa que cada um de nós – não importa se não temos as virtudes retóricas de Henrique V, já que há inúmeras maneiras de fazer isso – é potencialmente um mago capaz do feitiço de inspirar coragem.

O psicólogo humanista Abraham Maslow definiu um modelo do percurso do ser humano que consegue realizar a si mesmo. Para Maslow, há uma hierarquia piramidal das necessidades humanas que devem ser satisfeitas para que um indivíduo possa se considerar completo e sereno.

Poderíamos ler *Henrique V* observando a ascensão de Hal na pirâmide das necessidades descrita pela teoria de Maslow: desde a satisfação das necessidades básicas até a busca pela autoestima, desde o foco nas leis, na teologia, na política e na arte retórica, até o esclarecimento de seu destino de rei e a atualização de seu potencial como pessoa.

No entanto, para Maslow, a autorrealização ainda não é o topo da pirâmide das necessidades. Depois, há algo mais: a autotranscendência, ou seja, a declinação do nosso potencial para um propósito maior que nós mesmos. Os cavaleiros medievais, séculos antes das pesquisas de Maslow, sabiam muito bem disso, porque era exatamente nessa autotranscendência que eles fundamentavam sua missão. Não por acaso, Henrique menciona os santos Crispim e Crispiniano, dois jovens mártires por Cristo, no discurso de Azincourt.

Criar coragem, poderíamos dizer, é a forma essencial da autotranscendência. O objetivo de se tornar si mesmo é, portanto, ir além de si mesmo. Henrique V, o perfeito cavaleiro cristão, ao se tornar si mesmo, entende a Inglaterra.

As razões de sir Falstaff

Entre o monólogo da brecha de Harfleur e o monólogo da batalha de Azincourt, há um terceiro discurso de Henrique ao qual me referi. É um monólogo diferente dos outros dois, nos quais o soberano incentiva os homens à batalha. Nesse discurso, não há ninguém com ele, trata-se de um solilóquio. O tom não é grandioso, mas introspectivo. O rei fala consigo mesmo, e sua reflexão traz à tona a fragilidade que o constitui, os medos que o habitam.

É interessante que o discurso preceda por algumas falas o monólogo triunfal de Azincourt, no qual o rei não revelará a seus homens nenhum indício de medo ou hesitação. Como verdadeiro líder, ele mostrará a máscara de seu Eu limpa de qualquer sinal de fraqueza que possa gerar nos súditos ansiedade.

No entanto, nessa passagem, Henrique quase tem saudade de Hal. Ele desejaria ser (ainda) um rapaz que não tem outras preocupações além das duas moedas necessárias para tomar uma caneca na Cabeça de Javali. Mas já não pode ser aquele rapaz: agora ele é o rei.

> REI HENRIQUE V: Nas costas do rei, todas as coisas. Tudo, tudo está nas costas do rei. Nossas vidas, almas, dívidas, esposas amorosas, filhos e pecados. Temos de nos encarregar de tudo. Uma condição dura, gêmea da magnificência, sujeita ao sopro de qualquer imbecil, cuja capacidade intelectual lhe permite apenas ouvir o próprio estômago roncar. Oh, que infinita serenidade de espírito desfruta o homem comum, que é negada aos reis!
>
> (IV, i)

O rei tem medo. Ele relembra o pecado blasfemo do pai, Henrique IV, usurpador de Ricardo II, e sente sobre si o peso infernal da responsabilidade pela vida de centenas de jovens ingleses. Shakespeare nos conta aqui esse aspecto "demasiado humano" do soberano – esse resíduo de Hal no rei Henrique, por assim dizer – precisamente para mostrar como a confiança que ele infundirá em seus homens é autêntica, um impulso de um espírito que também luta com os próprios fantasmas, relacionados com a condição de líder, com os tormentos da realeza.

Essas palavras de Henrique V, que não consegue dormir em sua condição de soberano, são um eco de outro monólogo (um dos mais poéticos e belos já escritos por Shakespeare), que seu pai, Bolingbroke, pronuncia na primeira cena do terceiro ato de *Henrique IV – Parte 2*.

> REI HENRIQUE IV: Quantos dos meus súditos mais miseráveis dormem a esta hora. [...] No alto, vertiginoso mastro do navio, costuras os olhos do grumete e acalmas sua mente no movimento violento do marulhar impetuoso, no sopro incontrolável dos ventos que agarram pela crista as ondas furiosas do mar, encrespando suas crinas terríveis e pendurando-as nas irrequietas nuvens com tanto alvoroço que até a própria morte desperta; mas tu, sono iníquo, àquele grumete encharcado numa hora tão truculenta concedes teu descanso, enquanto o negas a um rei, com todas as tuas opulências na hora mais tranquila e silenciosa. Mas, por quê? Felizes sois vós, homens simples, que podeis descansar alegres! Inquieta jaz a cabeça sobre a qual repousa a coroa.
> (III, i)

Shakespeare nos apresenta ambos os monarcas, Bolingbroke e Hal, afligidos pela insônia. É a *kingship*, o estado de rei, com toda a contraditória responsabilidade do poder que isso implica, que gera tal condição de inquietude irredimível: "Inquieta jaz a cabeça sobre a qual repousa a coroa" (*Uneasy lies the head that wears a crown*).

Era dessa inquietude que o príncipe Hal fugia, desejando escapar do destino como soberano. Encontrava refúgio na estalagem de Eastcheap e na companhia de sir Falstaff. Este último é, sem dúvidas, alguém que dorme tranquilamente todas as noites após muitos canecos de vinho e várias coxas de frango assado.

Falstaff encarna o grau zero de preocupação e responsabilidade. É um homem que na vida rejeitou tudo o que impede Henrique IV de dormir: os encargos, as obrigações, os pesos, as honrarias, os títulos. Falstaff segue o insensato caminho da liberdade de viver o momento, sem princípios determinados pelo código de honra. Em sua aparentemente simples irresponsabilidade, há, na verdade, uma sabedoria profunda. O crítico Harold Bloom, que dedicou ao personagem de Falstaff maravilhosas reflexões exaltadas, autodenominando-se um "falstaffiano convicto", o chama de "Sócrates de Eastcheap".

Antropologicamente, Falstaff é para Hal o oposto de seu pai, Bolingbroke. O príncipe vê nele um ideal diferente, um ideal que não consiste apenas em se embriagar na Cabeça de Javali e se envolver com mulheres. Esse "velho covarde bêbado" (como o poeta W. H. Auden o descreve) simboliza um senso de liberdade luminosa e tranquila que um rei não é capaz de conhecer.

Com seu magnífico vitalismo, sua melancólica e transbordante comicidade, Falstaff faz uma pergunta da qual não podemos fugir: vale a pena? Hal, mesmo que não realizado, teria sido mais feliz se tivesse continuado a vida passando seus dias na Cabeça de Javali, em vez de se atormentar em batalhas e no trono? Não seria melhor não se tornar si mesmo?

Poderíamos tentar uma possível resposta para essas perguntas traçando um paralelo equivocado. Por muitos aspectos, o arquétipo incorporado pelo príncipe Hal parece lembrar a história de Pinóquio: Eastcheap poderia evocar a Terra dos Brinquedos e Falstaff poderia ser visto como uma espécie de Pavio.

Mas em Shakespeare, ao contrário do que ocorre naquela "fábula esotérica" (definição do filósofo e estudioso da história da religião Elémire Zolla) que são *As aventuras de Pinóquio*, não há nenhum valor moral. Pinóquio, de um boneco de madeira, torna-se um menino rejeitando as armadilhas de Pavio, assim como Hal se torna o rei Henrique repudiando Falstaff. Contudo, se Pavio representa um princípio maligno que se opõe ao bem – representado pela Fada Azul –, Falstaff, para Hal, não representa o mal, e sim uma alternativa identitária.

Hal parece um filho pródigo, mas não é. Falstaff tem tantas razões para mantê-lo na Cabeça de Javali quanto Bolingbroke tem para querer levá-lo ao trono. Falstaff não representa uma oposição às razões do bem, encarnando, antes, as razões da bebida.

O leitor-espectador é mais uma vez chamado a fazer uma escolha. Se ouvimos um monólogo de Falstaff de coração aberto, corremos o risco concreto de que, com seu carisma, ele nos convença de que a honra é uma palavra vazia e que a coisa mais importante do mundo, acima de tudo e de qualquer outro valor, bem além das guerras e das nações, é um xerez de excelente qualidade. Em *Henrique IV – Parte 2*, ao responder John de Lancaster, que se despede dizendo: "Falarei melhor de ti do que mereces", Falstaff diz as seguintes palavras:

> FALSTAFF: Uma boa taça de xerez tem um duplo efeito: sobe à cabeça e seca todos os humores, elimina todos os vapores escuros e ácidos e tediosos que a envolvem, tornando-a ágil, receptiva, imaginativa, cheia de formas vibrantes, voluptuosas e flamejantes, as quais, libertadas pela voz e pela língua, se transformam em magníficas tiradas espirituosas. E além disso, outro efeito, o xerez aquece o sangue: antes ele é frio e estagnado, e o fígado, sinal de covardia e pusilanimidade, era pálido e sem brilho, mas então o xerez aquece o sangue e o faz circular das partes internas para as extremidades do corpo, torna o olho vivo e, como o acender de uma tocha, o olho dá o sinal para que esse microrreino que é o homem se prepare para a guerra. E então cada um dos cidadãos comuns que habitam nosso corpo, assim como os nobres, obedecem às ordens de seu capitão, o coração, que, estimulado e exaltado por aquele cortejo que o segue, se torna pronto para qualquer empreendimento corajoso. Com isso, posso concluir com segurança que todo ato humano de coragem provém, de fato, do xerez.
>
> (IV, iii)

O discurso de Falstaff é uma espécie de mística do xerez, quase a paródia de um sermão dominical contra os excessos da bebida. Lembra o aviso "maldito" do poeta francês Baudelaire em seu escrito sobre o *Spleen*, a melancolia parisiense: "Para que não sejais os escravos martirizados do Tempo, embriagai-vos, embriagai-vos sem cessar".

Poucos outros monólogos teatrais são tão anti-heroicos como esse mirabolante discurso em que Falstaff mostra toda a sua personalidade exuberante e magnífica.

Apesar da covardia, da atitude grotesca e das arrogantes fanfarronices, Falstaff nunca mostra traços repugnantes. Sua essência é a simpatia. Esse homem dramaticamente solitário é o mestre da arte do encontro, da reunião. Em sua forma de viver e de morrer, entre entusiasmo e miséria, Falstaff é o libertino perfeito – e sua imagem inspirou, ao longo dos séculos subsequentes a Shakespeare, vários libertinos de carne e osso, como o famoso lorde Rochester no século XVII.

Entre os muitos que ficaram fascinados por seu carisma, certamente estava a rainha Elizabeth I. Uma tradição (sem comprovação) afirma que a figura de Falstaff despertou tanta admiração nela que a levou a pedir a Mestre Will uma peça inteiramente centrada nele. Daí teria nascido a comédia *The Merry Wives of Windsor*, geralmente (mal) traduzida como *As alegres comadres de Windsor*.

Na verdade, as mulheres mencionadas no título não são nem "alegres" nem "comadres". A história, divertidíssima, fala de algumas "esposas joviais" (eis uma tradução melhor) de Windsor, que enganam Falstaff e todo o seu cortejo fanfarrão, demonstrando a astúcia e a liberdade feminina.

Mesmo humilhado de todas as formas, Falstaff sai da comédia como vencedor, pois é adorado pelo público, apesar de suas baixezas, ou talvez precisamente em virtude delas – uma alternativa humana, na alegria, à dureza da vida com todas as suas obrigações. A linguagem quase coloquial e os muitos jogos de palavras de origem renascentista tornam difícil para o espectador contemporâneo (e quase impossível se não for inglês) compreender a comicidade de *As alegres comadres de Windsor*, mas decerto ela se baseia nesse espírito de irresponsável independência do qual Falstaff é um esplêndido emblema.

Ao fim da *Henriad*, talvez ninguém mais pense em Falstaff, pois o roteiro nos mostrou uma razão inquestionável pela qual valia a pena que Hal deixasse a Cabeça de Javali para se tornar rei: essa razão é a Inglaterra. Mesmo os mais falstaffianos de nós têm dificuldade em afirmar que refundar heroicamente um povo é menos importante do que se divertir com um decadente grupo de desastrados companheiros de bebedeira.

No fundo, é assim que funciona na maioria das vezes: precisamos de alguma coisa pela qual valha a pena sair de Eastcheap, seja qual for a Eastcheap em que tenhamos nos metido em nossa vida: pode ser o amor por uma pessoa ou um ideal que sentimos que devemos seguir. Mas, de qualquer forma, precisamos de motivação. Só assim podemos tomar o doloroso caminho de nos tornar nós mesmos e deixar os refúgios nos quais nos escondemos do que somos. Só dessa maneira encontramos a saída da taberna Cabeça de Javali.

No entanto, é melhor se, ao fazermos isso, não repudiemos nem esqueçamos sir Falstaff.

Se você consegue sonhar, você consegue fazer acontecer

A sensação de fracasso sempre depende de um descompasso: quem somos não corresponde ao que desejamos ser. Mas se desejamos ser algo, significa que nossa mente concebe um caminho para a salvação, pois vislumbramos um objetivo. Trata-se, portanto, de compreender qual medo inconsciente ou qual problema externo nos impede de realizar o nosso potencial. Essa batalha interna e externa é a mesma travada pelo príncipe Hal ao se tornar rei.

Há uma característica estilística que distingue *Henrique V* dos outros dramas históricos shakespearianos: a utilização de um coro que introduz os diferentes atos. Na realidade, apesar do nome, essas passagens costumam ser interpretadas por um único ator ou atriz, como uma voz narrativa. Os monólogos do coro são provavelmente os momentos mais bonitos, no plano literário, de todo o drama.

Por que Shakespeare faz uso disso e apenas nesse texto? Creio que o motivo esteja na necessidade de narrar cenas de batalha, exteriores, momentos épicos, para os quais o Bardo claramente não dispunha de efeitos especiais de nenhum tipo. Exceto aquele efeito especial primário que é a imaginação humana. Assim, vemos o drama suprir as limitações cênicas com magníficas descrições poéticas.

A força da palavra narrativa de Shakespeare consegue, por encanto, transformar um grande "O de madeira" – uma metáfora para descrever o Globe, o teatro onde Shakespeare encenava suas peças – nos campos de batalha de Azincourt:

> CORO: Oh, eu desejaria ter uma Musa de fogo, capaz de ascender aos brilhantes céus da imaginação! Senhores, fazei deste palco um reino; destes atores, fazei príncipes; e imaginai soberanos assistindo a essas cenas mirabolantes. Então, o corajoso Henrique assumirá para vós as feições de Ares e, em seu encalço, como cães de caça, vereis à espreita a catástrofe, as espadas e o fogo, prontos para irromper. Mas, nobres senhores, perdoai, por favor, os espíritos banais e insípidos que hoje ousam vos trazer neste palco um tema tão grandioso. Pode este pequeno palco conter os vastos campos da França? Podemos inserir neste O de madeira todos os elmos que fizeram o ar tremer em Azincourt? [...] Remediai, então, vós, com a vossa imaginação, a nossa impotência. Quando falamos de cavalos, imaginai seus cascos na terra macia; adornai com vossos pensamentos os nossos reis, movei-os para cá e para lá no tempo, comprimindo muitos anos no giro de uma ampulheta. Por tudo isso, eu vos peço que me aceiteis como Coro desta nossa história; Coro que, como prólogo, agora humildemente vos pede a paciência de escutar e, talvez benignamente, julgar o que nosso drama hoje vos quer contar.
>
> (Prólogo)

Assim se abrem as cortinas para *Henrique V*, e o narrador aparecerá várias vezes para nos incentivar, como público, a imaginar o que não pode ser trazido fisicamente ao palco. Pensando bem, o Coro faz conosco, espectadores, o que Henrique V faz com suas tropas: um discurso que magicamente nos leva a imaginar coisas que antes não concebíamos, tornando-as reais. É por isso que a presença do Coro em *Henrique V* é um dado filosófico, além de estilístico.

Para sair do estado de inferioridade que atribuímos a nós mesmos, no qual acreditamos que jamais faremos nada de bom, precisamos, antes de tudo, ser capazes de imaginar. Hal imagina-se como rei e, a partir dessa imaginação, abandona seus dias de Eastcheap. Os soldados imaginam a vitória em Azincourt e, a partir disso, a alcançam.

O oposto do fracasso não é o sucesso, e sim a capacidade de imaginar. Isso não significa refugiar-se em fantasias oníricas ou digitais e rejeitar a realidade; ao contrário, significa ser capaz de conceber o mundo e a si mesmo de uma maneira diferente daquela que nos faz sentir insatisfeitos e não realizados. A criatividade é a principal rota de fuga da estagnação existencial. Aqui, Shakespeare quase toca a filosofia típica da Disney, na qual o herói pode realizar seu destino graças à capacidade de imaginá-lo.

Se você consegue sonhar – esse era o lema essencial de Walt Disney –, você consegue fazer acontecer. Cada um pode fazê-lo, como herói da própria história.

Bibliografia

BAUDELAIRE, C. *O spleen de Paris:* Pequenos poemas em prosa. Tradução Samuel Titan Jr. São Paulo: Editora 34, 2020.

BERMAN, R. (org.). *Twentieth-Century Interpretations of "Henry V".* Englewood Cliffs: Prentice-Hall, 1968.

BLOOM, H. *Il demone di Shakespeare.* Cosa possiamo imparare da Cleopatra e Falstaff. Milão: Rizzoli, 2019.

CALDERWOOD, J. L. Henry V: The Art of Order. In: *Metadrama in Shakespeare's Henriad:* Richard II to Henry V. Berkeley: University of California Press, 1979.

CAMPBELL, L. B. The Victorious Acts of King Henry V. In: *Shakespeare's "Histories":* Mirrors of Elizabethan Policy. San Marino, CA: Huntington Library, 1947.

CARDINI, F. *Alle radici della Cavalleria Medievale.* Florença: La Nuova Italia, 1981.

COLLODI, C. *As aventuras de Pinóquio.* Tradução Beatriz Magalhães. São Paulo: Autêntica, 2021.

CONDREN, C. Understanding Shakespeare's Perfect Prince: Henry V, the Ethics of Office and the French Prisoners. In: *The Shakespearean International Yearbook*, 2009. p. 195-213.

EMERSON, R. W. *Fiducia in sé stessi.* Prato: Piano B, 2012.

ESIRI, A. (org.). *Shakespeare for Every Day of the Year.* Londres: Macmillan, 2019.

GALIMBERTI, U. (org.). Autorrealização. In: *Dicionário de Psicologia.* São Paulo: Edições Loyola, 2010.

GARY, T. *Three Studies in the Text of Henry V.* Oxford: The Clarendon Press, 1979.

GREENBLATT, S. Invisible Bullets. In: *Shakespearean Negotiations:* The Circulation of Social Energy in Renaissance England. Berkeley: University of California Press, 1988.

JUNG, C. G. *Tipos psicológicos*. Tradução Lúcia Mathilde Endlich. Petrópolis: Editora Vozes, 2013. (Obra Completa v. 6).

MASLOW, A. H. *Motivazione e Personalità*. Roma: Armando, 1954.

MASLOW, A. H. *Verso una psicologia dell'essere*. Roma: Astrolabio Ubaldini, 1962.

RABKIN, N. Either/Or: responding to Henry V. In: *Shakespeare and the Problem of Meaning*. Chicago: University of Chicago Press, 1981.

RICORDI, F. *Shakespeare Filosofo dell'Essere*. Milão/Udine: Mimesis, 2011.

ROGERS, C. R. *Terapia centrada no paciente*. São Paulo: Martins Fontes, 1974.

TAYLOR, G. *Three Studies in the Text of Henry V*. Oxford: The Clarendon Press, 1979.

TOLKIEN, J. R. R. *O Senhor dos Anéis:* Volume único. Tradução Ronald Kyrmse. São Paulo: HarperCollins, 2022.

VARANINI, F. La formazione come arte letteraria: ovvero la Morfosfera. *For. Rivista Aif per la formazione*, v. 90, n. 1, p. 47-48. Milão: Franco Angeli, 2012.

SE SOFRE DE ANSIEDADE, VOCÊ PRECISA DE **OTELO**

Otelo e o medo invisível

Lidar, na medida do possível, com os medos mais profundos que carregamos dentro de nós é talvez uma das tarefas essenciais da existência humana; uma luta decisiva e fatal pela nossa liberdade interior. Os medos que atribulam nossa existência podem ser de dois tipos: visíveis e invisíveis. Os visíveis são aqueles que têm um objeto concreto específico e uma causa evidente. Os invisíveis, por outro lado, são aqueles que não se baseiam em motivos racionais. Neste segundo caso, trata-se de enfrentar fantasmas, imagens da nossa mente. São medos, terrores de natureza irracional e incontrolável, que podemos chamar de "ansiedades" ou "angústias".

Os dois termos são muitas vezes usados como sinônimos e, em algumas línguas, convergem: os alemães dizem *angst*, os ingleses dizem *anxiety*. Nas línguas românicas, às vezes, o termo "angústia" é empregado para designar um estágio mais grave, patológico, da emoção da ansiedade.

Obviamente, trata-se de dois princípios que se entrelaçam, tocando as duas faces do "medo invisível", ou seja, o terror diante de uma realidade possível e a opressão interior dada por um pensamento indefinido que não nos abandona. Acredito que a tragédia de Otelo, muitas vezes classificada (um pouco superficialmente) como a tragédia do ciúme, pode ser lida como a tragédia da ansiedade e da angústia. Noutras palavras, a tragédia que conta como um fantasma mental pode nos dominar. Esse drama shakespeariano narra a bela e terrível história de um homem que é vencido pelo próprio medo invisível – por sua *horrible fancy*, como diz uma frase-chave do texto. Uma "fantasia horrível" progressivamente toma conta de Otelo ao longo da trama, até destruí-lo.

Quem sofre de ansiedade sabe que as garras desse distúrbio são feitas de futuros que os outros não veem, mas que sentimos como incontestáveis, terríveis e inevitáveis. Um pensamento – não importa se racionalmente sabemos que não tem fundamento ou se continuam a nos dizer que "não é nada" – nos domina, tirando-nos a lucidez, a capacidade, a tranquilidade, a autonomia, não raro com consequências desesperadoras. A pessoa ansiosa passa a maior parte do tempo lutando contra fantasmas, queimando energia com algo que, em última análise, não existe. Obviamente, também se trata de um problema clínico, mas a literatura, como frequentemente acontece, tem algo a dizer sobre o assunto.

Eu sou o típico sujeito ansioso. Já me aconteceu e ainda acontece, em situações que poderiam parecer completamente inofensivas, de ser tomado por pensamentos angustiantes que não me abandonam: temer que o teto do quarto onde estou escrevendo agora possa desabar e cair fatalmente sobre mim; ser acusado de um assassinato cometido nas áreas rurais do Oregon por um sósia e não ter álibi para provar que, na verdade, naquele momento eu estava em Porto San Giorgio; precisar voltar para casa, depois de já ter dirigido por uma hora, com medo de ter deixado o gás ligado; temer que, se uma pessoa que amo não responde às mensagens por um período muito longo, ela tenha sido sequestrada e esteja sob tortura em algum porão. Todas essas são manifestações que um ansioso conhece bem.

Otelo, mesmo sendo um general e um homem de ação, em sua hipersensibilidade é fundamentalmente um ansioso. Alguém que se deixa levar por medos invisíveis.

No drama, assistimos às maquinações pelas quais Iago, um personagem de mente diabólica, desencadeia em Otelo a horrível fantasia que o aniquila. Essas maquinações têm sucesso justamente porque o protagonista do drama é um sujeito ansioso. Alguém cuja mente é atraída por medos invisíveis, assim como a nossa quando estamos aterrorizados e esgotados por questões que não fazem sentido para os outros, mas que, para nós, fazem, e não conseguimos pensar noutra coisa. É isso, Otelo é um de nós.

O FEITIÇO DO AMOR

Tudo começa com a união escandalosa entre o general estrangeiro Otelo e uma moça veneziana chamada Desdêmona. Otelo também é chamado de Mouro, provavelmente por suas características físicas, que poderiam ser as de um homem africano ou do Oriente Médio. Mesmo numa terra liberal como a Veneza do Renascimento, onde a nossa história se passa, uma união interracial desse tipo não é bem-vista, independentemente da estima de que Otelo desfruta como chefe militar.

Temos de partir do seguinte ponto para entender *Otelo*: do fato de estarmos diante de uma grande história de amor conturbada, ambientada na região do Vêneto que talvez evocasse para Shakespeare uma dimensão romântica e sentimental. No entanto, o sentimento que veremos se desencadear aqui não é impulsivo e puro como o de Romeu e Julieta pelas ruas de Verona, nem comicamente impedido como o de Petrúcio e Catarina pelas ruas de Pádua, nem sublime e místico como o de Bassânio e Pórcia na própria Veneza. Não, o que vemos aqui é a afeição mais gentil e carinhosa se transformar em ódio, raiva, numa fúria cega e assassina. Uma monstruosidade que se forma pela vitória da ansiedade sobre a mente de Otelo, que chega a cometer um dos crimes mais horrendos, aquele que hoje as notícias policiais chamariam de feminicídio: o assassinato da própria companheira.

Para entender essa monstruosidade e como ela se impõe sobre o caráter originalmente cavalheiresco de Otelo, temos de partir da maneira como Shakespeare nos apresenta a deterioração gradual e inevitável da doce magnificência que une o Mouro e a dama.

Num curto espaço de tempo, o nobre Otelo se transforma em sua essência. Consumido pela ansiedade, ele se torna um monstro. Isso acontece porque seus pensamentos são envenenados pelo mais habilidoso dos pérfidos taumaturgos do teatro europeu, aquele que, com um refrão constante, o roteiro chama de "o honesto Iago", mas que o público sabe ser a criatura mais desonesta e horrível que se possa imaginar, aquele que manipula a mente do Mouro até levá--lo à loucura.

Iago talvez seja o verdadeiro protagonista do texto e certamente representa uma imensa criação dramatúrgica. Ele odeia Otelo com todo o seu ser desde o início. Em comparação com a complexidade caleidoscópica típica dos personagens shakespearianos, que quase sempre fogem a uma definição unívoca no plano das caracterizações emocionais, é de admirar a constância do personagem de Iago: ele é todo ódio, não há mais nada. Um ódio apoiado por uma refinada, e até sinistra, astúcia e por uma capacidade retórico-sofística excepcional.

Iago também é um psicólogo muito habilidoso: entende os homens e, com um instinto quase natural de abutre, sabe identificar seus pontos fracos. Ele sabe que o calcanhar de Aquiles de Otelo é a combinação de ingenuidade e profunda insegurança, que se torna incandescente em seu relacionamento com Desdêmona.

Iago, alferes de Otelo em seu exército, o odeia, em primeiro lugar, porque não suporta que ele, mesmo sendo um Mouro, seja seu comandante; e depois, porque Otelo o preteriu a outro soldado, Cassio, como tenente.

De início, ele pensa em eliminar Otelo tornando pública a notícia de que o general se casou secretamente com Desdêmona. Com a cumplicidade de Rodrigo, um fidalgo mesquinho apaixonado por Desdêmona sem ser correspondido, Iago revela a Brabantio, pai da moça, que ela fugiu com Otelo para se casar.

Esse é o escândalo que fundamenta a história: Otelo é respeitado e altamente considerado como militar, mas permitir que despose as mulheres de Veneza é outra história. Porque, independentemente de seus méritos no campo de batalha, Otelo continua sendo, no plano visual, cívico, cultural, social e simbólico, um estrangeiro – essa palavra deve ser entendida no sentido filosófico forte, metafísico, conferido por Albert Camus: Otelo é um *étranger*, ou seja, ele incorpora uma alteridade cultural inclassificável, estruturalmente alheia à sociedade em que vive. Ele é um errante, um andarilho, um refugiado. Sua condição é livre, mas é apátrida. Por mais que possa ser tolerado e integrado, continua a ser alguém diferente. Isso pode ser percebido pela reação de Brabantio à notícia de sua união com Desdêmona e pelos tons racistas, triviais, utilizados por Iago e Rodrigo para informá-lo dessa união.

Brabantio, que o estimava e o hospedara em sua casa várias vezes, leva Otelo a julgamento perante o tribunal de Veneza pelas ações do general. O que desperta nele essa atitude raivosa contra o Mouro são os gritos de Iago, que são bem ouvidos por todo o povo quando diz: "Brabantio, o bode negro está fodendo tua ovelhinha branca!"; e: "debaixo dos lençóis, tua filha e o Mouro estão fazendo a besta de duas costas!"; e ainda: "Brabantio, tua filha está sendo coberta pelo garanhão negro!".

Traduzo as expressões deliberadamente vulgares e terríveis tiradas de Iago, porque o tom vulgar de sua linguagem, aqui como noutros lugares, é essencial. Ela faz explodir uma espécie de racismo até então latente em relação a Otelo – que é um veneziano, como eu dizia, mas só até certo ponto. Porque, aos olhos dos outros, continua a ser sempre um Mouro. Iago sabe disso, porque conhece muito bem o racismo inconsciente de seus concidadãos. E assim aciona o mecanismo que, espera, expulsará Otelo da cidade, privando-o do título de general. Mas sua tentativa fracassa. Porque Otelo é salvo por Desdêmona, ou melhor dizendo, pela natureza do amor deles.

Em *Otelo*, é muito importante observar como o crime atribuído ao protagonista no começo da história não está ligado à união dele com Desdêmona (um casamento interracial desse tipo não constituía uma violação das normas venezianas). Otelo é acusado de bruxaria.

Pode parecer surpreendente, mas o raciocínio que leva Brabantio e os venezianos a concentrarem o processo nessa questão trai o preconceito cultural fundamental que Iago pretende utilizar: acredita-se que é impossível que uma boa moça veneziana como Desdêmona, sempre respeitosa das regras sociais, bem-educada, sensata e não louca, tenha se apaixonado por um negro. Para aceitar se casar com ele, ela deve ter sido submetida a alguma espécie de feitiço exótico. "Maldito, tu a enfeitiçaste!" (*Damn'd as thou art, thou hast enchanted her*), grita Brabantio contra ele. É claro, ela deve ter sido desviada por algum tipo de magia que a impediu de raciocinar. Caso contrário, aquilo não teria explicação. Uma magia sombria, obviamente: feitiços obscuros, *foul charms*.

Quando Otelo e Desdêmona tomam a palavra para se defender no tribunal, não apenas conseguem derrubar as acusações, mas também oferecem uma descrição comovente da natureza de seu relacionamento e do conceito geral de amor, dando voz a uma das páginas mais belas e emocionantes do teatro shakespeariano.

> OTELO: O pai dela tinha afeição por mim e me convidava com frequência para sua casa. Sempre que eu ia, ela gostava de ouvir os relatos da minha vida, ano após ano, saber das batalhas que eu travara, dos cercos, das vitórias. E eu lhe contei tudo, desde os dias de minha infância até o que me trouxe aqui. Eu lhe falei do meu destino terrível, das desventuras que sofri em terra e no mar [...]. Desdêmona me ouvia com ar solene [...], tentando se desvencilhar rapidamente dos afazeres domésticos para poder ouvir as minhas

histórias. Eu esperei o momento oportuno e, a pedido dela, contei-lhe todas as minhas peregrinações [...]. Em vários momentos, percebi que ela chorava quando eu falava das desgraças que me atingiram na juventude [...]. Ela se apaixonou por mim devido aos perigos que eu enfrentei, e eu a amei porque ela teve compaixão. Foi essa toda a minha feitiçaria.

(I, iii)

Em Shakespeare, a linguagem é sempre central, é o que determina o destino dos homens. Para o Bardo, a palavra assume um valor mágico. Assim acontece com Henrique V, quando consegue inspirar seus soldados em Azincourt; assim acontece com Marco Antônio, que, em *Júlio César*, ao discursar diante dos romanos, altera o curso da história. E assim acontece com Otelo, que, ao contar a história de sua vida para Desdêmona, faz com que ela se apaixone.

Não se trata de feitiçaria. Na verdade, se trata, sim, mas num sentido diferente daquele que Brabantio entende: trata-se daquela magia que, de acordo com Shakespeare, a arte da narrativa pode exercer sobre a vida dos homens, a ponto de o destino de exércitos e de povos depender de um discurso proferido de determinada maneira; a ponto de duas pessoas tão diferentes, a jovem, bela e loura Desdêmona e o maduro, provavelmente não atraente e negro Otelo, "a ovelhinha branca e o bode negro", poderem se unir no mais sincero e sublime dos afetos, numa perfeita *coincidentia oppositorum*, uma união de opostos, absurda para os outros, mas natural para os dois.

Sentir o sentir do outro: Shakespeare nos diz que assim nasce o amor, com aquela magia pela qual a vida vivida por um sujeito que não sou eu, numa espécie de telepatia, torna-se também minha.

Esse é o poder da linguagem: fazer com que uma pessoa penetre onde não lhe é dado estar, no recinto da alma de outra. Desdêmona, convocada para confirmar ou desmentir a versão de Otelo, explicará nos mesmos termos o sentimento deles:

> DESDÊMONA: Minha desobediência relutante e meu comportamento imprudente provam que eu amo o Mouro e que desejo viver com ele [...]. Eu vi a face de Otelo em sua alma e consagrei meu coração e meu destino à sua honra e virtude.
>
> (I, iii)

Brabantio não recebe bem a notícia, concluindo que "é melhor adotar um filho do que gerá-lo" e dizendo-se feliz por não ter descendência, além de Desdêmona, do contrário, teria mantido seus outros filhos acorrentados. Mas o mais desapontado nessa primeira parte do drama é, sem dúvida, Iago. Seu plano falhou (por enquanto).

Até aqui, assistimos a uma maravilhosa história de amor com final feliz. O primeiro ato de *Otelo* é uma microcomédia romântica que poderia ter sido intitulada *Otelo e Desdêmona*. Mas estamos apenas no começo do drama. Iago explorará precisamente essa natureza sublime da ligação entre os dois para infligir ao Mouro um castigo muito mais terrível do que aquele que teria sofrido se o tribunal veneziano tivesse se pronunciado em favor de Brabantio e contra ele. Iago entrará na mente do outro por meio de raciocínios perversos, até levá-lo à loucura.

Quase como pressagiando o que acontecerá a partir desse momento na história, o primeiro ato termina com um forte monólogo de Iago, que é quase um prólogo da verdadeira tragédia que se desenrolará dali em diante. A partir desse momento, a comédia romântica se transforma numa tragédia da ansiedade.

> IAGO: [...] O Mouro me respeita, e isso tornará mais fácil dar continuidade ao meu plano. Cassio... Cassio é um homem sedutor. E isso pode ser útil para mim. Tenho de ocupar o lugar dele, com algum truque. Mas como fazer isso? Como fazer isso? Bem, talvez eu possa fazer com que chegue aos ouvidos do Mouro que há alguma familiaridade excessiva entre Cassio e sua esposa. Os

modos afetados de Cassio se prestam bem para tornar esse tipo de suspeita plausível; sua atitude parece feita de propósito para tornar as esposas infiéis. O Mouro é de caráter genuíno e sincero, e considera honestos os homens que parecem honestos, mesmo não sendo. Sim, com certeza, ele se deixará enganar facilmente como um asno. Pronto, eu encontrei, sim, sim, está feito! Agora o inferno e a noite, unindo-se, darão à luz esse monstro.

(I, iii)

Iago – precisamente como Otelo com Desdêmona – usará a linguagem para lançar um feitiço na alma do Mouro. Mas, neste caso, podemos falar, e com razão, de magia oculta. Uma magia que Iago baseia num pesadelo irreal para drenar toda a energia de Otelo e absorvê-la para si mesmo.

Enquanto se defendia das acusações de Brabantio, o Mouro também foi convocado pelo doge por outro motivo: o exército sob seu comando deveria partir o quanto antes para a ilha de Chipre, a fim de defender os domínios venezianos de um ataque otomano. Acusado como criminoso por bruxaria e investido da mais alta confiança como general pela mesma autoridade no mesmo momento, o Mouro, nessa passagem, evidencia claramente sua condição contraditória de estrangeiro, cidadão ilustre e ao mesmo tempo renegado.

Ele será absolvido das acusações e, assim, poderá cumprir seu papel de general. No entanto, é como se carregasse dentro de si um verme que o corrói. Como se aquela dúvida que atormenta os venezianos – como é possível que uma mulher como Desdêmona ame um homem como Otelo? – o acompanhasse, como uma marca a fogo sobre a pele. Iago sabe disso, ele sente. E usará isso como alavanca para sua bruxaria linguística, desencadeando em Otelo um redemoinho incontrolável de ansiedade.

Fake News diabólicas

Se Iago simplesmente lhe dissesse: "Olha, Desdêmona está tendo um caso com Cassio", Otelo nunca teria acreditado. Sua estratégia é muito diferente, diabólica, extremamente refinada no aspecto psicológico. Iago instila na mente de Otelo o que, anteriormente, chamei de um medo invisível. E Otelo cai completamente na armadilha. Iago é mais inteligente. Acima de tudo, é infinitamente mais habilidoso no plano retórico do que o Mouro. Iago fala por insinuações, por frases incompletas, por negações. É o truque linguístico que o escritor Serpieri chama de "reticência litótica", uma espécie de acrobacia dialética capaz de mostrar o que é dito sem dizê-lo.

Além disso, não devemos nos esquecer de que, para Otelo, a língua usada por Iago não é sua língua materna. A habilidade expressiva de Iago desestabiliza os pensamentos de Otelo por meio de um equívoco retórico que se insinua na fragilidade de suas faculdades linguístico-cognitivas.

O esperto vilão reúne várias características negativas: sua maldade é feita de ressentimento (por não ter sido nomeado tenente); de racismo (em relação ao estrangeiro Otelo); de misoginia (o modo como trata sua esposa Emília é repulsivo); de inveja (está convencido de que Cassio desfruta de honras que deveriam ser dele); e de covardia (jamais combate de frente). Todos esses aspectos se unem a um talento retórico excepcional, tornando Iago o grande mestre da mistificação.

Iago, retórico muito habilidoso, é, no fundo, um frustrado, um homem sem qualidades aparentes, alguém que passa despercebido numa sala, um indivíduo indeciso, ardiloso, covarde, movido por uma grande raiva, mas que nunca a expressa diretamente. Hoje, ele seria o protótipo perfeito do chamado *"troll* de internet", que, talvez por trás de um perfil social falso, se compraz em insultar os outros e em semear a discórdia com comentários e postagens anônimas. Por outro lado, sua estratégia contra Otelo baseia-se totalmente na disseminação daquilo que, na linguagem contemporânea, chamaríamos de *fake news*.

Otelo acredita nas mentiras de Iago, sobretudo porque suas habilidades linguísticas são mais rudimentares que as dele, insuficientes para comprovar a veracidade do que ele o leva a acreditar. É assim que pouco a pouco Otelo é dominado pelo terror invisível da traição de Desdêmona com Cassio. Nesse sentido, poderíamos dizer que Iago submete Otelo a uma reprogramação neurolinguística.

Há ainda uma segunda característica que torna o Mouro vulnerável: ele é *free*. Essa palavra, que tem o significado básico de "leal", "honesto", "livre", "franco", quando pronunciada por Iago assume uma acepção muito diferente: significa "ingênuo", "puro", "tolo". Noutras palavras, Otelo não suspeita de nada, pois é ingênuo. Ele confia nas aparências. Não sabe que as aparências enganam, que o ser se expressa de muitas formas, que uma palavra pode significar um conceito e também seu oposto. Para Otelo, uma coisa (e uma pessoa) são o que são, ponto final.

Além disso, parece que Iago conhece Otelo mais do que ele mesmo se conhece. Ninguém, em Veneza, poderia imaginar que o Mouro, sempre corajoso e dono de seus instintos, leal e impecável, guardasse dentro de si uma violência potencial capaz de torná-lo um assassino, se estimulado nos pontos sensíveis. Acima de tudo, o próprio Otelo desconhece, ignora essa parte de si mesmo. O único que vê tão profundamente o interior de Otelo é Iago, porque Shakespeare lhe concede a capacidade malévola de sondar a psique dos outros (enquanto o Mouro não vê nem sequer a dele).

Otelo é frágil – Iago também sabe muito bem disso – porque não está centrado. É como se, em última instância, nem mesmo ele acreditasse realmente que Desdêmona o ama. Como se houvesse uma parte de Otelo que, assim como Brabantio e a opinião generalizada em Veneza, considerasse absurdo uma mulher como Desdêmona de fato amar "um bode negro" como ele. É verossímil que Desdêmona tenha um caso com Cassio, na medida em que seu amor sincero pelo Mouro é inverossímil. Se Otelo acredita em Iago é porque não acredita em si mesmo.

A tática do pérfido alferes tem uma sequência bem definida, nem um pouco casual. Primeiro, ele leva Otelo a entender que suspeita de um relacionamento anormal entre Desdêmona e Cassio, mas, fingindo pudor, se diz relutante em revelar algo de que não tem provas. Enquanto isso, porém, o verme da ansiedade foi inoculado no cérebro do Mouro, e dali não sairá mais.

Em Chipre, onde se passa o segundo ato e onde Shakespeare nos diz como é sublime e bela a ligação entre Otelo e sua amada, o plano de Iago se revela por completo: sabendo que o leal e belo Cassio também tem um ponto fraco, constituído pelo álcool e por seu temperamento impetuoso, ele o embebeda e provoca uma briga, humilhando-o aos olhos do general Otelo, o qual, incapaz de compreender o comportamento de seu recém-nomeado tenente, a seu ver nobre e irrepreensível, o demite desonrosamente do exército.

No terceiro ato, a trama de Iago se torna cada vez mais astuta. Quando Desdêmona (por amor a Otelo) implora a ele que perdoe Cassio e faça as pazes com o antigo tenente, o Mouro, instigado pelas insinuações de Iago, interpreta a súplica como prova da intimidade entre os dois e realmente começa a perder a cabeça.

As coisas vão se precipitar no ato seguinte, que se inicia com uma crise epiléptica sofrida por Otelo, cada vez mais vítima das diabólicas *fake news*. É nesse momento que Iago desfere seu golpe fatal: faz com que sua esposa, Emília, roube o lenço que Otelo e Desdêmona consideram o símbolo de seu amor, e o esconde na casa de Cassio. Para o Mouro, isso dá a entender que Cassio se refere a Desdêmona ao descrever em termos vulgares outra mulher chamada Bianca. Quando Otelo perde completamente a razão, e se torna irreconhecível, eis que Ludovico, embaixador veneziano em Chipre e primo de Desdêmona, o vê agredir publicamente a jovem, ficando estarrecido. É uma ação que o antigo Otelo jamais teria concebido.

A última parte da tragédia é um verdadeiro acerto de contas: Rodrigo, instigado por Iago, tenta matar Cassio, mas é mortalmente ferido. Depois temos a célebre, magnífica e terrível segunda cena do quinto ato, em que Otelo, com um travesseiro, tira a vida de sua Desdêmona. Ela, em agonia, usará as últimas forças para proclamar, mais uma vez, a inocência de Otelo – para Emília, que entra no quarto, ela dirá que se suicidou. Quando os outros entram e, horrorizados diante do cadáver de Desdêmona, pedem explicações, Emília toma a palavra para confessar o furto do lenço e para proclamar a pureza de Desdêmona. Nesse momento, Iago a apunhala até a morte, para impedi-la de falar. Mas o Mouro compreendeu que foi enganado; tenta matar Iago, mas apenas o fere. Em seguida, desfere a espada contra si mesmo e morre ao lado de Desdêmona.

No fim, Iago, condenado por seus atos e definido como "homem de natureza diabólica", não dará explicações sobre seus comportamentos. Ao contrário, dirá explicitamente que não pretende revelar nada sobre os motivos que o levaram àquelas horríveis atrocidades. Quase como se Shakespeare nos desse, com isso, uma representação plástica da ideia filosófica de que o mal, em última instância, não pode ser compreendido.

Nas primeiras falas do drama, Iago diz algo de essencial sobre si mesmo, descrevendo-se para Rodrigo: "Eu não sou o que sou" (*I am not what I am*). Essa famosa frase é uma inversão do lema bíblico *Ego sum qui sum*, "Eu sou o que sou", com o qual Deus se revela a Moisés em Êxodo 3, 14.

Fazer com que um personagem se apresente com a inversão de uma frase bíblica pronunciada por Deus equivale a uma declaração demoníaca.

A apresentação de Deus em Êxodo, aquele *Ego sum qui sum* no centro de tantas reflexões tomistas, indica, antes de tudo, a pureza do princípio divino, sua identificação com o bem absoluto, que não pode ser descrito pela mente humana. Iago está no polo oposto, encarnando o mal incompreensível. Um mal que se manifesta na mentira ou, melhor dizendo, na incapacidade de distinguir o verdadeiro do falso. Se Deus é *veritas divina*, a verdade divina, o pecado se manifesta no momento em que a criatura atribui uma realidade ontológica ao nada. É precisamente no túnel delirante do pecado, assim entendido, que Iago faz Otelo cair por meio do turbilhão da ansiedade.

Em suas memoráveis palestras dedicadas a Shakespeare, W. H. Auden, falando de *Otelo*, definiu Iago precisamente, à luz do seu "Eu não sou o que sou", como *an inverted saint*, uma espécie de santo ao contrário. O *villain* e o *saint*, para Auden, o vilão e o santo, são muito parecidos: para ambos, "ética e estética são a mesma coisa, e ambos estão livres dos escrúpulos e das reticências que guiam e preocupam a maioria das pessoas".

Além disso, no coração abissal do cristianismo, ecoa a pergunta à qual Pôncio Pilatos não conseguiu dar uma resposta depois do silêncio de Jesus, e de cujo vazio surge a crucificação: *Quid est Veritas?*, "O que é a verdade?" (Jo 18, 38). Da não resposta a essa pergunta – poderíamos dizer simplificando um pouco esse ponto essencial da filosofia cristã – tem origem o mal. E é aqui que Iago encontra sua natureza, que subverte perversamente toda verdade com suas *fake news*, condenando Otelo.

Recentemente, nossa era conectada e digital foi definida como a era da pós-verdade, ou seja, aquela época em que as mensagens veiculadas pela mídia, independentemente das verificações factuais que a lógica nos permite fazer com a realidade compartilhada, podem decidir o que é verdadeiro e o que não é. Nesse sentido, também poderia ser definida como a época de Iago.

Mas o roteiro shakespeariano não cede nesse ponto. Ou seja, Shakespeare se mantém fiel a um forte conceito de verdade. Podemos compreender isso pela forma como decide orquestrar *Otelo* no plano dramatúrgico. De fato, o Bardo também poderia ter conduzido a narrativa de modo que o público, assim como Otelo, e junto com ele, tivesse dúvidas sobre a honestidade de Desdêmona. Talvez a trama fosse até mais emocionante, se estruturada desse modo. No entanto, não o fez. Shakespeare decidiu que, durante todo o drama, o público deveria ter consciência da verdade: que, ao ler o texto ou assistir a uma representação da peça, nós deveríamos saber mais que Otelo. E assim, toda vez que Iago é definido como "honesto" no decorrer do drama (acontece mais de cinquenta vezes), nós estremecemos em nome da inocência de Desdêmona. Ou seja, em nome da verdade. Contra o Diabo. Enquanto estremecemos por Desdêmona, Iago não vence. O Diabo não vence. A ansiedade não vence. Porque ainda reconhecemos a diferença entre mentira e realidade. Ao contrário de Otelo, que as confunde e, nisso, se condena irremediavelmente.

Desdêmona, o lenço e o incrível Hulk

O acréscimo de conhecimento que, como espectadores, temos em relação a Otelo nos coloca numa posição parecida com a dos que observam de fora o desencadeamento da ansiedade do personagem. Nós sabemos que não há nada de errado, que Desdêmona não está envolvida com Cassio, mas não temos como avisar o Mouro, ou interromper a engrenagem perversa de pensamentos que agora se desencadeou em sua mente. Do mesmo modo, quando dizemos a um ansioso "não é nada", falando de um perigo inexistente que o paralisa, dificilmente será o bastante para acalmar a ansiedade dentro dele.

Otelo, assim como todo ansioso, é vítima de seu delírio paranoico porque não sabe responder à pergunta essencial que já colocava Pilatos em xeque: O que é verdade? Falta-lhe a confiança última em Desdêmona, porque lhe falta a confiança última em si mesmo. Seu ciúme não tem origem na beleza deslumbrante de Cassio ou em algum comportamento de sua dama, mas em sua própria fragilidade.

Desdêmona, "a bela guerreira", é muito clara, cristalina. Até mesmo em sua aparência, nós a imaginamos semelhante a uma criatura angelical: a pele pálida, os olhos azuis, os cabelos louros, delicada, meiga, adorável. Um aspecto exterior que certamente enfatiza o contraste com a figura séria do Mouro. Mas se no plano físico Desdêmona parece tão distante de Otelo, na realidade seu verdadeiro oposto alquímico no drama é Iago. Enquanto Iago é falso, maldoso, ela é sincera e generosa; enquanto ele é covarde, ambíguo, traiçoeiro, ela é corajosa, pura, leal.

Iago, como todos os grandes personagens de Shakespeare, é tanto um tipo como um arquétipo. É um tipo porque personifica um modelo humano bem preciso (quantos Iagos frustrados e perversos encontramos pelo caminho!), e é um arquétipo porque encarna um princípio metafísico: nesse caso, o do desencadeamento da ansiedade, de uma obsessão diabólica que nos domina sem que sejamos capazes de distinguir o verdadeiro do falso, a realidade dos fantasmas. Neste último sentido, Desdêmona representa, ao contrário, a pureza de uma verdade.

"Alegria de minha alma", assim Otelo a chama enquanto estão juntos em Chipre no segundo ato, quando a guerra externa contra os turcos já terminou e está prestes a começar a guerra que Otelo não é capaz de travar, porque não está treinado para isso: a guerra interior em seu espírito. Desdêmona é o que faz Otelo estar feliz, sereno, calmo, satisfeito. Portanto, perdê-la é o maior perigo que Otelo pode enfrentar – infinitamente maior que os do campo de batalha.

Podemos imaginar a existência de cada um de nós presa na armadilha entre um princípio-Desdêmona e um princípio-Iago: de um lado, temos uma felicidade que pode nos definir pelo que somos, a possibilidade de uma condição que nos torna melhores, representada pela satisfação dos nossos desejos mais autênticos. De outro, um terror que nos degrada, que nos faz perder toda coerência e toda lucidez, pela incapacidade de perceber e de refrear esses desejos. Os medos invisíveis de que somos vítimas, que, de maneira mais ou menos direta, sempre dizem respeito às coisas que nos fazem felizes, constituem precisamente as energias que nos degradam. A tradição cristã associa essas energias ao Diabo, mas, de maneira mais geral, podemos pensá-las como as forças irracionais que nos tornam piores.

No fim da história, como todos sabem, Otelo mata Desdêmona. E é como se o fizesse para condenar a si mesmo à infelicidade. Por que o Mouro a mata? Por que sufoca com um travesseiro a mulher brilhante que Cassio definirá como a "capitã do capitão", capaz, com sua virtude, de guiar o coração de Otelo, que guia a todos? Não é apenas o ciúme que o impulsiona. Ele a mata para purificá-la, para torná-la perfeita como ele pretende que seja. Ele a mata porque não a reconhece mais. Porque acredita que é outra pessoa. E quer de volta a Desdêmona verdadeira, a sua. Tudo isso acontece porque a ansiedade não permite que Otelo diferencie o verdadeiro do falso.

Desdêmona, essa jovem nobre veneziana, quando é agredida em público pelo estrangeiro Otelo, não reage, não pede ajuda. No fim, depois que ele a sufocou com um travesseiro no rosto, até mesmo usa as últimas forças que lhe restam para absolver seu assassino. Poderíamos ser induzidos a pensar que Desdêmona o faz por medo, por respeito, por obediência cega ao marido; ou seja, que está encobrindo as violências dele.

Mas não é o que acontece. Desdêmona é uma pessoa corajosa. Não é passiva, não é obediente. É amável, não submissa. Não encobre as atrocidades do esposo em nome da família tradicional. É uma jovem mulher que tem a coragem de escolher, em plena liberdade e contra todos, um Mouro como companheiro, de se opor ao pai para se casar com ele, e de defender essa escolha diante dos cidadãos de Veneza. Não, Desdêmona não absolve Otelo em nome da devoção cega que uma mulher deve a um homem.

Na verdade, Desdêmona tem consciência de que a escolha de se casar com Otelo é toda dela. Por isso, quando, à beira da morte, lhe perguntam quem a feriu, ela responde "ninguém, fui eu mesma": porque foi ela quem escolheu Otelo, contra a opinião de toda Veneza. Desdêmona é *faber fortunae suae*, a arquiteta de sua própria sorte, segundo o lema tão amado pelos humanistas.

Explicando exatamente esse aspecto de *Otelo*, Nadia Fusini escreve que Desdêmona, "em plena liberdade de entendimento e de vontade, contraiu aquele vínculo", pois sua liberdade é a "liberdade renascentista": Desdêmona "encarna o heroísmo do *free will*, a ousadia e a retidão da consciência livre".

Para Desdêmona, portanto, Otelo é realmente inocente. Ela assume a responsabilidade por tudo. Até pela transfiguração que ele sofre. Ao fazê-lo, nega que Otelo – o seu Otelo – tenha lhe causado algum mal. Porque Desdêmona sabe que ele jamais o faria. Aquele homem, louco de ciúme, vítima do "monstro de olhos verdes", não é seu marido. Não se trata de uma simples mudança. Otelo parece, de fato – para continuar a usar uma terminologia de origem cristã –, possuído. Significativamente, até mesmo seu jeito de falar muda. Porque, em *Otelo*, tudo é uma questão de linguagem.

Pois bem, a linguagem do Mouro, que no início da peça é caracterizada por uma simples cortesia cavalheiresca, pouco a pouco se torna grosseira, vulgar, violenta, semelhante à de Iago. A divina, etérea, doce Desdêmona é, então, coberta de insultos durante toda a segunda parte do roteiro: ela, que antes era saudada por ele como *fair warrior*, a sua "magnífica guerreira"; ela, a quem Otelo tecia elogios típicos dos poemas do *dolce stil novo*, é insultada, a partir do terceiro ato, de *lewd minx* (prostituta lasciva), e depois chamada de *callat*, *strumpet*, *whore*, *mistress*, prostituta, amante, todos termos usados para definir uma mulher da pior e mais vil maneira possível.

O medo invisível faz Otelo dizer – e fazer – o que ele deseja. E como esse medo é controlado por Iago, Otelo se torna um fantoche dele. Otelo carrega o Diabo em seu corpo, que fala e age por meio de sua aparência. Por isso, Desdêmona repete: não foi ele. Ele, em certo sentido, nem sequer estava presente. Otelo é servo, não tem livre-arbítrio, porque executa a vontade da ansiedade.

Poderíamos dizer que Otelo é vítima de um "sequestro mental", um prolongado *raptus* – palavra latina utilizada em teologia para falar de uma tomada do homem por parte de Deus e em psicanálise para descrever uma pulsão de violência destrutiva em que o sujeito já não tem controle sobre si mesmo.

Nessa perspectiva, Otelo se assemelha ao Incrível Hulk, a criatura de violência incontrolável imaginada pelos estúdios da Marvel Comics. Verde como o olhar ciumento descrito em *Otelo*, Hulk, na história em quadrinhos, é, na realidade, o cientista Bruce Banner. Depois de ser exposto a algumas partículas radioativas, quando o nível de adrenalina em seu corpo sobe, ele assume a forma de um gigante fortíssimo, perigosamente capaz de qualquer coisa.

No drama orquestrado por Shakespeare, o que enfim transforma Otelo em Hulk é um lenço.

Na quarta cena do terceiro ato, Otelo nos informa que o lenço bordado que dera à sua Desdêmona era um objeto talismânico, recebido de sua mãe, que, por sua vez, o recebera de uma astróloga egípcia. Ao ser presenteado, o lenço tinha o poder de conservar o amor entre duas pessoas. Se Desdêmona o perdeu, o amor entre eles acabou. Se ela o deixou na casa de Cassio, merece a morte. Otelo precisava saber que não é dessa forma, porque – como acontece com qualquer pessoa ansiosa – o medo invisível de um fato possível o domina completamente. Mas a única maneira que tem para sabê-lo é por meio de Desdêmona. Contudo, ele não acredita nela. O que é a verdade? Eis o curto-circuito cognitivo que lhe custará a vida.

A única possibilidade que Otelo tem de se libertar da ansiedade é confiar em Desdêmona mais do que confia no lenço. Ele deveria ser mais inteligente que sensível, preferir as palavras a um objeto, uma mulher a um fetiche. Mas é exatamente essa a limitação de Otelo e seu pecado mortal: não raciocinar o suficiente, deixar que a lógica desmorone sob o impulso do medo, prendendo-o assim no nível material e bestial do ser humano. Se o lenço está na casa de Cassio, é o bastante. Otelo não reflete, não racionaliza. Portanto, o que Desdêmona diz não importa. As coisas – um lenço – são mais importantes que as palavras dela, que, por sua vez, se torna, aos seus olhos, carne sem alma, mero corpo.

Nós, o público, sabemos desde o início, e Shakespeare se certificou de que jamais duvidássemos, nem por um momento: ela nunca o traiu e não o trairia em nenhuma circunstância. É ele quem a trai. Ele a trai com Iago. Deixa-se transformar num monstro, enquanto Desdêmona fizera dele um cavalheiro. De um Mouro, um veneziano; de um andarilho, um cidadão; de um ser solitário e desesperado, um marido feliz. Sem ela, Otelo volta a cair nas trevas. Torna-se exatamente o que o olhar racista de Iago e de Veneza pensavam que ele fosse: um mouro, um monstro assassino.

Desdêmona sabe disso: Otelo perdeu a razão, por isso o absolve. Mas nós, não. Nós, o público – que não nos apaixonamos por Otelo ouvindo suas desventuras, que sabemos mais do que ele sabe, porque conhecemos qual é a verdade –, vemos a repugnância de seus atos. Shakespeare, dramatúrgica e filosoficamente, quer assim. Nós temos consciência de que Desdêmona não fez tudo sozinha, como ela diz ao morrer. Certamente, ele se desviou. Certamente, tornou-se vítima da ansiedade. Mas tudo isso não o justifica. Ele se manchou com o crime mais atroz: causar mal a uma mulher, à mulher que amava. A ansiedade explica aquele sufocamento de amor a que assistimos na segunda cena do quinto ato, uma das cenas mais vibrantes, mais belas e apaixonadas do repertório shakespeariano, à qual não podemos assistir sem tremer em cada fibra do corpo.

A ansiedade explica por que Otelo, depois de perder a própria luz, tira a luz de Desdêmona: explica, mas não justifica. Porém, significa que, se não conseguimos ser felizes por sermos dominados por medos invisíveis e, assim como Otelo, por nossa ansiedade, ferimos a nós mesmos e aos outros. Depende de nós: respondemos por isso, somos responsáveis por nossos atos. Eis um significado oculto de *Otelo* que é precioso para os ansiosos: o Mouro é culpado. Hulk é Bruce Banner.

Finalmente livre da ansiedade, finalmente à altura de Desdêmona

O ciúme de Otelo consiste, enfim, num delírio em que algo falso se torna mais real que o real. Eis por que defino essa tragédia como tragédia da ansiedade. Se chamamos de ansiedade aquele medo invisível pelo qual o que nos aterroriza é algo que não existe, o ciúme delirante é uma forma específica de ansiedade que altera as nossas capacidades cognitivo-comportamentais e nos degrada a criaturas irracionais no desenvolvimento das nossas relações.

Na ansiedade, tememos o nada. Martin Heidegger escreveu isso, numa passagem muitas vezes citada a esse respeito. O filósofo distingue a ansiedade (*Angst*) da inquietação (*Ängstlichkeit*), uma vez que esta última tem um objeto concreto específico (trata-se do que chamei até aqui de medo visível). No fenômeno ansioso, ao contrário, não podemos identificar claramente o que nos dá medo, pois, de acordo com Heidegger, "[...] o que provoca a ansiedade não é, propriamente falando, nada. O ponto é que precisamente o nada, enquanto tal, se faz presente na ansiedade". É justamente o nada que destrói Otelo: o "nunca" em que Desdêmona e Cassio fizeram amor.

Heidegger leva às últimas consequências a tese que Kierkegaard, um século antes dele, expressara em algumas páginas sangrentas e memoráveis, nas quais o pensador dinamarquês liga o conceito de ansiedade ao de possibilidade. O ansioso é tomado pelo terror de que um fato, apenas por ser possível, seja real. Se Desdêmona pode tê-lo traído, poderíamos dizer com Kierkegaard, Otelo acreditará que ela o fez – até que prove o contrário. E não há prova, exceto confiar em Desdêmona. Isso implica a capacidade de reconhecer o verdadeiro, capacidade que é o último e decisivo baluarte diante do fenômeno ansioso.

Como, de acordo com Kierkegaard, a verdade é Deus, só a fé poderia salvar o homem da angústia essencial da sua existência. No entanto, como essa fé é irrealizável, o estado de angústia é, para Kierkegaard, a condição fundamental e inevitável da vida humana. Otelo, assim como o homem kierkegaardiano, também não tem fé: neste caso, em Desdêmona. E, por isso, se torna presa do possível, vítima da ansiedade sem escapatória.

Instigado pela perversa habilidade retórica de Iago, Otelo, ao longo de todo o drama, imagina. Alimenta sua mente com resíduos tóxicos e aumenta a própria ansiedade, criando uma história em que Desdêmona o trai com Cassio.

De certa forma, ansiedade e imaginação são duas faculdades gêmeas da psique: ambas criam fantasmas inexistentes, satisfazendo desejos inconscientes. A diferença é que a primeira, a ansiedade, dá origem àquele estado degradado que podemos observar em Otelo, e que em todo sujeito ansioso é potencialmente letal quando não é administrado. Enquanto isso, a segunda, a imaginação, pode levar a resultados artísticos, empresariais e relacionais. Nessa perspectiva, poderíamos dizer que a ansiedade é uma imaginação desviada, ao passo que a imaginação é uma ansiedade produtiva.

Por que, na tragédia, Otelo não consegue transformar sua ansiedade em imaginação? Por que Iago vence? É uma pergunta que equivale a perguntar quando, e por quais motivos, o sujeito ansioso sucumbe e não consegue reverter em seu favor a sede imaginativa da própria mente.

Todo ansioso enfrenta Iago, por assim dizer, quando é dominado por pensamentos que o atormentam. Ou seja, o ansioso luta contra uma força que visa destruir sua identidade subjetiva e sua capacidade de discernir as coisas. Como ansioso que sou, percebo que a faculdade mental que utilizo quando crio alguma coisa com a imaginação, inventando histórias, ao lê-las e ouvi-las, fazendo planos, é a mesma que, por outro processo, ativo ao ser dominado pela ansiedade. Nesse sentido, a ansiedade é um dado precioso, digo a mim mesmo, porque tem a ver com a *imaginatio*, com a capacidade criadora.

No entanto, quando a ansiedade me bloqueia e me aterroriza, gostaria de não ter de imaginar tanto. Gostaria que minha mente não tivesse essa necessidade exagerada de imaginação. Então, penso outra vez em Otelo, naquilo que enfim o faz desmoronar: sua falta de intimidade com as palavras, sua ingenuidade, sua falta de introspecção, sua falta de confiança em si mesmo. E, assim, é como se Shakespeare prescrevesse, quase como uma espécie de ansiolítico natural, a necessidade de ser mais forte nesses aspectos.

Sempre me fascinou a maneira como o Bardo descreve o suicídio de Otelo na última cena. Depois de sufocar Desdêmona, com Emília morta, o Mouro tenta matar Iago, mas não consegue. No fundo, aquela é a punição de Iago: sobreviver, porque, como Otelo lhe diz, "é feliz quem morre". Depois, o Mouro tira a própria vida. Mas, antes disso, Shakespeare ainda o faz falar. Suas últimas palavras são para pedir que se fale dele de maneira honesta. Que, ao menos na morte, seja respeitada a diferença entre o que é verdadeiro e o que é falso.

No fim, Otelo acrescenta uma afirmação que Shakespeare coloca no desfecho do monólogo, como se aquela fosse, para o Mouro, a questão mais importante. Otelo relembra um episódio aparentemente marginal da sua vida, quando matou um turco para defender um veneziano. Como se dissesse: "Ali eu demonstrei quem realmente sou", ou seja: não um mouro assassino, mas um honesto cidadão da República. Agora ele sabe, agora ele tem certeza. Agora ele sabe quem é. Só agora.

OTELO: Senhores, peço-vos mais um momento. Deixai que vos diga uma coisa ou duas antes de partirdes. Todos sabem os serviços que prestei à República de Veneza. Mas não é disso que quero falar. Em vez disso, gostaria de vos pedir, quando mencionardes meu nome em vossas cartas, que faleis de mim tal como realmente sou, sem atenuar nada, mas também sem acrescentar nada com malícia. E, então, falareis de um homem que amou sem sabedoria, que amou demais; um homem que não era ciumento por natureza, mas que, instigado por um espírito maligno, foi levado à exasperação. Um homem que tinha o maior tesouro, a pérola mais rara de todas, e a perdeu, e a jogou fora [...]. E dizei também que certa vez, em Alepo, havia um turco prepotente, com um turbante na cabeça, que agredia um veneziano, ofendendo a República; e então eu o agarrei pelo pescoço, aquele cão circuncidado, e o atravessei de lado a lado, assim. (*Apunhala-se*)

(V, ii)

Quando ele se mata, no fim, apunhala-se exatamente como havia apunhalado aquele turco. Porque ele próprio, da mesma forma, ofendeu Veneza – matando sua filha mais bela. Ao se matar, Otelo mata a parte monstruosa, bárbara, de si mesmo. Naquele momento, está maduro. Ao se despedaçar, ele finalmente está completo. Confrontou seu maior medo invisível: não ser um verdadeiro veneziano e, portanto, não estar à altura de Desdêmona. Não seria essa a origem essencial da ansiedade, uma relação não resolvida conosco mesmos e, portanto, com nossos medos invisíveis?

No fim do processo, no primeiro ato, Brabantio tinha sussurrado a Otelo algo quase em segredo: "Cuidado, Mouro: assim como me traiu, um dia também te trairá". Intimamente temendo ser apenas um Mouro, aquela ideia, inflamada pela retórica de Iago, não lhe sairá mais da cabeça. Exceto no final. Ali, o aviso de Brabantio não lhe causa mais nenhum medo. Pois naquele momento, quando se mata, Otelo sabe muito bem quem ele é. E o declara publicamente. Sua sede de imaginação já não pode se transformar em ansiedade, porque ele se arraigou numa identidade resolvida. Naquele momento, estaria realmente pronto para Desdêmona. É uma pena que na cena anterior a tenha sufocado por algo que nunca aconteceu.

    Se, para você, a ação de Otelo parece absurda e estúpida, pense em quantas vezes, em nossa vida, somos aterrorizados por algo em que acreditamos, mas que, na realidade, não existe, e isso nos impede de viver melhor. É como se fôssemos crianças chorando de medo ao vermos formas terríveis na escuridão.

Bibliografia

ALTMAN, J. B. Preposterous Conclusions: Eros, Enargeia, and the Composition of Othello. *Representations*, v. 18, p. 129-157, 1987.

AUDEN, W. H. *Aulas sobre Shakespeare*. Tradução Pedro Sette-Câmara. Belo Horizonte: Âyiné, 2022.

BARTHELEMY, A. G. (org.). *Critical Essays on Shakespeare's Othello*. Londres: G. K. Hall, 2004.

BORGNA, E. *Le figure dell'ansia*. Milão: Feltrinelli, 2005.

CAMUS, A. *O Estrangeiro*. Tradução Valerie Rumjanek. Rio de Janeiro: Record, 2019.

DONÀ, M. *Tutto per nulla*. La filosofia di William Shakespeare. Milão: Bompiani, 2016.

D'URSO, V. *Otello e la mela*. Psicologia della gelosia e dell'invidia. Roma: La Nuova Italia Scientifica, 1995.

FUSINI, N. *Di vita si muore*. Lo spettacolo delle passioni nel teatro di William Shakespeare. Milão: Mondadori, 2010.

GREENBLATT, S. The Improvisation of Power. In: *Renaissance Self-Fashioning:* From More to Shakespeare. Chicago: University of Chicago Press, 1980.

GREVILLE, F. A Treaty of Human Learning. In: REES, J. (org.). *Selected Writings of Fulke Greville*. Londres: Athlon Press, 2013.

HAZLITT, W. *I personaggi del teatro di Shakespeare*. Palermo: Sellerio Editore, 2016.

HEIDEGGER, M. Que é metafísica?. In: *Marcas do caminho*. Tradução Enio Paulo Giachini. Petrópolis: Editora Vozes, 2008.

KIERKEGAARD, S. *O conceito de angústia*. Tradução Álvaro Luiz Montenegro Valls. Petrópolis: Editora Vozes, 2013.

LAPLANCHE, J.; PONTALIS, J. B. *Fantasma originario, fantasmi delle origini, origini del fantasma*. Bolonha: il Mulino, 1964.

MANFERLOTTI, S. *Shakespeare*. Roma: Salerno Editrice, 2010.

MCINTYRE, L. *Post-Truth*. Cambridge: The Mit Press, 2018.

MCGINN, C. *Shakespeare filosofo*. Il significato nascosto della sua opera. Roma: Fazi Editore, 2008.
ROSENBERG, M. *The Masks of Othello:* The Search for the Identity of Othello, Iago, and Desdemona by Three Centuries of Actors and Critics. Berkeley: University of California Press, 1961.
SERPIERI, A. *Otello:* l'Eros negato. Nápoles: Liguori Editore, 2003.
SNYDER, S. (org.). *Othello:* Critical Essays. Londres: Garland, 1988.
TORNO, A. (org.). *Ponzio Pilato, Che cos'è la verità?*. Milão: Bompiani, 2007.
WHORF, B. L. *Linguaggio, pensiero e realtà*. Turim: Bollati Boringhieri, 1970.

SE LHE ACONTECEU ALGO QUE NÃO CONSEGUE ACEITAR, VOCÊ PRECISA DE **A TEMPESTADE**

É PRECISO LANÇAR-SE NO CORAÇÃO DA TEMPESTADE PARA SE SALVAR

No fim do verão de 2016, eu estava em Leenane, um pequeno vilarejo entre os condados de Galway e de Mayo, na Irlanda. No balcão do Gaynor's, um pub encantador que se debruça sobre o fiorde de Killary, de onde se pode avistar o Atlântico espalhando sua espuma e seu aroma pelas casas, tive a oportunidade de conversar com um velho pescador nascido e criado naquela região.

Apesar de ser fim de agosto, o pub mantinha a lareira acesa, porque o ar no oeste da Irlanda pode ser tão frio a ponto de arrancar sua pele em qualquer época do ano. E, apesar de ser o início de uma tarde de domingo, já estávamos na segunda caneca de cerveja preta. Talvez por isso, a fala do velho não fosse perfeita, e certamente minha capacidade de entendimento estava turva. Ele me contou sobre uma terrível tempestade que enfrentara vinte anos antes, disso eu tenho certeza. Também compreendi com clareza – e jamais vou esquecer – o que me disse sobre como se salvou. Ele contou que conseguiu se safar porque, quando a tempestade o surpreendeu, não tentou ir para a costa, mas conduziu o barco diretamente para o centro da perturbação.

Então ficamos em silêncio por muito tempo. Quando, terminada a terceira caneca de cerveja, nos despedimos, ele me recomendou várias vezes que, em caso de tempestade no mar, que eu jamais tentasse atracar. "É preciso se lançar no coração da tempestade para se salvar!", disse ele antes de sair do pub cambaleando.

Aquela frase e aquela história se fixaram de maneira tão profunda em minha mente que nelas vi um significado sapiencial: como se naquela tarde, em Leenane, aquele velho estivesse me dizendo que na vida enfrentamos tempestades de diferentes tipos, e a melhor maneira de lidar com elas não consiste em se defender e em encontrar pontos estáveis, e sim em viver o máximo possível o que nos assusta e nos desestabiliza.

Quando ansiedades e preocupações me afligem, porque o destino não segue o caminho que eu gostaria, volto a pensar inúmeras vezes naquela ideia: rumar para o coração da tempestade, mergulhar nos próprios problemas arriscando tudo, em vez de buscar apoio, de voltar para a costa, onde corremos o risco de ser esmagados contra as rochas.

O livro que Shakespeare dedica a uma tormenta, *A tempestade*, é tradicionalmente considerado o último texto composto por ele. Porém, a obra aparece como o primeiro roteiro na edição do Primeiro Fólio de 1623, e fala precisamente de lidar com aquilo que não conseguimos aceitar.

Fortuna, infortúnio e tormentas

Tanto na era elisabetana como hoje, o termo em inglês *tempest*, tempestade, é uma palavra mais formal e menos comum que o seu sinônimo *storm*. Embora a palavra "tempestade" compartilhe com *tempest* a interessante etimologia ligada ao latim *tempus*, é um termo muito comum, desprovido daquele tom fabuloso que o título original traz consigo. Uma tradução mais ousada, como "A tormenta", talvez pudesse ser mais adequada.

"Borrasca" também seria uma palavra muito bonita, alude precisamente àquele fenômeno atmosférico de tempestade marinha que Shakespeare decide elevar a elemento essencial da trama.

Mas "tormenta" remete ao significado filosófico de seu drama, ou seja, a relação entre o sujeito humano e a *fortuna*, entendida como destino imperscrutável, como força que nos atinge independentemente de nossos planos, nossos desejos, nossos princípios. "A Fortuna", escreve Nadia Fusini num ensaio profundo e esclarecedor dedicado ao drama shakespeariano, "entra assim em cena, como a tormenta que domina nossas vidas e nos torna escravos do Acaso [...]. Sobretudo quando o céu azul e sereno é substituído pela violência de um céu agitado por ventos, obscurecido pelas nuvens, e nos descobrimos indefesos diante de forças maiores que nós."

No centro da narrativa shakespeariana está a figura misteriosa de um mago chamado Próspero, como se nos dissesse que a magia é a questão essencial quando lidamos com a força indizível da fortuna representada pela tempestade.

Numa estranha ilha deserta, Próspero vive sozinho com a filha Miranda, há doze anos, desde que seu irmão Antônio o depôs como duque de Milão e assumiu seu lugar. Da costa da ilha, Próspero desencadeia uma tempestade no mar no momento em que passa por suas águas um navio em que viajam Antônio e seu aliado Alonso, soberano de Nápoles. Além deles, naufragam na ilha Ferdinand, o filho de Alonso, e Sebastian, o irmão do rei; o bom cortesão Gonzalo; os nobres Adrian e Francisco; o palhaço Trínculo e o bêbado Stephano.

Na ilha também vivem dois espíritos que Próspero submeteu a seu serviço: o etéreo e gentil Ariel, uma espécie de criatura aérea, e o monstruoso e poderoso Caliban, filho da bruxa Sycorax e do Demônio, que o mago mantém recluso em condições terríveis depois de sua tentativa de violentar Miranda.

A obra narra uma progressiva jornada rumo ao perdão que Próspero, comovido pela bondade de Ariel, finalmente concederá ao seu irmão Antônio e, por sua vez, estenderá a todos: até mesmo a Stephano e Trínculo que, no decurso do drama, tentam matá-lo em conluio com o repulsivo Caliban.

No último ato, vemos Próspero usar suas vestes mágicas mais poderosas e prender Antônio, Alonso e os outros num círculo, revelando sua verdadeira identidade. Ferdinand e Miranda coroam seu amor com a aprovação paterna e todos embarcam num navio que os levará de volta a Nápoles para celebrar, numa harmonia renovada, o casamento dos dois jovens.

No fim, Próspero liberta Ariel, tornando-o um espírito sem senhores e, no famoso epílogo, renuncia a todos os seus poderes mágicos, pedindo ao público um último feitiço, que só poderá ser realizado com o aplauso de cada um dos presentes:

> PRÓSPERO: Agora, deponho todos os meus encantamentos, e a única força que retenho é apenas a que possuo; uma força que, infelizmente, é bem precária. Agora, digo com sinceridade, se devo ser confinado aqui para sempre ou se me é permitido navegar para Nápoles, isso depende de vós. Peço-vos, não me condeneis, com vossa magia, a apodrecer aqui, nesta ilha deserta, precisamente agora que recuperei meu ducado e perdoei os que me traíram. Imploro-vos, senhoras e senhores, libertai-me das minhas correntes com vossas sagradas mãos. Possa o vosso sopro ser um sopro suave em minhas velas, do contrário terei fracassado em tudo, e eu só desejava agradecer aos que estão ao meu redor. Agora, não terei mais espíritos sob meu comando, não terei mais feitiços em meu poder e terei um fim miserável se vossas orações não puderem me salvar; se vossa

misericórdia não quiser purgar a minha culpa. E assim como buscais paz para todos os vossos erros, tende piedade também de mim, sede indulgentes e, aplaudindo, libertai-me.

(V, i)

Ao perdoar os que o haviam prejudicado, Próspero escolhe deixar de ser mago. Por quê?

Por que o ato do perdão deveria implicar a renúncia ao uso de superpoderes?

O nó hermenêutico fundamental está bem aqui: na conexão que existe entre a renúncia à magia e o perdão, e, consequentemente, na ligação essencial que se verifica entre a arte mágica e o oposto do perdão, ou seja, a vingança. E o que é a vingança? Um ato violento, perpetuado para acalmar nosso ressentimento depois de sofrer uma injustiça.

Mas o que isso tem a ver com a magia? Talvez o ponto de interseção entre magia e vingança esteja no fato de que ambas tendem a controlar a realidade incontrolável. Quando algo ruim nos acontece, surge dentro de nós o ressentimento. Se encontramos um responsável pelo mal sofrido, nós, como seres humanos, somos levados à vingança.

Mas e se não encontramos um culpado ou se simplesmente não há um, o que acontece? Contra quem nos voltamos se, de repente, enquanto o mar está calmo e o céu está claro, se desencadeia uma tempestade e tudo dá errado? Poderíamos dizer então que foi o destino, o acaso ou o infortúnio que nos feriram. Mas como nos vingamos? Não podemos. Se é verdade que a magia é, antes de tudo, a tentativa humana de controlar – com gestos, rituais, fórmulas, palavras provenientes de um conhecimento esotérico – a natureza física e psíquica, então a magia é uma maneira de domar as tempestades, ou seja, de evitar que a realidade, em sua imperscrutável crueldade, nos cause (mais) danos. A magia é uma maneira de nos vingarmos das injustiças que sofremos e que poderíamos sofrer, mas contra as quais somos impotentes.

Próspero renuncia aos seus poderes porque a magia é uma forma de controle sobre o que escapa ao nosso controle. Quando perdoamos, aceitamos o destino com todas as suas injustiças, e a magia perde assim a sua função.

Como me disse um dia uma atriz com quem eu discutia o roteiro: "Então, Próspero seria apenas um homem que no fim aceita sua vida pelo que ela foi, apesar de tudo?".

A MAGIA NATURAL DE PRÓSPERO E SEU ESPÍRITO PROTETOR

Ao descrever os aspectos antropológicos do fenômeno da magia, o filósofo Ernesto De Martino a define como um instrumento de proteção que o ser humano utiliza para se defender dos eventos negativos constantemente à espreita em nossa existência. A magia, então, descreve um horizonte "meta-histórico" no qual as nossas ações, independentemente de seu resultado, já são concebidas com um fim positivo. Por isso, a negatividade da vida, que pode arrastar o indivíduo em sua terrível imprevisibilidade, é reinterpretada, por meio de rituais secretos específicos, num sistema ideal superior.

A proteção mágica retira do destino sua onipotência, controla a imponderabilidade do devir, acalma o pavor. Não por acaso, Próspero afirma que, em virtude de suas artes mágicas, a Fortuna se tornou "sua cara senhora" – e a chama *bountiful*, ou seja, "pródiga", "generosa" –, porque a função da magia é precisamente ordenar o acaso, controlar a realidade para que ela não nos machuque.

Para que isso seja possível, quem está envolvido no ato mágico deve entrar em conexão com a própria natureza do mal que deseja domar por meio do rito; e isso pode ocorrer aliando-se a esse mal (a magia sombria) ou transformando-o numa perspectiva positiva (a magia natural).

Próspero é um ser dotado de poderes extraordinários, por meio dos quais é capaz de controlar as forças da natureza e escravizar os espíritos encantados, assumindo as rédeas do destino. Shakespeare não nos diz como ele conquistou esses poderes. Sabemos quando se tornou mago, mas não como.

Próspero – como ele mesmo conta à Miranda no longo *flashback* da segunda cena do primeiro ato – começou a se interessar por magia em virtude de dois "estudos" pessoais não identificados, que pouco a pouco o levaram a se afastar de seus deveres como duque e a se interessar pelos mistérios da alma. Com o tempo, ele delegou cada vez mais funções governamentais a seu irmão Antônio. Mas este foi dominado pela sede de poder e o destituiu, aliando-se ao seu inimigo, Alonso, o rei de Nápoles. Assim, Próspero e Miranda, então criança, foram expulsos de Milão e enviados à deriva num barco. Salvaram-se porque o bom Gonçalo, por compaixão, deixou-lhes provisões, e porque a embarcação em que viajavam os fez desembarcar na ilha onde viveram por doze anos.

Em Milão, Próspero ainda não é poderoso o suficiente em sua arte para evitar a deposição e o exílio. Ele se tornará um mago capaz de controlar as forças da natureza só após sua permanência na ilha. E esse é o nó da trama que nos interessa e que faltava: como Próspero faz para adquirir os segredos da arte mágica naquela ilha deserta? Gonçalo lhe deixa também livros dos quais pode obter outros conhecimentos? Ou então encontra novas verdades naquele "outro" mundo em que naufraga?

Shakespeare deixa o estatuto da magia envolto no mistério. Se não sabemos como Próspero se tornou mago, podemos deduzir o porquê: para reparar a injustiça sofrida. Para fazer com que o destino adverso mude em direção ao que ele considera bom e justo. E o faz – nos termos de De Martino – para desistoricizar o negativo e reinterpretá-lo novamente num horizonte ideal de sentido no qual a realidade depende de seus desejos, e não o contrário.

Próspero é impotente diante de um destino injusto que, sem motivo, lhe roubou o ducado e a pátria. Como pode acontecer com todos nós, ele é impotente contra a crueldade da realidade. Não aceita o fato de que as coisas tomaram certo rumo. E aqui entra em jogo a magia.

Antes que a arte mágica lhe conferisse superpoderes, Próspero – etimologicamente "aquele que tem o destino ao seu lado" – é a imagem de um homem desesperado diante de coisas que terminaram mal, sem motivo e sem que ele pudesse prever. Além disso, a condição humana está sujeita a tempestades. Próspero não podia imaginar que seu amado irmão o destituiria e o enviaria para a morte. Sua vida é arruinada por essa tempestade. Mas "quem com tempestade fere, com tempestade perece", poderíamos dizer: nosso herói espera doze longos anos por sua vingança e desencadeia uma tormenta contra o navio que passa diante de sua ilha, levando Antônio e seus inimigos napolitanos ao naufrágio.

Com isso, o destino é reconduzido ao caminho certo: a magia corrigiu a realidade. Mas o que é essa misteriosa arte da qual Próspero se tornou mestre? E até que ponto Shakespeare poderia estar familiarizado com as ciências ocultas?

De acordo com Frances Yates, que dedicou estudos esclarecedores a essa questão, "a filosofia dominante da era elisabetana foi precisamente a filosofia oculta caracterizada pela magia, pela melancolia, pela intenção de invadir as esferas profundas do conhecimento e da experiência, tanto científica como espiritual, e acompanhada pelo temor dos perigos dessa busca".

Isso significaria que, com o personagem de Próspero, Shakespeare não nos conta uma história fabulosa de um feiticeiro curioso dotado de estranhos poderes com o objetivo de atrair a atenção do público; ele retrata a figura de um sábio, típico de sua época, que está conectado a energias ocultas, energias consideradas elementos determinantes da existência humana. Nesse roteiro, o sobrenatural é tudo menos um *divertissement*; ele é expressão – talvez, em alguns aspectos, reservada apenas a iniciados capazes de ler seus significados enigmáticos – de mundos ocultos com os quais se pode, por conta e risco próprios e apenas conhecendo a arte, entrar em contato para controlar o real.

De fato, no Renascimento europeu se consolida uma filosofia centrada no conhecimento dos seres elementais e nas práticas mágico-esotéricas, com o objetivo de divinizar o sujeito humano e conferir-lhe a capacidade de controlar as criaturas visíveis e invisíveis. A lição ocultista do filósofo espanhol Raimundo Lúlio continua com os pensadores italianos Marsílio Ficino, Francesco Zorzi, Pico della Mirandola e Giordano Bruno; com os intelectuais alemães Cornélio Agrippa e Johannes Reuchlin; e com o místico matemático e mago britânico que respondia pelo nome de John Dee.

No roteiro de Shakespeare, a magia de Próspero é muito próxima da teorizada e praticada por Dee, uma figura intelectual cativante que desempenhou um papel de extrema importância na corte de Elisabeth I. Autor de tratados matemáticos, de escritos místicos, cabalísticos e esotéricos, admirado como habilidoso esoterista e perseguido como perigoso feiticeiro, John Dee personifica em muitos aspectos o ponto culminante da filosofia oculta renascentista.

Dee, assim como Próspero, direciona os próprios estudos filosófico-espirituais para a capacidade de evocar os espíritos por meio de um conhecimento secreto. A relação entre Próspero e Ariel parece estar de acordo com as ideias de Dee sobre as práticas de invocação dos espíritos guardiões.

Não devemos nos esquecer de que Ariel é o nome hebraico de um arcanjo enviado na mística cabalística, e no qual o próprio Dee se detém em seus escritos, indicando seu poder salvífico para os que conseguem se conectar com sua presença invisível. Ao longo do drama, Ariel é uma espécie de expansão sensorial de Próspero: graças a ele, o mago pode sentir e ver coisas que estão bem além da mera presença física, controlar as forças da natureza (é por meio desse espírito que o mago suscita a tempestade que dá início à história) e encontrar proteção. É Ariel quem o salva de Caliban, no terceiro ato, quando o monstro tenta matá-lo em conluio com Stephano e Trínculo.

Todas as ações de Ariel estão voltadas para o bem e para a generosidade: no segundo ato, ele frustra o complô homicida contra Alonso. É graças à sua intervenção que os prisioneiros, no fim, despertam do encantamento para poderem voltar sãos e salvos a Nápoles; assim como se deve a Ariel o amor entre Ferdinand e Miranda. Sobretudo, é da visão desse espírito que surge o perdão geral concedido por Próspero, com o qual se encerra a comédia.

Ao etéreo e angelical Ariel se opõe, como oposto alquímico, o telúrico e diabólico Caliban. De fato, assim como a relação entre Próspero e Ariel exemplifica poeticamente a ideia de magia natural característica de John Dee, a relação entre Caliban e a terrível bruxa Sycorax remete à ideia de magia sombria.

A magia de Próspero é uma magia natural, cujo objetivo não é submeter as criaturas à sua vontade, privando-as de sua energia (como na magia sombria), mas alcançar uma conexão com o que Marsílio Ficino chamara de "Alma do Mundo", a harmonia universal por meio da qual o mago natural pode controlar e direcionar as forças da natureza para o bem.

Quando, no começo da história contada por Shakespeare, Miranda se dirige angustiada ao pai depois que ele desencadeou a tempestade inicial, preocupada com o destino dos que estavam na embarcação naufragada, Próspero lhe responde:

> PRÓSPERO: Tranquiliza-te, minha filha, não te alarmes mais.
> Conta ao teu piedoso coração que nenhum mal resultou de meu ato.
>
> (I, ii)

Essa expressão de Próspero, "nenhum mal resultou" (*There's no harm done*), é uma espécie de declaração com que o protagonista comunica a Miranda (e a todos os integrantes do público que sabem apreender o sentido oculto de suas palavras) que tipo de mago ele é. Ele nos diz que seus atos mágicos não causam mal às outras criaturas. É como se Shakespeare sentisse necessidade de esclarecer desde logo a natureza da magia de Próspero: ele é um mago natural. Um mago do tipo de John Dee: um invocador de anjos da guarda.

No final, Próspero liberta Ariel da servidão a que sua sabedoria secreta o confinara. Mas, na verdade, é Ariel que está libertando Próspero, levando-o a compreender o sentido divino do perdão.

Uma história que vem do mar

Essa história shakespeariana deve ambientar-se num lugar indefinido, para que os espectadores sejam transportados para os "outros" mundos com os quais o mago Próspero está em contato. Onde fica a ilha que serve de cenário para o drama? Como a Ogígia homérica, onde mora Calipso, podemos apenas imaginá-la "no umbigo do mar", uma terra distante de qualquer outra.

Nos anos em que Shakespeare escreveu, a descoberta de novas e desconhecidas costas exóticas alimentava a imaginação popular e a criatividade dos intelectuais. Assim, o interesse pelos mundos desconhecidos da filosofia oculta se misturava ao interesse pelos mundos desconhecidos que os exploradores vinham descobrindo em aventuras marítimas – e, às vezes, as duas coisas se confundiam. Na imagem da ilha misteriosa narrada em *A tempestade*, mesclam-se as pesquisas esotéricas e as explorações geográficas que também estavam sendo empreendidas no Renascimento inglês.

Nos anos 1590, as frotas britânicas chegaram pela primeira vez nas costas norte-americanas, trazendo para casa relatos fabulosos dos marinheiros. Um dos protagonistas dessas aventuras foi sir Walter Raleigh – poeta, filósofo, corsário favorito e amante da rainha Elisabeth – que, depois de chegar às costas estadunidenses, fundaria o estado da Virgínia em homenagem à soberana, tornando-se seu primeiro governador antes que o rei James I o aprisionasse na Torre de Londres e, por fim, o decapitasse por atos subversivos.

Ao contrário de outras peças, é difícil entender de onde Shakespeare tirou material para *A tempestade*. Certamente, como muitas vezes acontece em seu teatro, Ovídio, com suas *Metamorfoses*, constitui uma referência determinante. Além disso, o ensaio *Des Cannibales*, do filósofo Montaigne, escrito pouco antes dessa comédia, com certeza desempenhou seu papel inspirando o texto, sendo um trecho dessa obra citado quase literalmente. Mas não sabemos mais que isso, e a trama permanece diante de nós, há quatro séculos, em seu obscuro, talvez codificado, mistério.

Nesse sentido, *A tempestade* é quase um *unicum*, uma exclusividade, no repertório shakespeariano, porque não parece ser uma reinterpretação de uma história preexistente. Mas gosto de pensar noutra possibilidade: o Bardo poderia, para essa obra, ter trabalhado com o que hoje chamaríamos de "patrimônio cultural imaterial", ou seja, com as inúmeras histórias que os homens do mar traziam à costa naqueles anos, repletas de imaginação e de maresia, e que faziam circular de boca em boca.

Quem sabe quantos relatos Mestre Will pode ter ouvido, pelas ruas de Londres e em suas estalagens, de pessoas que, como sir Raleigh ou sir Francis Drake (o lendário aventureiro apelidado de El Draque), membros dos Sea Dogs, os "Cães do Mar" da rainha, cruzavam os oceanos como piratas e negociantes de escravos. Cada um deles levava consigo uma "carta de corso" de Sua Majestade que legitimava todas as ações realizadas. Desde sempre, o mar conta aos homens histórias fabulosas, e quem tem coragem de se perder em suas profundezas, enfrentando as ondas, se torna quase um iniciado capaz de vislumbrar os espíritos.

Nos últimos anos, muitos críticos e diretores tentaram ver um paralelismo entre a figura de Próspero e a do típico colonizador inglês, com Caliban tornando-se símbolo dos povos indígenas subjugados. Embora essa perspectiva tenha produzido reescritas até muito interessantes (como, por exemplo, a peça intitulada *Une Tempête*, do poeta caribenho Aimé Cesaire, da corrente literária Negritude), uma leitura como essa me convence muito pouco.

Certamente, *A tempestade* quer homenagear o rei James e as realizações políticas de seu reinado, e é provável que tenha sido escrita por Shakespeare para as festividades em honra do casamento da princesa Elisabeth Stuart, que talvez seja parcialmente imortalizada na delicada personagem Miranda. São, porém, questões relativas, que pouco têm a ver com a mensagem profunda da comédia.

Essa mensagem diz respeito a cada um de nós, quando enfrentamos as tormentas que a vida nos impõe. Diz respeito aos monstros que vemos ao desafiar o horizonte da existência. Se não existe vida humana sem tempestades, em cada vida habitam, ocultos, os espíritos – que podem ser gentis como Ariel ou furiosos como Caliban.

Próspero canta *Let it Be*

Teria bastado pouco para transformar *A tempestade* numa tragédia: se no fim Próspero tivesse feito justiça exterminando seus inimigos graças ao poder de sua magia; se junto com os outros tivesse matado também o príncipe Ferdinand; se sua filha Miranda, angustiada pela morte do único homem que amou, tivesse tirado a própria vida; e se, enfim, o próprio Próspero, tendo causado indiretamente a morte de Miranda, tivesse voltado sua magia contra si mesmo, matando-se por desespero – eis que o texto assumiria contornos trágicos, típicos de muitas peças shakespearianas.

Mas *A tempestade* tinha que expressar algo de diferente, colocando no centro a ideia de salvação e o conceito de perdão. De fato, nas últimas obras do Bardo, denominadas *Last Plays*, a crítica sempre reconhece uma guinada para uma filosofia mais "alegre". Os protagonistas com frequência são homens idosos que aceitam a realidade e se reconciliam com o mundo, superando o ressentimento. Nessas histórias, não raramente as protagonistas são as filhas deles, caracterizadas pela coragem e pureza de espírito: Imogênia em *Cimbelino*, Marina em *Péricles, príncipe de Tiro*, Perdita em *Conto de inverno*. Nesse sentido, a figura de Miranda e sua relação com o pai Próspero em busca da misericórdia final são emblemáticas.

O *revenge play*, literalmente "drama da vingança", é um rótulo crítico que ao longo do tempo definiu grande parte do teatro elisabetano, no qual se narram as histórias trágicas de um protagonista em busca desesperada e furiosa pela justiça por uma ofensa sofrida, e na qual poderíamos inserir boa parte das peças de William Shakespeare, embora com sua irredutível especificidade.

Nos últimos trabalhos shakespearianos, porém, a vingança não triunfa mais. Ou melhor, esse modelo narrativo é invertido: o *revenge play* se transforma num *forgiveness play*, a tragédia da vingança se torna uma comédia do perdão. O herói escolhe não mais se opor à realidade em sua imutável maldade, não se destruir contra um destino cego e cruel, mas aceita sua sorte por meio de um doloroso amadurecimento interior; enfim, ele deixa o real ser: *let it be*. O herói não mais se contrapõe à tempestade, mas se põe, por assim dizer, no centro imóvel dela.

Nessa perspectiva, Próspero expressa bem o que a filósofa Martha Nussbaum, em seu ensaio, chama de "raiva de transição", ou seja, uma necessidade de vingança que é superada. De fato, o ressentimento de Próspero é redimido não por um ato de violência (que constituiria uma ligação indissolúvel com um passado que não se consegue aceitar), e sim por uma abertura para o futuro, pela busca de uma realidade melhor que aquela que nos fez mal.

O perdão final de Próspero e o consequente abandono de seus superpoderes transmitem exatamente isto: a superação da fixação no passado. A doce e generosa Miranda, que se casa com o filho do inimigo de seu pai, é a imagem do futuro que existe, não obstante tudo o que aconteceu. Ela é a expressão de um mundo que pulsa de vida depois do infortúnio de uma tempestade.

Próspero – em virtude de suas conexões com os espíritos elementais – alcança essa sabedoria, e graças a ela o real é aceito em sua plenitude. Na passagem mais famosa da comédia, ele, tranquilizando Ferdinand, preocupado com as visões que seus feitiços despertaram, afirma:

> PRÓSPERO: Pareces um tanto inquieto, rapaz. Não há motivo para isso. Como eu te disse, os atores que vimos não passavam de espíritos, e agora se dissiparam no ar, no ar diáfano. E, assim como essa nossa visão, edifício sem alicerces, também as imponentes torres entre as nuvens, os majestosos palácios, os templos solenes, e até mesmo o vasto globo com tudo o que ele contém, se dissiparão, e, como o tremulante espetáculo insubstancial a que assistimos, não deixarão vestígios, nenhum vestígio atrás de si. Somos feitos da mesma matéria dos sonhos, e nossa breve vida está envolta pelo sono.
>
> (IV, i)

São esses os versos gravados no pergaminho de mármore da grande estátua dedicada a Shakespeare que hoje se destaca na Abadia de Westminster, quase como se fossem um manifesto de sua crença poética. De fato, desde o século XVII houve uma inveterada propensão da crítica a identificar, de alguma forma, Shakespeare como o personagem Próspero, como se o abandono das magias por parte desse personagem indicasse o abandono do teatro por parte do dramaturgo, quando se retirou para Stratford depois de deixar os palcos londrinos. Quase cem anos atrás, o biógrafo Lytton Strachey já zombava dessas teorias. E, de fato, na minha opinião, a ideia de que Próspero seja um autorretrato do autor continua a ser, como dizia Strachey, uma fantasia ridícula.

O ponto é outro: a ligação conceitual entre a arte de Próspero e a de Shakespeare, ou seja, a ligação entre magia e teatro. A sabedoria que Próspero expressa ao afirmar que "somos feitos da mesma matéria dos sonhos" é, na verdade, a mesma sabedoria revelada por Puck em *Sonho de uma noite de verão*, quando o duende pede ao público que conceba a vida como encenação na qual escolhemos acreditar.

Em ambos os casos, trata-se de uma sabedoria que vem dos espíritos elementais e, em ambos os casos, o sujeito é chamado a se livrar do peso do real, à luz da entidade onírica da vida. Talvez seja isso mesmo que Próspero (um mago capaz de ouvir as vozes de espíritos como Puck) expressa no fim, quebrando seu bastão mágico: a aceitação do destino à luz da insubstancialidade de todas as coisas.

Obviamente, uma vez que se tem consciência de que teatro e vida, sonho e realidade, não são, de fato, coisas diferentes, a vingança deixa de ter significado. E, ao contrário, a gentileza – aquela gentileza que o espírito-guardião Ariel ensina a Próspero – torna-se o grau mais alto de amadurecimento espiritual do homem, a máxima expressão da "inteligência emocional", para usar ainda as categorias de Martha Nussbaum.

O último grau de desenvolvimento alquímico da alma de Próspero, poderíamos dizer noutros termos, ocorre precisamente quando o protagonista – numa ilha deserta em que o ser humano corre o risco de se degradar em besta demoníaca, como Caliban – se eleva ao nível do divino, perdoando. A magia em seu grau máximo serve para se livrar da própria magia.

Se somos capazes de ver a natureza onírica da nossa vida, as tempestades não deixam de nos fazer mal, mas já não podem nos amedrontar. Nós nos libertamos do passado que não conseguimos aceitar, da raiva diante da crueldade do destino, se e na medida em que conseguimos deixar o real ser em sua absurdidade.

Creio que o velho pescador que encontrei na Irlanda tinha uma sabedoria desse tipo. Creio que, como Próspero, ele foi capaz de ouvir a voz dos espíritos encantados (mas não saberia dizer se chegou a essa sabedoria graças às canecas de Guinness que bebia e aos respectivos poderes mágicos nelas contidos).

Bibliografia

AUDEN, W. H. *Il mare e lo specchio*. Milão: SE, 1989.

BOITANI, P. *Il Vangelo secondo Shakespeare*. Bolonha: il Mulino, 2009.

CÉSAIRE, A. *Una tempesta*. Sassuolo: Incontri editrice, 2011.

DE MARTINO, E. *Il mondo magico*. Turim: Einaudi, 1948.

DOWDEN, E. *Shakespeare:* A Critical Study of His Mind and Art. Londres: Henry S. King & Co., 1875.

FECHER, C. *The Last Elizabethan:* A Portrait of sir Walter Raleigh. Nova York: Farrar Straus & Giroux, 1972.

FRENCH, P. *Vita di John Dee:* il mondo di un mago elisabettiano. Ancona: Transeuropa, 1998.

FUSINI, N. *Vivere nella tempesta*. Turim: Einaudi, 2016.

HORVATH, G. A. *Theatre, Magic and Philosophy:* William Shakespeare, John Dee and the Italian Legacy. Londres: Taylor & Francis, 2017.

KONSTAM, A. *Elizabethan Sea Dogs 1560-1605*. Londres: Osprey Publishing, 2000.

KOTT, J. *Shakespeare nosso contemporâneo*. São Paulo: Cosac & Naify, 2003. (Coleção Cinema, Teatro e Modernidade).

JAMES, D. G. *The Dream of Prospero*. Oxford: Oxford University Press, 1967.

MAGUIRE, L.; SMITH, E. *30 grandi miti di Shakespeare*. Milão: O barra O edizioni, 2015.

MONTAIGNE, M. *Dos canibais*. Tradução Luiz Antônio Alves Eva. São Paulo: Alameda Editorial, 2009.

MOWAT, B. Prospero, Agrippa, and Hocus Pocus. *English Literary Renaissance*, v. 11, p. 281-303, 1981.

NOSTBAKKEN, F. *Understanding The Tempest*. Westport: Greenwood Publishing Group, 2004.

NUSSBAUM, M. *Rabbia e perdono*. La generosità come giustizia. Bolonha: il Mulino, 2017.

STACY, J. W. The Genesis of Ariel. In: *Shakespeare Quarterly*, p. 205-210, Jul. 1951.

STRACHEY, L. *Literary Essays*. Londres: Chatto & Windus, 1948.

TOBIAS, C.; ZOLBROD, G. (org.). *Shakespeare's Late Plays:* Essays in Honor of Charles Crow. Atenas: Ohio University Press, 1974.

YATES, F. *Giordano Bruno e la tradizione ermetica*. Bari: Laterza, 2010.

YATES, F. *Shakespeare's Last Plays*. Londres: Routledge, 1975.

YATES, F. *The Occult Philosophy in the Elizabethan Age*. Londres: Routledge and Kegan, 1979.

YEATS, W. B. *Magia*. Milão: Adelphi, 2019.

SE O SEU AMOR O ABANDONOU, VOCÊ PRECISA DE **ANTÔNIO E CLEÓPATRA**

Fim de uma história

Todos os manuais de literatura explicam-nos que Shakespeare utiliza a história de amor de Marco Antônio e Cleópatra para narrar o nascimento do Império Romano. Isso é verdade, mas a questão também poderia ser invertida: de fato, poderíamos ler o drama como o fim de uma história de amor, descrita por meio da narrativa de um apocalipse social e político.

Em Shakespeare, as duas dimensões, histórica e psicológica, nunca são verdadeiramente distinguíveis. Como em *Henrique V*, em que o amadurecimento interior do rei se funde à batalha de Azincourt, o colapso da República Romana e o fim da relação entre o general Marco Antônio e a rainha Cleópatra constituem a mesma realidade.

Antônio e Cleópatra é uma tragédia que nos provoca, nos surpreende e nos instrui sobre um problema com o qual todos, cedo ou tarde, temos de lidar: por que dói tanto quando um relacionamento acaba? Existe uma maneira de se despedir, depois de ter amado, sem que isso implique crueldade e arrependimento? Como fazer para reorganizar e repensar a vida ao fim de uma história de amor?

Essas são questões ocultas entre as linhas desse drama, o mais suntuoso do teatro shakespeariano. E não poderia ser de outro modo, dada a posição dos dois protagonistas: Antônio e Cleópatra, no centro dos eventos mundiais mais importantes de sua época, são dois gigantes, dois titãs que se encontram e se desencontram, se fundem e se confundem um no outro, amando-se com um sentimento avassalador e descomunal. São um homem e uma mulher excepcionais, que acabam se destruindo magnificamente num ímpeto de sensualidade mortal.

Ambos carismáticos, vaidosos, esplêndidos, egocêntricos, narcisistas, na busca frenética da adulação do mundo, Antônio e Cleópatra são o destino um do outro. Admirados pelas pessoas, famosos e extremamente poderosos, são celebridades de sua época que hoje estariam constantemente no centro das fofocas da mídia.

A história começa quando Antônio já está no Egito, nos braços da rainha. É significativo que não nos seja contado como os dois se apaixonam: como se esse não fosse o ponto fundamental. Eles já estão juntos quando os encontramos. Ao longo dos cinco atos, nos é mostrado, em detalhes, como os dois amantes, que se idolatram e se amam arrebatadoramente, extinguem o próprio amor, perdendo a vida junto com ele.

Normalmente, acontece o contrário: a narrativa foca nas dinâmicas que levam duas pessoas a se conhecerem e se apaixonarem, até que, superando vários obstáculos, conseguem ficar juntas. O que acontece depois, a história em si, permanece apenas em perspectiva. "E viveram felizes para sempre": as histórias com frequência terminam assim e confiamos nisso, mas jamais sabemos o que acontece depois. *Antônio e Cleópatra*, diferentemente, segue um caminho oposto. Aqui, Shakespeare está interessado na separação do casal.

Não se trata do fato de *Antônio e Cleópatra* se configurar como tragédia e não como comédia: no gênero da comédia romântica, que tem em *Romeu e Julieta* seu modelo, assistimos a um amor que não pode se concretizar, porque os dois amantes são separados definitivamente por um obstáculo. Mas em *Antônio e Cleópatra* não são os eventos externos que determinam a fatal separação dos dois. Não imaginamos a felicidade deles se tivessem permanecido juntos – em vez disso, compreendemos que a catástrofe é causada, precisamente, pelo fato de estarem juntos. É amando-se que se ferem.

Marco Antônio e Cleópatra não são vítimas do azar, como os dois jovens de Verona: tudo é decorrente de suas escolhas. E, além disso, nem sequer são jovens: ela está se aproximando dos quarenta, ele acabou de passar dos cinquenta. Estão "distantes de seus verdes anos", diz Shakespeare. Não é apenas uma questão de idade. A maturidade os torna conscientes de seu destino. Que, em seu amor, se cumpre.

A tragédia deles é a tragédia de um fim. O fim da República Romana, certamente, que se extingue na derrota sofrida por Antônio em Ácio contra as tropas de Otávio. E o fim de dois amantes excepcionais, que se despedem de modo terrível e dilacerante.

Com frequência, a expressão que utilizamos para falar do fim de um relacionamento amoroso é "fim de uma história". Trata-se de uma expressão com profundo sabor apocalíptico. Afinal, quando nos separamos é um pouco como se um mundo deixasse de existir. Creio que por isso, para descrever um apocalipse como o que ocorreu com o fim da *Res publica*, Shakespeare resolveu contar a história de duas pessoas que se separam. E ninguém nunca se separou de maneira tão magnífica, tão terrível, tão impressionante como Antônio e Cleópatra nos versos shakespearianos.

Marco Antônio *versus* Marco Antônio:
a guerra civil na alma de um herói

A história se desenrola a partir da morte de Fúlvia, primeira esposa de Antônio, e segue até a morte de Cleópatra. Trata-se, portanto, de um período compreendido entre 40 e 30 a.C. Nessa década, a tragédia narra "os dias do vinho e das rosas" vividos pelo general e pela rainha.

Como afirmei, a história começa no palácio da soberana, em Alexandria, com Antônio nos braços de Cleópatra. Mas o Bardo, como numa espécie de prólogo, antes de se demorar nos jogos de amor entre os dois, dá a palavra a Filo, soldado romano e parente de Antônio, para que expresse o que é um sentimento comum em Roma: Antônio perdeu a cabeça, não é mais ele mesmo.

> FILO: Aqueles olhos que um dia brilhavam na guerra, como os de Ares sobre as tropas e sobre os soldados, agora fazem reverência e obedientemente lançam olhares apenas para uma fronte bronzeada. O seu coração de general, que nas batalhas e nas gloriosas conquistas chegava a partir até fivelas da couraça, agora se entrega à indecência, transformou-se no fole que alimenta as loucuras de uma cigana. Ei-los que chegam. Vede, observai-o com atenção, e vereis um dos três pilares do mundo transformado no palhaço de uma rameira.
>
> (I, i)

É como se as duras palavras de Filo declarassem o tema central de toda a história: a metamorfose de Antônio, de soldado em homem apaixonado. De fato, toda a trama é jogada num dualismo no qual ele está dividido, quase dilacerado: de um lado está Roma, onde ele é um general, um político que, com Otávio e com Lépido, comanda os destinos do mundo inteiro; do outro, está Alexandria, onde ele é o companheiro de Cleópatra e vive no excesso e na embriaguez, no calor do sol e nas disputas intelectuais com os filósofos. De um lado, o dever de Estado, a honra e o destino pelos quais tanto lutou, em nome de Júlio César e de todos os seus ideais; de outro, a beleza, aquele prazer romântico que sempre o atraiu na vida, e que o Egito lhe oferece no mais alto grau de intensidade. O militar e o esteta, o político e o amante, o homem do combate e o homem do êxtase: quem é Antônio? De um lado, o marido de Fúlvia; do outro, o amante de Cleópatra.

A verdade é que, como em toda história de amor, Antônio descobre no Egito parte de si mesmo que sempre teve que reprimir. Cleópatra, o Oriente e o Egito parecem ser o seu destino, parecem realizá-lo como nunca acontecera antes. Porque ele, em Alexandria, é ele mesmo de uma maneira nova. É por isso que seus romanos já não o reconhecem.

Essa divisão também se reflete na natureza. Roma é a concretude telúrica, viril, marcial, que se contrapõe ao encanto líquido, feminino, místico de Alexandria.

Todo o drama é permeado por imagens que remetem ao elemento aquático. Não por acaso, uma das primeiras falas de Antônio dá prova disso: "Que se afunde Roma no Tibre!" (*Let Rome in Tiber belt!*), grita ele quando o avisam da chegada de notícias vindas da cidade. E acrescenta: "Meu lugar é aqui". Nessa passagem, quem fala é o Antônio egípcio, o homem que ele sente ser quando está nos braços, e sob o olhar, de Cleópatra. É o Antônio apaixonado, embriagado, que procura silenciar o Antônio romano.

Terra e água também remetem à natureza diferente dos amores de Antônio: seus relacionamentos, primeiro com Fúlvia e depois com Otávia, fundamentam-se no casamento, ancorados firmemente por um contrato, arraigados na terra. O relacionamento com Cleópatra, ao contrário, é um amor não regulamentado, desregrado em todos os sentidos, efêmero, avassalador, clandestino, transitório, desenfreado, assim como as águas do rio nas quais eles se apaixonam: um amor mutável e mutante.

Todos nós, quando estamos apaixonados, costumamos nos sentir diferentes do habitual. Porém, não é apenas uma sensação: nos sentimos diferentes porque *somos* diferentes aos olhos da pessoa que, ao olhar para nós de uma maneira nova, nos transforma.

É um encantamento que vale para o bem e para o mal: um olhar pode nos mortificar ou destruir, se, por exemplo, um companheiro, um pai ou um professor vê o próprio cônjuge, filho ou aluno de forma negativa, com desprezo. Pode nos convencer de que não valemos nada, de que somos repugnantes, desprovidos de habilidades, porque somos adjetivados assim pelos olhos do outro. Transformamo-nos na pessoa feia que o outro vê em nós.

Ao contrário, um olhar amoroso pode nos levar a ser nós mesmos em grau máximo, fazer explodir todo o nosso potencial não manifesto, fazer com que nos sintamos mais livres, mais corajosos, mais criativos, mais tranquilos, se alguém nos olha com afeto, com adoração. É assim que Antônio se sente com Cleópatra. Da água de Alexandria emergem partes dele que estiveram enterradas na terra romana.

Segundo seus concidadãos, contudo, Antônio perdeu a cabeça: tornou-se um homem sem honra, "palhaço de uma rameira".

Na cena inicial, a rainha pressiona o amado:

> CLEÓPATRA: Realmente não tens vergonha! Por que Antônio se casou com Fúlvia se não a amava? Pareço uma tola para ti? Antônio ainda será ele mesmo.
> ANTÔNIO: Sim, mas apenas se instigado por Cleópatra.
>
> (I, i)

O verbo em inglês para "instigado", *to stir,* possui uma multiplicidade de significados e é muito difícil de traduzir. Nessa fala-chave, Antônio diz a Cleópatra que só é ele mesmo quando *stirred* por ela. Quem se casou com Fúlvia (o Antônio romano) não é o verdadeiro Antônio. *Stir* pode significar, ao mesmo tempo, "aumentar, acrescentar"; "despertar"; "excitar"; "entusiasmar". Seria esse Antônio aumentado, despertado, excitado, entusiasmado por Cleópatra o verdadeiro Antônio?

Embora não faltem exemplos contemporâneos nos quais poderia se inspirar, o Bardo segue a descrição que Plutarco faz da vida de Antônio, lida na magnífica tradução inglesa de sir Thomas North. Em *Júlio César*, Shakespeare reorganiza episódios individuais na sua estrutura narrativa recorrendo a várias passagens das *Vidas paralelas*, de autoria de Plutarco, ampliando ao máximo suas possibilidades dramáticas, inventando, imaginando possíveis desdobramentos dos fatos históricos ou silenciando outros. *Antônio e Cleópatra* segue quase passivamente a linha narrativa traçada por Plutarco em sua biografia sobre Marco Antônio, fazendo dela a fonte exclusiva da história, às vezes assumindo até o estilo e o vocabulário da tradução inglesa.

O grande trabalho de Shakespeare acontece noutro plano: a narrativa dramática mergulha em questões íntimas e espirituais dos protagonistas, que o historiador grego não explora. E a questão psicológica essencial que Shakespeare retrata com sua reescrita é, antes de tudo, a divisão de Antônio entre o mundo romano e o egípcio, ou, noutros termos, entre a honra e a paixão.

O general leva o próprio amor ao extremo, transformando-o em sua única razão de vida, absolutizando-o a ponto de se descaracterizar, até não ser mais reconhecido por seu grupo de referência – que, neste caso, é constituído por seus soldados. Com isso, ele desestrutura o próprio equilíbrio espiritual e, ao mesmo tempo, os destinos da história romana.

Plutarco se detém especialmente em descrever Antônio como um homem excessivo, tanto no vício como na virtude, um *exemplum* de excelência tanto na degradação erótico-alcoólica como na arte político-militar.

Como vimos, Shakespeare o apresenta nos braços de Cleópatra, no momento em que é chamado para uma espécie de despertar da consciência pelas notícias que chegam de Roma. Antônio não quer mais saber de Roma, mas deve: a morte de sua esposa Fúlvia desencadeou irremediavelmente o drama.

Antônio é obrigado a partir para sua pátria de origem, deixando Cleópatra. Seu dever é voltar para aquele Otávio que Júlio César designou como herdeiro e que, juntamente com ele e Lépido, é chamado a governar o destino de Roma e do mundo pelo famoso Acordo do Triunvirato.

Como uma força igual e contrária ao dever, Cleópatra, majestosa e ciumenta, divina e sedutora, tenta detê-lo. Mas ele decide partir, também porque Sexto Pompeu, com seus navios, ameaça a paz e a estabilidade de Roma.

Shakespeare descreve para nós o desespero melodramático de Cleópatra e, logo depois, e por contraste, o encontro entre Antônio e Otávio, um jovem lúcido, politicamente habilidoso, frio, desprovido da energia vital de Antônio. Um homem centrado e decidido, perspicaz e impiedoso, diferente dele sob todos os aspectos.

Diante de Otávio, encontramos outro Antônio: o romano. De fato, Otávio exige dele um pacto de fidelidade que deverá concretizar-se com um casamento de profundo valor político: a união com sua irmã, Otávia. Isso transformará os dois homens em parentes consanguíneos, fortalecendo um pacto frágil demais para resistir ao impacto das circunstâncias. Antônio aceita. Mas apenas com parte de si, a romana. A sombra alexandrina persiste dentro dele. Quando a notícia do casamento com Otávia chega ao Egito, é como se a fúria de Cleópatra desse voz à alma oriental de Antônio, que grita, descontrolada.

Aliás, isso também pode acontecer conosco: no momento que experimentarmos um afeto arrebatador, não há nada mais difícil que voltar à nossa antiga vida, como era antes desse afeto se acender.

Por isso, embora as coisas pareçam melhorar no fim do segundo ato, com Lépido e Otávio conseguindo estabelecer a paz com Sexto Pompeu, e com um Antônio novamente "romanizado" pelo casamento com Otávia, sob as cinzas está sendo gestada a catástrofe.

No terceiro ato, depois de ouvir Cleópatra obcecada pela comparação com Otávia, vemos Antônio voltar para ela, tendo repudiado sua esposa romana. O Antônio egípcio prevaleceu sobre o romano. Otávio César, que talvez tenha calculado desde o início a possível evolução dos acontecimentos, conhecendo bem as fraquezas do poderoso Antônio, declara guerra contra ele.

O Triunvirato não existe mais, só resta o confronto. Um confronto que deveria acontecer com as tropas em terra firme. Ao menos, é esse o plano inicial de Antônio; ao menos, é essa a opinião de todos os seus soldados. Cleópatra, porém, o impele a seguir outro rumo, instigando-o a lutar no mar. No plano estratégico, trata-se de uma escolha desastrosa, mas Antônio se deixa convencer. Ou, poderíamos dizer: o experiente general romano é destituído pelo esteta alexandrino, que será arrastado pelos próprios erros.

Já abalada, a confiança dos soldados em Antônio se extingue quando ele segue Cleópatra, que foge com seus navios no momento crucial do confronto. Derrotado e abandonado, Antônio atribuirá o fracasso à rainha e às suas táticas fracassadas. O Antônio romano acusa o Antônio egípcio pela derrota.

Fazendo-a saber que não deseja mais vê-la, o general renega Cleópatra. Em resposta, temendo pela própria segurança e pela segurança do reino, ela faz chegar até ele a notícia de que se suicidou. Em consequência, Antônio realmente tira a própria vida. Ou, pelo menos, tenta. Sua tentativa de suicídio falha: deixa-o agonizante, mas não o mata. De fato, ele tem tempo de descobrir que Cleópatra não está morta, e sim enclausurada em seu palácio. É para lá que Antônio pede que o levem. E nos braços dela lenta, dolorosa e magnificamente morre, advertindo-a sobre Otávio.

A imagem de Antônio moribundo é a de um homem que, depois de ter se elevado sobre o mundo, suspeita que tudo tenha sido em vão.

Quando o amor dele e de Cleópatra termina, o mundo interior do herói se desestrutura irreversivelmente.

Sua morte é o resultado do conflito entre sua personalidade romana, que tentava conduzir com honra e consciência os destinos políticos de sua cidade, e sua personalidade egípcia, em busca de liberdade e de beleza. No momento em que seu destino é separado definitivamente do de Cleópatra, parte dele não pode mais respirar, se percebe morrendo, e mata a outra parte.

Quando nos separamos, temos a sensação de que o mundo inteiro desmorona, porque nossa parte mais vital fica desnorteada. Às vezes, não conseguimos suportar esse choque e morremos. Tão forte pode ser o papel de um relacionamento em nossa vida; tão fatal pode ser esse papel.

Uma beleza fora de toda graça de Deus

A guerra civil romana é, portanto, um reflexo da guerra interior de Antônio, em cuja alma colidem duas personalidades inconciliáveis. A alma egípcia de Antônio – libertada pelo encontro com Cleópatra – não pode mais ser alimentada nem domada quando os dois se separam, e o destrói. Talvez seja por isso que separar-se, em geral, é um gesto tão traumático na vida de um homem e de uma mulher: com o fim de uma história, morre aquela parte de nós que tinha ganhado vida, despertando graças ao relacionamento que tínhamos estabelecido. Na figura do Antônio shakespeariano, esse processo é levado ao paroxismo dramático por meio da dilaceração interior que o protagonista vive ao longo de toda a história.

O sentido do desfecho trágico dos acontecimentos é sugerido, desde o início, nas falas do personagem de Filo. No verso anterior aos que lemos, ele afirma:

> FILO: Ultrapassa a medida o embotamento do nosso general.
>
> (I, i)

"Embotamento" é a tradução, um tanto forçada, que escolho para o substantivo inglês *dotage*, que indica o ato de perder a cabeça, um emburrecimento carregado de desprezo. O termo é empregado por Shakespeare também noutros lugares, para descrever os delírios de Titânia sob um feitiço ou para indicar a demência senil de Lear.

O verbo inglês para o qual proponho a tradução "ultrapassar" é *overflowing*. Ora, esta expressão, *"o'erflows the measure"*, é o exato oposto da famosa locução grega κατὰ μέτρον (*katà métron*), ou seja: "de acordo com a medida".

Com esse princípio, a filosofia grega, em especial na reflexão de Aristóteles, indica aquela contenção do desejo que é fundamental para não cair na infelicidade. De fato, apenas desejando o que pode ser alcançado podemos nos tornar nós mesmos, ou seja, podemos obter aquele estado que os gregos chamavam de *eudaimonia*, a serenidade que lida com o *daimon*, com o espírito que trazemos dentro de nós e que nos faz o que somos, o talento que define a nossa identidade, a nossa essência.

Com o termo *kakodaimonia*, os gregos definem, ao contrário, aquele estado que leva à catástrofe pessoal, em que nos encontramos quando não agimos ou não pensamos *katà métron*, e nossos desejos "ultrapassam a medida". A *kakodaimonia* é a incapacidade de dominar a si mesmo, tornando-se escravo de um desejo anormal que só pode terminar em desastre. Se o princípio de *katà métron*, do viver de acordo com a medida, é a precondição necessária para a serenidade, ultrapassar essa medida é a premissa da infelicidade, do resultado trágico da existência humana. Antônio ultrapassa a medida, ou seja, não vive *katà métron*.

Essa visão aristotélica contribui para definir o conceito romano de honra, e é por isso que o comportamento desmedido de Antônio, "embotado" no Egito, não apenas determina seu destino trágico, no plano pessoal, como o priva do estatuto moral de romano aos olhos de seus concidadãos, no âmbito político.

Mas qual é a causa última do embotamento que o faz perder a honra? Se fizéssemos essa pergunta a qualquer um de seus soldados, ele responderia com uma única palavra, sem pensar duas vezes; com misto de desprezo, fascínio e raiva, simplesmente diria: "Cleópatra". Foi ela quem deixou Antônio fora de si.

Em Cleópatra, há algo que ultrapassa o limite, em todos os sentidos. Não por acaso, o desejo de Antônio *overflows*: extravasa, transborda como um rio em tempos de cheia, como o Nilo. Ela desperta nele um desejo incontrolável.

Shakespeare faz sua a descrição dessa rainha de um fascínio imenso, narrada por Plutarco e por vários historiadores e cantada por poetas como Virgílio, Horácio, Dante, Chaucer. Horácio, em especial, compôs até um canto de júbilo pela morte de Cleópatra, cujos versos iniciais se tornaram muito famosos: *Nunc est bibendum*, "Hoje devemos brindar". Com seus versos, o poeta se regozija e chama os romanos a fazer um brinde à morte da rainha africana, definindo-a como um "monstro fatal" – em que, no entanto, a palavra latina *monstrum* deve ser tomada no seu significado originário, ligado ao grego *deindo*, ou seja, algo como "prodígio assustador". Há algo em Cleópatra que atrai e amedronta os romanos.

Capaz de prender com seu encanto sedutor primeiro Júlio César e depois Marco Antônio, Cleópatra parece encarnar uma beleza incomparável, não tanto no plano físico quanto no intelectual. O carisma, a inteligência, o refinamento, a arte amorosa fazem dessa mulher poderosa e muito culta – poliglota, capaz de se expressar tanto em egípcio como em grego, tanto em latim como nas línguas tribais de seu reino – a pessoa excepcional diante da qual se curvam os poderosos do mundo.

A soberana egípcia de Shakespeare é, ao mesmo tempo, irresistível e insuportável, carnal e etérea, sensual e mística, autêntica e falsa, inflexível e volúvel, sábia e caprichosa. Ela é uma mulher que interpreta constantemente o papel de si mesma, escolhendo com cuidado qual máscara usar em cada momento.

Shakespeare também confia a descrição da sua beleza perigosa e alienante a algumas falas de Enobarbus, soldado romano e personagem-chave do drama:

> ENOBARBUS: A idade não pode murchar sua beleza, nem o hábito pode diminuir a variedade infinita de seus modos de amar: porque as outras mulheres satisfazem os apetites que despertam; mas ela, ao contrário, os estimula no mesmo instante em que os sacia. Até as coisas mais baixas se tornam sublimes nela, e até os sacerdotes do templo a abençoam quando ela anseia no êxtase de amor.
>
> (II, ii)

Agostino Lombardo, crítico literário que dedicou um estudo específico ao personagem do soldado romano – que conhece Antônio melhor que qualquer outro, a ponto de saber até mesmo quando chegou a hora de abandoná-lo –, compara seu papel na tragédia ao do *fool*, o tolo-sábio. De fato, em seus monólogos, como também em suas conversas com Antônio e com a rainha, Enobarbus revela uma amarga perspicácia, um senso ridículo do trágico quase visionário – um *wit* – que são traços típicos do tolo-sábio shakespeariano, ao mesmo tempo narrador, louco, palhaço e único conhecedor da verdade. "Enobarbus oferece ao espectador o alívio cômico que esperamos do bufão, mas também enxerga a verdade que está por trás da aparência e, de forma cômica, a transmite ao público", escreve Lombardo.

Não por acaso há outra passagem, ainda de Enobarbus, na segunda cena do segundo ato, em que o soldado, quase numa espécie de êxtase visionário, compara Cleópatra a Afrodite, descrevendo-a numa aura mágica.

> ENOBARBUS: Quando Antônio a viu pela primeira vez, no leito do rio Cidno, roubou-lhe o coração e dele se apoderou [...]. A embarcação em que ela se assentava, como um trono polido, reluzia sobre a água, a popa era de ouro resplandecente e as velas de um vermelho flamejante; no ar espalhava um perfume ao qual os ventos se curvavam; os remos prateados se moviam compassadamente ao som das flautas, fazendo ondular as águas em suaves marés.

> Diante de sua imagem, toda descrição era insignificante: deitada em seu dossel com bordados dourados, sua figura ofuscava a da Vênus pintada em que se vê a imaginação superar a natureza [...].
>
> (II, ii)

Assim, Enobarbus explica aos "telúricos" romanos a beleza aquática de Cleópatra, capaz de enfeitiçar a alma de Antônio: uma beleza mais inconcebível que a inconcebível beleza de Vênus. Uma beleza inconcebível ao quadrado. Enobarbus talvez seja o único romano a entender profundamente a natureza da obsessão de Antônio pelo Egito. Isso o torna capaz até mesmo de uma espécie de mediação cultural entre os dois mundos. Enobarbus, romano, compreende o Egito e conhece Cleópatra. Isso lhe permite um acesso ao espírito de Antônio que os outros personagens romanos não têm.

Antônio e Cleópatra não é uma história de amor idílica e delicada. É violenta, terrível, passional. Os dois protagonistas não são amantes sonhadores e docemente encantados um pelo outro: o sentimento deles é ardente, embriagado, mesquinho, às vezes até desprezível. Ao mesmo tempo, há uma paixão desenfreada que os envolve e um ciúme incontrolável que lança um contra o outro: ela, em relação a Fúlvia e Otávia; ele, em relação a Júlio César que já tinha "arado" o campo de Cleópatra e cujo fantasma paira constantemente sobre eles.

Contudo, o fogo ardente que consome o sentimento do casal não pode ser plenamente compreendido sem considerar a condição excepcional dos dois. Enobarbus entende que Antônio só pode ser excessivo e extático na corte luxuosa e exótica de Alexandria, assim como Cleópatra só pode revelar seu lado mais letal e maravilhoso para Antônio. Pois só um homem como ele pode suportar uma mulher como ela, e só ela pode suportar um homem como ele.

Sem Enobarbus, que permite a Shakespeare ir além, todos os romanos permaneceriam sem saber: Antônio, enredado nos artifícios eróticos de uma "cigana em chamas", perdeu a cabeça. Até Plutarco descreve Antônio como pouco mais que um grande homem perdido por amor. A reescrita shakespeariana, em que hexâmetros e pentâmetros se mesclam para dar o sentido da exuberante beleza da rainha, toca um aspecto central da questão, silenciado na prosa de Plutarco: a razão mais profunda da obsessão de Antônio.

Na visão de Plutarco, Antônio "foi desarmado por Cleópatra, preso em seus feitiços, e convenceu-se a negligenciar grandes feitos e seus deveres apenas para divertir-se com ela nas praias de Canopo e Taposiris".

Shakespeare adota essa interpretação, mas a limita à perspectiva dos romanos; com exceção de Enobarbus, que vislumbra a morfologia da loucura de Antônio, cujas raízes são muito mais profundas.

Amando Cleópatra, Antônio ama o Egito, com tudo o que a cultura representa, e com toda a força com que o Egito pode transfigurá-lo interior e exteriormente. Não por acaso, quando Cleópatra o abandona, ele tentará, como homem romano, tirar a própria vida com honra – sem, contudo, conseguir. É como se agora ele não fosse mais romano; como se o Egito, ou seja, Cleópatra, tivesse mudado sua essência. Se quisermos, a morte dela será muito mais romana.

Chorando a morte de Fúlvia, na segunda cena do primeiro ato, Antônio confessa a Enobarbus, referindo-se a Cleópatra: "Gostaria de nunca a ter conhecido". Ele está sendo sincero? Quando está na própria cidade, Antônio parece repudiar aquela "rainha encantadora, cuja malícia supera toda imaginação". Porque ali é sua personalidade romana que está falando. Mas depois precisa voltar aos braços dela, no Egito. Enobarbus conhece e entende a natureza dessa divisão.

Quando nos apaixonamos, apenas os que são verdadeiramente íntimos conseguem entender nossa situação sem julgar, sem ridicularizar ou banalizar o que sentimos. E, muitas vezes, os que compreendem como nos sentimos também são os que mais se preocupam conosco. São os que preveem a tragédia final, e os que nós não sabemos ouvir.

Enobarbus, como tolo-vidente, parece prever o desfecho da catástrofe com muitas cenas de antecedência. No quarto ato, antes que seu general seja humilhado e derrotado, naquela batalha de Ácio em que se cobre de vergonha ao seguir os conselhos de Cleópatra, que depois o abandona sem frotas, o leal Enobarbus trai Antônio e passa para o lado do inimigo. Para salvar a própria pele? Para não o ver morrer? Ou simplesmente porque, conhecendo o caráter de seu general, sabe que as coisas com Cleópatra não poderiam durar muito tempo, e que o fim daquele amor também seria o fim do homem que ele tanto estima?

Antônio e Cleópatra, ou seja, Héracles e Ísis

Ao longo do drama, desde suas primeiras falas de amor, Antônio e Cleópatra exageram ao se referirem um ao outro. Eles se exaltam mutuamente, porque um é o herói do outro. Todo o registro do amor deles fundamenta-se no excesso, em perspectiva tanto de adoração como de destruição. Afinal, só quem ama profundamente pode odiar com todo seu ser.

A figura retórica dominante na peça é a hipérbole. Excessivos por natureza, os dois protagonistas, ao se encontrarem, revelam sua essência mais profunda, no bem e no mal, no amor e no ódio, permitindo-se serem reciprocamente imensos.

Estabelecer um relacionamento amoroso significa expor-se ao risco de poder odiar e ser odiado. Significa tornar-se vulnerável como nunca. Quanto mais forte é a exaltação que oferecemos ao outro e que o outro nos oferece, mais grandiosos podem ser o sofrimento e a raiva que sentimos ao nos separarmos, porque o fim de um relacionamento se torna o nosso crepúsculo como deuses. Cair das alturas do Parnaso onde o amor nos elevou provoca em nós um sofrimento cósmico.

Desde as primeiras falas, na cena de abertura, os tons de Antônio são excessivos:

ANTÔNIO: Os reinos são mera argila. Toda a terra não é nada mais que o esterco que alimenta, indiferentemente, a besta e o homem. Não há nada de nobre na vida, exceto isto: um casal como nós, em harmonia como estamos nós. Portanto, ordeno ao mundo inteiro que reconheça, ou lutarei até a morte, que tu e eu não temos igual.

(I, i)

"Somos o casal mais belo do mundo", grita Antônio, furioso. E ao longo de toda a peça, mesmo quando a amaldiçoa por tê-lo deixado sozinho para morrer, ele exalta a figura de Cleópatra com tons grandiosos, inflamados, titânicos.

Shakespeare destaca esse excesso por meio do contraste com César Otávio, que se contrapõe a Antônio, no plano retórico, com uma linguagem simples, comedida, cínica, pragmática, astuta, lógica, desprovida de qualquer acento poético, totalmente livre daquele gosto – tão egípcio, tão pouco romano – pela lírica e pelas acrobacias linguísticas que caracterizam Antônio.

A veneração que Cleópatra mostra por Antônio é até mais excessiva que aquela que Antônio professa por ela. Talvez seja menos autêntica, mas com certeza é igualmente grandiosa, se não mais.

O egoísmo da rainha é magnífico, no qual tudo – das estrelas aos impérios, das afeições humanas às estratégias políticas – gira em torno de sua divina pessoa. Apesar desse narcisismo, ela continua a celebrar a grandeza e a beleza de Antônio, antes e depois de sua morte.

CLEÓPATRA: Suas pernas cavalgavam o oceano; seu braço, levantado, era o estandarte do universo; na sua voz ecoava a harmonia das esferas celestes quando se dirigia aos seus amigos, mas podia se transformar num trovão retumbante capaz de aterrorizar e abalar o mundo. Sua ousadia não conhecia inverno, porque o meu Antônio crescia mais quanto mais era ceifado; suas alegrias tinham a forma de um golfinho, revelando o dorso fora do elemento em que viviam.

> Coroas e diademas lhe serviam de séquito, e reinos e ilhas não passavam de moedas que lhe caíam distraidamente nos bolsos [...]. Que um homem como ele tenha existido antes ou possa existir depois, é algo que vai além dos limites dos sonhos, porque, na criação de formas extraordinárias, a natureza não tem a matéria para competir com a imaginação, contudo... imaginar outro Antônio seria a obra-prima da natureza e ridicularizaria qualquer produto da imaginação.
>
> (V, ii)

O paralelismo estabelecido por Cleópatra entre Antônio e um ser divino percorre todo o drama: em várias passagens, sua figura é glorificada como a de "um guerreiro divino sem igual", e num verso sua pessoa é comparada à de Héracles (que ficou mais conhecido por seu nome latino, Hércules). De maneira correspondente, encontramos um paralelismo subjacente entre Cleópatra e a deusa egípcia Ísis. De fato, o cerne da tragédia está todo nessa divinização recíproca. Por que Antônio e Cleópatra se amam tanto? Porque ele, quando está com ela, se sente Héracles – pelo modo como ela o olha, o ama, o toca, o desafia. E, na presença de Antônio, Cleópatra pode ser Ísis, adorada, venerada, temida, desejada, invocada como ela. Pois apaixonar-se significa também ser divinizado pelo olhar do outro.

O jogo narcisista de amor entre essas duas personalidades grandiosas e vaidosas está todo na divinização recíproca. Segundo o texto shakespeariano, cabe a nós decidirmos se essa divinização é a forma mais sublime de paixão já narrada ou, ao contrário, um duplo egoísmo em que Antônio e Cleópatra se utilizam um do outro para se comprazer no próprio esplendor.

No entanto, é preciso fazer uma ressalva: por "divinizar" não entendo uma simples idolatria. Amar, nesse sentido, significa trazer à luz o deus interior do outro.

Se esse processo de idealização se torna tão exacerbado para os dois protagonistas shakespearianos, é também porque a natureza titânica deles, no fundo, é muito frágil: são um homem e uma mulher lutando romanticamente contra o mundo, sentindo-se sozinhos em seu esplendor, e, por isso, têm uma necessidade constante de uma afeição incondicional e de uma louca veneração.

Há, é claro, um risco muito alto numa divinização desse tipo – que, aliás, é o grande perigo de todo grande amor.

Em seu ensaio *Inveja e gratidão*, a psicanalista Melanie Klein analisou o processo da idealização psicológica de modo esclarecedor, explicando como funciona, em última instância, a defesa contra a angústia e contra os impulsos destrutivos percebidos muito intensamente pelo sujeito: como a realidade, com seu potencial de mal imprevisível, pode se tornar insuportável para nós, somos levados a encontrar um objeto que seja absolutamente bom, sem defeitos, perfeito, divino. Isso permite que o sujeito relegue todo o mal do mundo em tudo o que aquele objeto não é.

Mas o que acontece se essa idealização não se sustenta? Noutras palavras, o que acontece quando termina a adoração em que se baseia o amor que tende à idealização? Nesse ponto, é preciso substituir aquele objeto por outro e, para que isso seja possível, é necessário conceber o objeto anterior como mal absoluto, como objeto totalmente mau e persecutório. É, por isso, que há tanto ódio quando nos separamos depois da adoração. É, por isso, que Antônio e Cleópatra causam a morte um do outro ao se deixarem.

O Héracles e a Ísis que constituem as projeções heroicas de Antônio e Cleópatra são tornados possíveis pelo amor entre eles. Portanto, quando esse amor termina, isso, de fato, os mata. Talvez seja isso, em última análise, que torne sempre angustiante o fim de uma história de amor: o fato de que, com ela, morre o nosso Eu heroico que aquela relação tinha despertado.

Pode haver motivos diferentes – pragmáticos, espirituais, até financeiros – que nos abalem ao fim de uma história de amor, mas a essência daquela dor, daquela raiva, daquele medo que explodem no momento da separação é sempre a mesma. Trata-se da incapacidade de nos vermos separados do outro.

Antônio e Cleópatra levam-se à catástrofe. Podemos nos perguntar: eles poderiam ter se separado de outro modo, pacificamente? Com Antônio voltando para Roma e para Otávia e restaurando o Triunvirato, mantendo em seu coração a lembrança dos bons tempos no Egito com Cleópatra? E ela poderia ter permanecido no Egito, vivendo sua vida de rainha divina, desempenhando um papel diferente no tabuleiro político romano, depois de ter sido a amante de Antônio? Do jeito que Shakespeare nos conta a história, não: eles não poderiam se separar de modo pacífico.

A morte magnífica, que tem seu ápice no suicídio de Cleópatra no quinto ato, não pode ser desvinculada da sua história de amor. Nesse sentido, *per contrarium*, há em *Antônio e Cleópatra* um precioso ensinamento que vale para qualquer relacionamento amoroso: deveríamos preservar aquele Eu heroico que o amor desperta, sem fazê-lo depender da presença ou do afeto do outro; deveríamos apreciar o outro sem idealizá-lo; deveríamos fazer com que a estrutura da nossa personalidade não seja construída sobre a frágil palafita da efêmera alegria do amor. Isso nos impediria de sofrer por amor, e nos levaria a um relacionamento saudável e funcional com o outro.

A menos que acreditemos que vale a pena: que sofrer indescritivelmente é um preço que podemos pagar para amarmos e sermos amados sem limites. Héracles não tem medo de nada. Ísis, ainda menos. E quando Antônio e Cleópatra se amam, são Héracles e Ísis que se amam.

Isso vale para cada um de nós: nas grandes histórias de amor que vivemos, são os nossos deuses interiores que se encontram. E é maravilhoso. Maravilhoso e extremamente perigoso. Porque não pode durar. Um encontro como esse, como toda teofania, está destinado a desaparecer sem um verdadeiro motivo – assim como surgiu de forma inesperada, não planejada ou decidida.

Fazer do ex-companheiro fogo e ar

Antônio morre no quarto ato e, na última parte do drama, Cleópatra fica sozinha.

Antônio parte um ato antes da rainha: é uma escolha necessária, no âmbito dramatúrgico, porque o fim ritualístico, solene e hierático de Cleópatra o teria ofuscado. No encerramento do drama, o palco deve ser só para ela.

Os vastos espaços das batalhas e o mundo da política se eclipsam juntamente com Antônio, e o espectador é convidado a entrar no recinto íntimo dos aposentos da rainha, como para ouvir sua dor indescritível na solidão. A luta entre terra e água, cuja oposição caracterizara toda a tragédia, simbolizando o mundo de Roma e o de Alexandria, agora se acalma. Ao morrer, Cleópatra usará uma esplêndida imagem, afirmando que se faz "só fogo e ar", abandonando a uma vida precedente, inferior, os outros dois elementos que a compõem.

Sua morte só poderia ter tons melodramáticos. A rainha representa, pela última vez, o papel de si mesma, e faz sua interpretação mais magnífica. Pede a suas criadas, Iras e Charmiana, que lhe tragam suas vestes preciosas, para que possa se preparar para a morte. Se a última imagem que Shakespeare nos dá de Antônio é a de um velho guerreiro ferido, de Cleópatra, ao contrário, ele quer nos deixar a figura de uma rainha no seu esplendor, repleta de sensualidade e força feminina até na hora da morte.

Enquanto agoniza, está lindíssima: na cena da morte, o ímpeto feminino de Cleópatra vibra com toda a força, transformando seu último suspiro numa espécie de voluptuosa ascensão extática.

CLEÓPATRA: Dá-me meu manto e coloca a coroa em minha cabeça. Agora sinto em mim o desejo de ser imortal. Agora o suco das uvas do Egito não mais banhará os meus lábios. Rápido, rápido, Iras, apressa-te: parece-me quase que meu Antônio está me chamando. Vejo-o erguer-se para glorificar este meu nobre gesto, ouço-o zombar da ventura de César Otávio, porque a ventura é o que os deuses concedem aos homens para compensar a desventura que em breve chegará. Eis-me aqui, eis-me aqui, meu amor. Agora esta coragem provará que sou digna de levar o meu nome! Agora sou fogo e ar! Deixo para uma vida anterior os outros elementos de que sou composta. Então, então, estamos prontas? Vinde, vinde, então, e recebei de meus lábios o calor derradeiro. Adeus, querida Charmiana. Doce Iras, adeus para sempre. Há ou não uma víbora, aqui em meus lábios? Cais, víbora? Com tanta ternura te separas da natureza, e talvez então o golpe da morte seja algo semelhante à mordida do amante, que dói, mas é desejada.

(V, ii)

É o fim de um amor, é o fim de uma vida, é o fim de uma era. Como disse no início, Mestre Will, para nos contar uma história de amor que termina mal, pinta a atmosfera de apocalipse que os fatos da década entre 40 e 30 a.C. determinam no plano histórico-político. Mais precisamente, o que se conta aqui é o fim daquele mundo egípcio, alexandrino, greco-oriental que fascinou e transfigurou Marco Antônio, aquele mundo que começa com as conquistas de Alexandre Magno e termina com a organização que César Otávio, em breve conhecido como Augusto, dará à política romana do Império.

Assim como em *Júlio César*, em que o epílogo foi confiado a Antônio para cantar os louvores de Brutus, seu adversário derrotado, aqui é César Otávio quem encerra a história, celebrando a trágica grandeza de Antônio e Cleópatra, que, na morte, se tornaram quase uma entidade inseparável, embora tenham escolhido se despedir em vida.

É significativo que no fim quem tome a palavra seja Otávio, que Antônio várias vezes chamara de "pirralho", "moleque pretensioso", e que a história nos mostra como um hábil burocrata desprovido de qualquer ímpeto romântico. Agora seu tempo começa.

Homens e mulheres como Otávio – vencedores que não arriscam a alma, pessoas resolvidas, sérias e confiáveis, que sabem gerir as próprias vidas e as dos outros – não são feitos para o amor. No amor, parece nos dizer Shakespeare, devemos ser capazes de perder tudo. Devemos quase desejar perder tudo, numa espécie de *cupio dissolvi*, uma vontade de deixar a vida terrena, que caracteriza tanto Antônio como Cleópatra.

Na cena final, Dolabela, o acompanhante que leva Otávio ao corpo derrotado de Cleópatra, indica para o futuro Augusto a marca de uma víbora na pele da rainha, vendo no cadáver "rastro semelhante ao que a víbora deixa nas cavernas do Nilo". Uma última imagem de mistério e sensualidade no corpo morto de Ísis que se transformou em mulher.

Quando chegamos ao fim de *Antônio e Cleópatra,* geralmente ficamos com o coração na boca e com duas perguntas sem resposta. A primeira é por que Cleópatra, no terceiro ato, abandona a batalha, deixando Antônio sozinho e provocando sua derrota devastadora. Ela faz isso por medo? Para se salvar? Por estratégia política? Porque naquele momento não o amava mais? Porque o amava demais?

A segunda pergunta, por sua vez, diz respeito ao destino trágico dos dois amantes: valeu a pena? Eles realmente se amavam tanto assim? Ou estes dois terríveis narcisistas foram apenas dominados pelo delírio de autocomplacência que o relacionamento lhes ofereceu? Eles se enganaram?

Independentemente dos fatos contingentes que levam duas pessoas a se separar, sempre nos perguntamos por que uma história termina. E, ao mesmo tempo, quase sempre nos perguntamos se valeu a pena, se estávamos mesmo apaixonados pela pessoa de quem nos separamos, ou se toda a história foi uma mentira em que decidimos acreditar.

Provavelmente, como no roteiro shakespeariano, a vida também se trata de perguntas sem respostas. E as perguntas geralmente não têm respostas porque são mal formuladas: porque não são perguntas, mas armadilhas linguísticas da mente. Será que isso também vale para os relacionamentos amorosos? Será que, quando uma história termina, deveríamos evitar nos perguntar qual é o motivo de ter chegado ao fim? Deveríamos continuar tranquilamente nosso caminho, porque o amor é algo de que não se pode falar e sobre o qual, portanto, é preciso silenciar?

Creio que uma história de amor, quando termina, implica, por própria natureza, a carga de questões insolúveis, uma carga que, continuando nosso caminho, carregamos conosco como um fardo, como uma marca, como um talismã.

Porque talvez não exista uma maneira indolor de se separar. Uma história de amor, quando é verdadeira, se termina, não pode terminar bem. A questão é tentar entender o que fazer com a dor. Podemos nos tornar os seres humanos mais desprezíveis, transformando a dor em raiva, em maldades psíquicas e físicas direcionadas aos que nos deixam ou aos que deixamos. Ou, então, podemos nos transformar em criaturas esgotadas e derrotadas pela perda, esmagadas pelo luto porque sentimos que perdemos a melhor parte de nós. Ou podemos ficar desapontados porque o parceiro se revelou uma decepção, e as esperanças que tínhamos depositado na história foram miseravelmente frustradas.

Ou, evitando o caminho da violência, da depressão e da desilusão, podemos tomar uma quarta via do sofrimento: transformar em "fogo e ar" quem tanto amamos.

O suicídio de Cleópatra no fim da tragédia é realmente um rito alquímico, em que a rainha, com um ato mágico, transmuta a própria matéria corpórea. Confia a uma forma de vida menos nobre, do passado, os elementos mais pesados e materiais do seu corpo – a água e a terra – para se transformar num ser composto apenas de elementos aéreos, etéreos, voláteis: o fogo e o ar. Abandona os elementos que tendem para baixo, tornando-se uma entidade composta apenas por elementos que se elevam às alturas. Cleópatra, ao morrer, se desmaterializa.

A dor que acompanha o fim de uma história; a saudade, às vezes dilacerante, que determina aquele apocalipse privado; os problemas, práticos e espirituais, que esse desfecho acarreta; o ressentimento incontrolável; nossa incapacidade de aceitar ser deixado ou a dor ao deixar alguém: tudo isso são detritos espirituais que nos envenenam. Esses detritos se alimentam da resistência à dor que sentimos. Mas creio que o ponto está em ser capaz de atravessar essa dor, de vivê-la por completo. É isso que elimina os detritos.

Transformar o amado em "fogo e ar" significa fazer da pessoa com quem compartilhamos tempos, sentimentos e espaços uma entidade imaterial dentro de nós, da qual a dor e a falta se tornam o símbolo. Quando essa dor e essa falta deixarem de ser percebidas, o fogo e o ar de que o amado é composto se dissolverão, e a memória dele ou dela permanecerá positiva para nós, por mais negativo que tenha sido o fim do relacionamento.

Antônio e Cleópatra, ao se conhecerem, vivem os dias mais maravilhosos de suas vidas. Dias de beleza e de beijos, de êxtases e proezas, dias de conflitos extáticos e de tormentos orgásmicos. Dias como esses não podem durar. São os dias das grandes histórias de amor, aqueles que o poeta Ernest Dowson chamaria, precisamente, "os dias do vinho e das rosas". Seu trágico fim não diminui nem um pouco seu esplendor.

> Não duram muito
> os dias do vinho e das rosas:
> de um sonho de névoa
> nosso caminho brevemente emerge,
> e, depois, nesse sonho se desvanece.

Bibliografia

ADELMAN, J. *The Common Liar:* An Essay on Antony and Cleopatra. New Haven: Yale University Press, 1973.

ARISTÓTELES. *Ética a Nicômaco.* Tradução Luciano Ferreira de Souza. São Paulo: Martin Claret, 2023.

BLOOM, H. *Cleopatra*. I am Fire and Air. Nova York: Scribner, 2017.

CRANE, M. T. Roman World, Egyptian Earth: Cognitive Difference and Empire in Shakespeare's Antony and Cleopatra. *Comparative Drama*, v. 43, n. 1, p. 1-17, 2009.

DEATS, S. (org.). *Antony and Cleopatra:* New Critical Essays. Nova York: Routledge, 2005.

DORAN, M. "High Events as These": The Language of Hyperbole in Antony and Cleopatra. In: *Shakespeare's Dramatic Language*. Madison: University of Wisconsin Press, 1976.

DOWSON, E. *Collected Poems*. Birmingham: University of Birmingham Press, 2003.

FLETCHER, J. *Cleopatra the Great:* The Woman Behind the Legend. Nova York: Harper, 2008.

GALIMBERTI, U. *I Miti del nostro tempo*. Milão: Feltrinelli, 2009.

KAVAFIS, C. *Le Poesie*. Turim: Einaudi, 1998.

KINNEY, C. The Queen's Two Bodies and the Divided Emperor: Some Problems of Identity in Antony and Cleopatra. In: HASELKORN, A. M. (org.). *The Renaissance Englishwoman in Print:* Counterbalancing the Canon. Amherst: University of Massachusetts Press, 1990.

KLEIN, M. *Inveja e gratidão e outros ensaios (1946-63)*. Tradução André Cardoso. São Paulo: Ubu, 2023.

LA CECLA, F. *Lasciami*. Ignoranza dei congedi. Milão: Ponte alle Grazie, 2003.

LEVINE, L. Strange Flesh: Antony and Cleopatra and the story of the dissolving warrior. In: *Men in Women's Clothing:* Antitheatricality and Effeminization, 1579-1642. Nova York: Cambridge University Press, 1994. p. 44-72.

LOMBARDO, A. *Il Fuoco e l'Aria*. Roma: Bulzoni, 1995.

MELCHIORI, G. *Shakespeare*. Genesi e struttura delle opere. Milão: Laterza, 2010. p. 519-534.

MARSHALL, C. Man of Steel Done Got the Blues: Melancholic Subversion of Presence in Antony and Cleopatra. *Shakespeare Quarterly*. v. 44, p. 385-422, 1993.

RICORDI, F. *Shakespeare Filosofo dell'Essere*. Milão/Udine: Mimesis, 2011.

ROSE, M. (org.). *Twentieth Century Interpretations of Antony and Cleopatra*. Englewood Cliffs: Prentice-Hall, 1977.

WITTGENSTEIN, L. *Tractatus Logico-Philosophicus*. Tradução Luiz Henrique Lopes dos Santos. São Paulo: Edusp, 2017.

SE A VIDA O REJEITA
(E FAZ COM QUE SE SINTA SEMPRE DESLOCADO),
VOCÊ PRECISA DE **HAMLET**

Quem agarra o próprio algoz ontológico pelo pescoço

A maioria de nós nunca se questionou sobre a pergunta que deveria preceder cada uma de nossas ações: faz sentido sofrer tanto na vida? Qual a razão para sofrermos, suportarmos injustiças e dores, males físicos e mentais, sem nenhuma segurança de nosso próprio destino, que poderia ser apenas uma enganação maldosa? Poucos ousam se perguntar sobre o significado último da condição humana.

Entre esses poucos, a maioria, depois de alguns instantes de angústia, geralmente dá uma resposta afirmativa: "Sim, com certeza faz sentido sofrer e lutar na vida; é óbvio que existe um significado, um motivo; claro que existe um porquê!". Apoiando-se nos afetos familiares, num ideal religioso ou ético, na tradição ou num objetivo específico a ser realizado no futuro, a maioria daqueles poucos acaba encontrando um motivo e se agarra a ele com unhas e dentes.

Mas há uma terceira espécie de seres humanos. Ou seja, aquelas raras pessoas que não apenas são destemidas a ponto de se perguntar se a vida tem um significado, mas também, uma vez feita essa pergunta, respondem que não. São aquelas que mantêm o olhar fixo diante do absurdo da existência, sem desviá-lo por medo ou por necessidade de sobrevivência. São aquelas que se rebelam intelectualmente – quase sempre com consequências devastadoras – contra a condição humana. O personagem de Hamlet é o protótipo desse modelo antropológico.

Talvez a razão de esse drama, do momento em que foi composto (provavelmente no primeiro ou segundo ano do século XVII), ter se tornado o mais famoso e paradigmático exemplo de obra teatral na cultura ocidental se deva ao fato de que aqui, como nunca, o protagonista é dotado pelo dramaturgo de uma capacidade intelectual e dialética com a qual questiona o absurdo da vida e busca uma razão para isso.

Para dizer a verdade, Hamlet não encontra nenhuma resposta. Nessa história, não existe esperança. Mas ao menos ele se levanta e se revolta contra o seu algoz ontológico.

Quando, na primeira cena do terceiro ato, Shakespeare faz o príncipe dinamarquês pronunciar aquele que se tornará o monólogo mais famoso do teatro europeu – conhecido na sua primeira fala até por quem ignora o nome de Shakespeare e jamais pôs os pés num teatro –, quem fala é a criatura humana que, em virtude de suas reflexões, chama em juízo a essência maléfica da vida.

"Ser ou não ser" não expressa as reflexões de alguém indeciso que não sabe se deve se matar ou não. A palavra "hamletiano" sofre, nesse sentido, um triste destino, semelhante ao de outros adjetivos, como "platônico" ou "pindárico", que acabaram por significar algo muito distante do pensamento daqueles que lhes deram origem.

Geralmente, ao usar "hamletiano" queremos descrever uma dúvida em que não conseguimos nos decidir, para a qual não parece existir uma solução. Mas aqui o príncipe Hamlet não está falando de uma aporia decisória, não está dizendo que lhe é impossível escolher entre duas opções, a vida ou a morte. Não, o seu discurso diz respeito a outra coisa: ele se interroga sobre a questão metafísica fundamental, aquela *Grundfrage* que constitui o cerne de toda a filosofia ocidental e que, segundo a formulação que Leibniz daria poucos anos depois da primeira encenação de *Hamlet*, pergunta: "Por qual motivo há algo em vez de nada?".

O príncipe da Dinamarca, como um filósofo extremista, se faz (e faz ao público) essa pergunta, tentando entender o que diferencia o ser do não ser; e no fim lhe parece que a única diferença entre os dois é o medo demasiadamente humano de morrer.

De fato, o termo "hamletiano", mais do que para os hesitantes ou os indecisos, deveria ser utilizado para descrever aquela pessoa que ousa olhar a vida em seu abismo vendo sua pior parte, a parte que nos dá repulsa. Aquela pessoa que, a partir de suas reflexões, chega à conclusão de que estar vivo é um grande engano doloroso, desprovido de propósito.

Se você já percebeu o absurdo da vida, e desde aquele momento se sentiu diferente dos outros, exilado no mundo, o personagem de Hamlet fala para você, para a sua falta de esperança – que muitos chamam de estranheza, depressão, desvio, loucura, mas é simplesmente o seu jeito de ser: é o jeito hamletiano de estar no mundo.

Não amar nem trabalhar; em vez disso, vingar-se da vida

Às vezes, basta um acontecimento e toda a nossa vida desmorona. Pode ser uma perda, o fim de um relacionamento amoroso, até um fracasso profissional ou uma decepção pessoal – e nosso cérebro, repentinamente, não consegue mais ver sentido na história comum que vivemos. Então, é como se tivéssemos de fugir dos parâmetros daquela história compartilhada que chamamos de "realidade" para inventar novos pontos de referência, em busca do sentido perdido. E, assim, parecemos loucos para os nossos semelhantes, pois deixamos de compartilhar os critérios tradicionais pelos quais a sociedade se define.

A história que Shakespeare nos conta é a de um jovem cujos parâmetros existenciais são abalados e, como resultado, ele vê, acredita e sente coisas diferentes dos outros.

Hamlet está louco? É o único lúcido? Ou está apenas se fingindo de louco? Todos os personagens da tragédia se deparam com essa questão, e é a mesma diante da qual também se encontram os espectadores, os leitores e os atores. Trata-se igualmente do dilema fundamental enfrentado pelos mais eminentes estudiosos desse texto, de Coleridge a Eliot, de Chesterton a Auden.

Além disso, de acordo com alguns intérpretes, a etimologia de seu nome, "Hamlet", ou seja, "Amlóði" na forma original escandinava, poderia estar ligada ao conceito de Óðr de que se fala na fonte mais importante da mitologia nórdica, o *Edda*. Óðr indica uma espécie de "fúria divina", uma "loucura sagrada" não muito distante da ideia de μνηις (*mênis*) presente na *Ilíada*. Assim, Hamlet seria um descendente literário de Aquiles.

Embora seja difícil imaginar dois heróis tão diferentes quanto o beligerante Aquiles homérico e o reflexivo Hamlet shakespeariano, acredito que os dois têm um traço originário comum: o afastamento da batalha, a retirada da história humana por uma injustiça sofrida, injustiça que os leva a desviar a mente numa raiva furiosa que os torna presas de uma aparente loucura. Se essa injustiça é representada por uma escravizada chamada Briseida, subtraída injustamente por Agamêmnon, ou por um pai assassinado por um tio usurpador chamado Cláudio, são variantes narrativas de um mesmo motivo fundamental, ou seja, o que conta a história do herói tomado pela loucura divina (Óðr, μνηις), porque os parâmetros que dão significado ao seu mundo desapareceram.

Atribui-se a Freud a ideia de que, para reconhecer um indivíduo psicótico, é preciso considerar sua capacidade de controlar o *lieben und arbeiten*, ou seja, o conjunto das esferas afetiva e profissional. Por mais estranhos ou neuróticos que sejamos, enquanto segurarmos as rédeas nessas duas áreas, não cairemos na patologia. É interessante que sejam precisamente esses dois âmbitos – o amor e o trabalho – que se desestruturam para Hamlet na história contada por Shakespeare.

No começo da história, o espectador encontra Hamlet, filho do falecido rei, seu homônimo, que seria destinado ao trono de Elsinor (Helsingør). No entanto, a coroa foi para o irmão de seu pai, ou seja, seu tio Cláudio, pois este prontamente se casou com a viúva do rei falecido, sua mãe Gertrudes. O príncipe nos é apresentado como alguém dominado pelo ressentimento por um tio que detesta e a quem considera um usurpador, consumido pela saudade de um pai amado que se foi e consternado por uma mãe capaz de voltar a se casar tão rapidamente.

A história se desenrola na área mais remota da região dinamarquesa chamada Sjælland, em que se localiza o Castelo Kronborg, a fortaleza que serve de cenário para a trama. De acordo com a reciprocidade entre ambientação e alcance filosófico que caracteriza todos os dramas de Shakespeare, a atmosfera escandinava de *Hamlet* assume uma importância especial: todo o roteiro é impregnado por aquele sentido de desespero heroico típico da mitologia nórdica, aquele clima "hiperbólico" que caracteriza os confins mais extremos do norte do mundo conhecido, imagem dos tons mais gélidos e noturnos da alma humana.

Abalado, mortalmente decepcionado com uma vida que lhe parece horrível em relação a tudo em que acreditava, Hamlet é um *outsider*, um estranho, possuído pelo sentimento de melancolia.

> HAMLET: Ah, se esta carne tão sólida, sólida demais, derretesse e, diluindo-se, se dissolvesse em orvalho! Ah, se o Eterno não tivesse estabelecido sua proibição contra o suicídio! Ó Deus! Ó Deus! Quão enfadonhas, estúpidas, vazias e infrutíferas me parecem todas as coisas que se fazem neste mundo! Que nojo, que nojo! É um jardim abandonado, cheio de ervas daninhas; as piores plantas, as formas mais pútridas nele crescem e o preenchem. Devia-se chegar a isso!

Morto há apenas dois meses; na verdade, nem tanto, nem dois meses: um rei tão sublime, que estava para isso como Hiperíon para um sátiro; tão cheio de afeto por minha mãe que não permitia que os ventos do céu tocassem seu rosto de forma muito rude. Oh, Céu e terra, mas por que me lembrar disso? Ela dependia dele, como se o desejo aumentasse com o que o alimentava, e mesmo assim depois de um mês! Não posso pensar nisso: Volubilidade, teu nome é mulher! Um parco mês! Antes que gastasse os sapatos com que acompanhou o corpo do meu pobre pai, como Níobe, toda em lágrimas, ela, a mesma mulher! Meu Deus, um animal, que também carece de razão, teria chorado por mais tempo – ela se casou com meu tio, o irmão de meu pai, mas tão parecido com meu pai quanto eu com Héracles. Menos de um mês, antes que aquelas lágrimas hipócritas deixassem de abrasar seus olhos, ela se casou novamente. Que frenesi diabólico, precipitar-se com tanta pressa entre aqueles lençóis incestuosos! Não é bom, e nada de bom pode resultar disso; mas estoura meu coração, porque devo conter minha língua!

(I, ii)

A melancolia que domina Hamlet é muito mais que tristeza, e creio que também a entenderíamos mal se a considerássemos como a atual "depressão" no âmbito diagnóstico. Ao contrário, o estado de espírito de Hamlet está mais próximo da "bile negra" de que Marsílio Ficino falara algumas décadas antes de Shakespeare em seu tratado *De vita*, descrevendo filósofos e escritores como tipos humanos vivos em sentido impróprio, sufocados pelo sentimento de melancolia.

O príncipe Hamlet é um semivivo no sentido ficiniano: seus pensamentos o desconectaram do mundo corpóreo para imergi-lo em realidades "outras", com sérias consequências para sua condição físico-psicológica.

Para Ficino, a melancolia tem uma dupla natureza, relacionada com as influências de Saturno: de um lado, revela mundos ocultos para indivíduos privilegiados e dotados de um intelecto capaz de compreendê-los, de outro, torna esses indivíduos dramaticamente diferentes de seus semelhantes e mina sua estabilidade. Não por acaso, enquanto o torna louco aos olhos dos que o cercam, a melancolia filosófica abre para Hamlet as portas do reino dos mortos; de fato, o príncipe poderá ter a visão do fantasma do seu pai, que lhe revelará uma verdade que os outros desconhecem. Uma verdade terrível: ele não morreu de causas naturais, como todos pensam, mas foi assassinado pelo irmão, Cláudio, que derramou veneno em seu ouvido enquanto ele dormia.

E é exatamente com a imagem indistinta do fantasma do pai – com todos os seus significados simbólicos e filosóficos – que Mestre Will decide abrir a nova narrativa da história.

Shakespeare baseia o roteiro nos escritos do historiador Saxão Gramático em suas *Gesta Danorum*, mais especificamente no conto "Vita Amlethi", do qual uma versão francesa, elaborada pelo erudito literato François de Belleforest, devia circular na Inglaterra elisabetana.

Do ponto de vista da trama, Shakespeare não muda muito, além dos nomes e do fim (que a transforma em tragédia), em relação às versões de Saxão e Belleforest. A verdadeira novidade consiste no superpoder dialético-intelectual que Mestre Will infunde na melancolia do protagonista, transformando-o, assim, no protótipo de revolta humana contra a própria condição.

Walter Benjamin, que reconhecia em Hamlet o paradigma do espírito melancólico moderno, enfatizou essa capacidade cognitiva que é inseparável de sua tristeza. De fato, nesse protagonista, que os filósofos de todos os tempos tentaram entender, convergem e se tornam inextinguíveis três aspectos: a dor de existir, a inteligência da compreensão e a raiva por um mundo considerado hostil e falso.

Sim, porque *Hamlet* é essencialmente uma história de vingança. Já era nas versões anteriores, e isso não muda com Shakespeare, embora em seu roteiro o protagonista acabe morrendo junto com aquele que pretendia matar, ou seja, seu tio. No entanto, o autor muda o significado dessa vingança: de assunto privado, ela se torna uma questão cósmica; Hamlet não se volta simplesmente contra o tio, assassino e usurpador. Enquanto quer justiça pela própria vida, ele exige justiça pela vida em geral e, com suas sublimes reflexões, que se desenrolam no texto em sete magníficos monólogos, deseja vingar-se pela condição injusta em que se encontra a existência humana.

Temos informações de um texto, que hoje a crítica chama de *Ur-Hamlet* (ou seja, "Hamlet originário"), encenado em 1587, que já teria como protagonista o príncipe da Dinamarca: o autor seria o próprio Shakespeare ou, mais provavelmente, Thomas Kyd, o pai do gênero teatral que mais tarde foi chamado pela crítica de *revenge play*. Esse é o chamado "drama de vingança", que vê o protagonista buscar a justiça a qualquer preço – e com todos os meios –, justiça por um dano sofrido, um dano que a coletividade não reconhece. Trata-se de um gênero que, inspirado originariamente por Sêneca e passando pelo dramaturgo Thomas Kyd, chegaria triunfalmente a Hollywood, tendo um enorme sucesso também nas telas de cinema: *Os imperdoáveis*, *A fonte da donzela*, *O corvo*, *Kill Bill* são títulos emblemáticos, entre os inúmeros que poderíamos citar.

É na sombra que *Hamlet* começa, sombra em que Bernardo e Francisco, duas sentinelas de guarda em Elsinor, avistam algo indistinto na noite. O primeiro, alarmado, grita da sua guarita: "Quem vem lá?".

O eco dessa fala – "Quem vem lá?" – se espalhará por todo o texto, como se todo o drama fosse apenas uma tentativa de compreender o que é aquela presença indistinta na penumbra. O que é aquela força obscura, aquela angústia informe e onipresente que habita a minha consciência e que me leva a viver de maneira diferente dos outros?

As duas sentinelas, alcançadas por Marcelo e Horácio, em breve ficarão apavoradas ao reconhecer na figura fantasmagórica velada pela noite a imagem do falecido rei, que vagueia silencioso e abatido fora das muralhas do castelo. É hora de desmontar a guarda, pois, como

Shakespeare escreve, "a manhã vestida no seu manto púrpura caminha sobre o orvalho das colinas do oriente" (*the morn in russet mantle clad Walks o'er the dew of yon eastern hills*). Nesse momento, Horácio, que conhece bem Hamlet e sabe que ele é um estudioso de filosofia, pensa em se dirigir ao príncipe, convencido de que o fantasma do rei, mudo com os outros, falará com ele.

O que motiva a convicção de Horácio? O vínculo de paternidade entre o príncipe e o falecido soberano que leva o mesmo nome, obviamente. Mas creio que há algo mais: Horácio sabe que Hamlet tem uma misteriosa intimidade com o reino dos mortos, porque a sua melancolia, aquele "luto obstinado" que sua mãe Gertrudes lhe recrimina, pode lhe revelar realidades ocultas, veladas aos outros. Hamlet é um pensador saturnino no sentido de Ficino e, portanto, está em conexão com as sombras. Sua melancolia faz dele um iniciado.

É assustador perceber quanto a vida de um homem está repleta de mortos, sempre; como as nossas ações cotidianas e os nossos pensamentos são constantemente visitados – e, não raro, até determinados – pelos mortos que trazemos dentro de nós, como lembranças que ressurgem em níveis mais ou menos conscientes.

Hamlet é alguém que ouviu a voz dos falecidos, depois de compreender o quão absurda e repugnante é a voz dos vivos. Nesse ponto, como ele pode amar? Como pode lidar com a dimensão saudável da esfera afetiva, depois de seu encontro com o fantasma? Tendo percebido que, menos de um mês após o funeral do pai, a mãe se casou com o homem que o matou, Hamlet se torna um misógino raivoso e destituído de afeto, e rompe todos os laços com a jovem chamada Ofélia com quem mantinha um relacionamento tão especial.

Do mesmo modo, a esfera profissional, que no caso dele significa governar como soberano, se torna estranha para ele. Para o Hamlet de outrora, para o tipo de homem que era antes da morte de seu pai, ser rei certamente seria uma perspectiva empolgante, mas como poderia conceber sentar-se no mesmo trono que acolheu um assassino fratricida? Para ele, o reino da Dinamarca está apodrecido: nada mais tem sentido, exceto a espera da morte, a fantasia suicida de não ser, de "derreter sua própria carne, dissolvendo-se em orvalho".

Hamlet mostra um sistema de pensamento que Giacomo Leopardi teria compartilhado profundamente. Em seu *Zibaldone*, diário filosófico centrado na ideia de que "tudo é nada", surgem muitas reflexões próximas das do príncipe dinamarquês. Quando fantasia sobre se diluir, Hamlet imagina o mesmo "silêncio infinito" no qual o autor italiano sonha naufragar num de seus poemas mais famosos.

Por outros motivos, o desejo de se dispersar no vazio que anima Hamlet também teria fascinado fatalmente outro poeta, John Keats, que por sua vez, agonizando (como ele relata numa de suas magníficas cartas), sonhava poder derramar-se nas coisas ao seu redor, livre do fardo de dor do seu Eu, do peso de seu corpo.

Provavelmente Ofélia conheceu Hamlet como um jovem brilhante e sociável, carismático e cheio de vida. Mas a visão do fantasma produz nele uma metamorfose, tornando-o membro do reino das sombras: um "semivivo", para usar a definição de Ficino. Alguém que agora é estranho à comunidade dos que atuam no mundo. Hamlet não está indeciso: Hamlet é um zumbi. Depois de ouvir a voz de seu falecido pai, ele próprio se torna um *undead*, um *revenant*. Um morto que fala. E não se importa nem um pouco com as preocupações da vida cotidiana.

O PRÍNCIPE DESAJUSTADO

No fim do quinto ato de *Hamlet*, ao término da tragédia, o número de mortos no palco totaliza nove. Para os padrões de um tranquilo castelo dinamarquês em tempos de paz, trata-se de um verdadeiro massacre. O único responsável, direto ou indireto, por essas mortes, com exceção da de seu pai, levada a termo por Cláudio, é ele, Hamlet.

Com suas próprias mãos (ainda que por engano), ele mata Polônio, pai de Ofélia. Por ordem dele, são decapitados seus antigos amigos Rosencrantz e Guildenstern, que a mando de Cláudio tinham tentado enganá-lo e levá-lo à morte. A bela Ofélia se suicida nas águas de um rio, enlouquecida de dor depois que Hamlet a abandonou e apunhalou o pai dela. Gertrudes, a mãe de Hamlet, é envenenada por engano no plano tramado pelo príncipe. Cláudio, além de ser envenenado, também é apunhalado (apenas por precaução); da mesma forma, Laertes, irmão de Ofélia, morre ao lutar com Hamlet. E obviamente o próprio protagonista, no fim do drama, deixa de respirar. É fácil dar um *spoiler* dessa peça: todos morrem.

O único sobrevivente da matança é o bom Horácio, que até pretende se matar, mas Hamlet o dissuade, para que a história possa ser contada para as gerações futuras. De fato, Horácio é um personagem-chave do drama, não apenas por ser o único entre os vivos em quem Hamlet confia realmente, mas sobretudo porque parece amar sinceramente – e compreender – o príncipe.

Desde o início, o amigo percebe a conexão essencial e oculta entre Hamlet e o reino das sombras. Ele tem certeza de que o príncipe não está louco, mas simplesmente tem um olhar filosófico que vai além do comum, um olhar que o torna alheio aos outros. A Corte dinamarquesa (ou seja, o mundo) vive de aparências. Hamlet não, ele busca a essência. No começo do drama, ele explica isso à sua mãe, Gertrudes, que não consegue entender a dor inconsolável pela morte do pai. Então o príncipe lhe oferece uma explicação de seu estado de luto, um luto que não pode ser redimido.

> RAINHA: Meu bom Hamlet, por favor, livra-te dessa coloração noturna que carregas e olha com olhar amigo a terra da Dinamarca ao teu redor. Deixa de buscar incessantemente com os olhos baixos teu nobre pai no pó. Sabes, meu filho, que é uma lei comum: tudo o que vive morre e passa da natureza para a eternidade.

HAMLET: Sim, mãe, é uma lei comum.

RAINHA: Mas, se é algo normal, que afeta a todos, por que te parece tão excepcional, como se perseguisse apenas a ti?

HAMLET: Parece, minha senhora? Não parece, é. Não conheço o "parece". Não se trata deste manto negro que visto, nem do meu traje de luto; meus suspiros não são fingidos; não serão o rio incontrolável das minhas lágrimas, nem o meu rosto contraído, e nenhuma das maneiras, formas e costumes destinados a transmitir a sensação de sofrimento que me farão justiça realmente. Essas, de fato, são coisas que parecem, porque são atos que um homem pode representar; mas eu tenho dentro de mim algo que transcende toda representação – e o que vês é apenas a fachada e o invólucro da minha angústia.

(I, ii)

A rainha não entende as palavras do filho. Na verdade, não lhe responde. E não é a única. Ao longo da peça, mesmo quando dialoga, exceto nos momentos em que fala com Horácio, as falas de Hamlet são sempre solilóquios. Porque os outros não o entendem, o rotulam sempre como louco.

Para Hamlet, o "parece" é estranho, diz ele: portanto, não conhece o mundo das convenções, das ações e das reações que regulamentam a vida normal das pessoas. Além disso, ele é um filósofo: estudou na Vitemberga de Lutero e, talvez por isso, está interessado na essência, não nas contingências.

Poderíamos dizer, empregando os profundos termos da tradição grega, que Hamlet concentra-se na *episteme* (na compreensão), não nas *doxai* (na crença popular). Por isso, em Elsinor, todos o olham como, no mito da caverna de Platão, os prisioneiros olham para aquele que se libertou das correntes e vem lhes dizer que o que veem são apenas sombras. O príncipe, ao se revoltar contra a própria condição no âmbito metafísico, vislumbra entidades desconhecidas pelos outros, que por isso não podem entendê-lo. Todos, exceto Horácio: ele percebe que Hamlet é príncipe também no plano gnosiológico.

Quem interpretou Hamlet nesse sentido, como um homem que tinha visto "demais", foi Nietzsche. Em seu *O nascimento da tragédia*, o filósofo o cita como exemplo do espírito dionisíaco que ousa vislumbrar o abismo existencial humano: "O homem dionisíaco", escreveu Nietzsche em seu brilhante ensaio, "se parece com Hamlet: ambos lançaram uma vez o olhar para a essência das coisas, conheceram e sentem náusea diante da ação [...]. O conhecimento mata a ação. Para agir, é preciso estar envolvido na ilusão".

Na verdade, o que Hamlet enfrenta é a revelação que os antigos gregos resumiam na expressão μη φύναι (*mé phýnai*): "Não ser nada", aludindo à máxima do sátiro Sileno segundo a qual "Melhor seria jamais ter nascido; mas, uma vez nascidos, o melhor é morrer cedo". Trata-se da revelação *secretíssima* que percorre a sabedoria grega entre Baquílides, Sófocles, Eurípides, e que para Nietzsche está na base do culto sapiencial de Dioniso.

O filósofo Umberto Curi, que dedica um estudo apaixonante sobre o tema, esclarece que a máxima silênica não expressa um simples pessimismo metafísico, mas, sim, um confronto com "o limite insuperável da condição humana enquanto tal".

Na perspectiva aberta por Nietzsche, "dionisíaco" e "hamletiano" podem ser considerados dois conceitos equivalentes. Depois de ver o fantasma, Hamlet se dirige a Horácio com uma frase que se tornou célebre:

> HAMLET: Há mais coisas entre o céu e a terra, Horácio, do que sonha tua vã filosofia.
>
> (I, v)

Horácio decodifica claramente essas palavras "dionisíacas" de Hamlet, que descrevem a existência de um misterioso mundo metarracional, extremamente perigoso, com o qual o príncipe está em conexão.

Hamlet poderia ser analisado à luz do grau de incompreensão que os vários personagens apresentam em relação à melancolia iniciática do protagonista. Visto dessa perspectiva, Horácio representaria o grau-zero, por ser o único que entende realmente o príncipe dinamarquês. No polo oposto, no grau máximo de incompreensão do espírito de Hamlet, encontraríamos Gertrudes.

O humor sombrio do príncipe tem sua origem fundamental na ruptura de seu relacionamento com sua mãe, considerada uma traidora desleal por se casar de imediato com Cláudio. Em virtude das revelações do fantasma do pai, esse ódio cria um abismo entre Hamlet e os demais seres humanos: tudo que é vivo, àquela altura, tudo que nasceu de um ventre feminino o repugna. Tudo que é morto, ao contrário, parece ter a seus olhos um grau de nobreza. É uma rejeição da vida enquanto tal, que decorre diretamente da raiva em relação à figura materna.

Em nenhum ponto do drama a rainha consegue compreender a natureza da angústia do filho (a palavra inglesa que traduzo por "angústia" é *woe*, que é algo mais que a simples dor, *grief*, ou sofrimento normal, *sorrow*). Aquela que, acima de todos os outros, deveria entendê-lo, sua mãe, não reconhece o motivo do seu sofrimento e, para Hamlet, age da maneira mais repugnante que se pode imaginar. Daí sua essencial misoginia, sua violenta rejeição a Ofélia. Daí seu nojo do mundo – e das mulheres em particular.

Na peça, outro personagem que não interpreta Hamlet corretamente é Polônio. Obsequioso cortesão a serviço dos soberanos de Elsinor, ele é pai de Ofélia e de Laertes, uma figura quase caricatural na sua oportunista mediocridade. É o pai-patrão que proíbe Ofélia de se encontrar com Hamlet, porque sabe que aquele relacionamento é desprovido de garantias. É o pai subserviente que enche Laertes com uma série de conselhos entediantes que parecem um resumo de todos os lugares-comuns de sua época. Na sua maldosa mediocridade, Polônio é cômico. Tem a alma ardilosa do servo hipócrita, do atendente devoto, do capacho prestativo.

O novo soberano pede-lhe para investigar a origem da melancolia de seu sobrinho. Hamlet zomba dele, e Polônio não entende nada, convencendo-se de que o príncipe enlouqueceu de amor por Ofélia. Então, na quarta cena do terceiro ato, Polônio se esconde atrás de uma tapeçaria para ouvir a conversa entre mãe e filho. O príncipe, acreditando ver Cláudio, o apunhala com sua adaga e o mata.

A morte de Polônio levará Ofélia à loucura e ao suicídio e levará Laertes a buscar vingança contra Hamlet. Uma vingança idêntica à buscada pelo próprio príncipe, que de fato provocará, no fim, a morte de ambos, bem como a de Gertrudes e de Cláudio.

Polônio serve a Shakespeare para elevar ao mais alto nível o *dark humour*, o humor ácido que assume tanta importância em *Hamlet*.

Com sua metamorfose melancólica, Hamlet, que provavelmente tinha sido um jovem brincalhão, não perdeu o senso de humor; só que agora o dirige para o desespero e o estrutura no registro do absurdo. A vítima favorita de sua ironia sombria é precisamente o afetado Polônio. Mesmo ao matá-lo por engano, Hamlet quase parece estar zombando dele. É mortal e terrivelmente divertida a frase com que o príncipe explica a seu tio que Polônio está morto.

> CLÁUDIO: Hamlet, Hamlet! Então, Hamlet, onde está Polônio?
> HAMLET: Jantando.
> CLÁUDIO: Jantando? Como assim? Onde?
> HAMLET: Não onde come, mas onde é comido. Uma assembleia de vermes políticos está se ocupando dele. O verme é o verdadeiro senhor da cadeia alimentar: nós engordamos todas as outras criaturas para que nos engordem, e no final todos engordamos para ele. Um rei gordo e um mendigo esquelético são apenas dois pratos

diferentes – dois pratos diferentes para uma mesma mesa. É assim que as coisas acabam.

(IV, iii)

No mesmo registro do grotesco-trágico, Shakespeare trata também os personagens de Rosencrantz e Guildenstern. Inventados por ele, tomando de empréstimo dois dos nomes mais típicos do Renascimento dinamarquês, são dois amigos de infância de Hamlet que vão visitá-lo, acredita o príncipe, para levantar seu ânimo. Ao contar a eles como se sente, o príncipe retrata seu estado interior, dizendo que perdeu toda a *mirth* que outrora o caracterizava. *Mirth* é uma bela palavra inglesa que indica, ao mesmo tempo, a despreocupação, a hilaridade, a sociabilidade, o bom humor e o amor pelas brincadeiras e pelos jogos. Evidentemente, esses eram os traços dominantes da personalidade de Hamlet.

Ao perceber que, como espiões de seu tio, os dois na verdade estão tramando para enganá-lo e assassiná-lo, Hamlet jogará com esperteza e antecipação, enviando Rosencrantz e Guildenstern à morte, não sem antes zombar deles. Quatro séculos depois, Tom Stoppard, com uma peça teatral adaptada também para o cinema, *Rosencrantz and Guildenstern Are Dead*, colocará a dupla no centro de uma brilhante *pièce* beckettiana, totalmente baseada em paradoxos e no absurdo.

O humor ácido de Hamlet é levado ao ápice quando encontramos os personagens de Polônio, de um lado, e de Rosencrantz e Guildenstern, de outro. Isso acontece porque eles não têm ideia alguma de quem é Hamlet. Eles o interpretam mal, não entendem o alcance de sua loucura: creem que é um tolo. Pensam que enlouqueceu por amor (Polônio) ou que está deprimido (Rosencrantz e Guildenstern). No entanto, o ponto crucial é exatamente este: Hamlet não é louco; ou, melhor dizendo, sua loucura é a imagem de uma sabedoria fatal especial. A máscara da loucura é o meio que ele utiliza para esconder do mundo a visão do fantasma do seu pai que guia cada um dos seus atos em direção à vingança.

Karl Jaspers, um dos maiores filósofos do século XX, além de eminente psiquiatra, refletindo sobre o sentido do trágico no teatro europeu, faz uma afirmação muito clara: "O que separa Hamlet do mundo é o que ele conhece, é seu anseio de conhecimento. Hamlet não tem permissão de existir no mundo de acordo com as leis do mundo. Por esse motivo, representa o papel do louco. Só por meio da ironia pode ser sincero. A loucura é a máscara que lhe permite ser ele mesmo". Seguindo as reflexões de Jaspers, poderíamos dizer que nessa tragédia Hamlet tem o papel que pertence ao tolo-sábio noutros textos: esse personagem que, com suas tiradas espirituosas, revela uma verdade que os outros não podem compreender nem expressar. Só que, neste caso, o tolo-sábio é o príncipe, não o bobo da corte. E suas observações de uma sabedoria louca desestruturam os próprios alicerces da existência humana do modo como a concebemos.

Hamlet é fundamentalmente um desajustado: sua visão de mundo o exclui das atividades normais do grupo humano a que pertence. Cada um de nós pode desequilibrar-se como Hamlet, embora não com as mesmas alturas dialéticas. Sempre que a existência humana nos parece absurda e perdemos toda vontade e todo prazer nas coisas cotidianas, somos Hamlet. Como ele, nos tornamos criaturas inúteis, diferentes do resto do mundo.

Pode acontecer que, a certa altura, nos perguntemos o porquê das regras do jogo. Se estamos disputando um jogo de futebol, por exemplo, poderíamos nos perguntar: "Mas por que não podemos pegar a bola com as mãos?"; ou então, durante uma partida de xadrez com um amigo, poderia surgir a questão: "Qual o sentido de a torre se mover na horizontal e o bispo, na diagonal?". Com toda probabilidade, se começamos a nos questionar, depois de pouco tempo deixaremos de jogar. Enquanto aceitamos as regras, jogamos. Do contrário, paramos. Simples assim.

Mas o que acontece se fizermos a mesma pergunta em relação à vida, depois de um trauma? O que acontece se nos perguntarmos qual o sentido da morte de um rei bom, de um assassino que sobe ao trono? Se consideramos absurdas as regras que estruturam o jogo da existência, como fazemos para deixar o campo? Resposta: enlouquecendo. Nisso consiste a loucura de Hamlet, como a de cada um de nós quando não aceitamos mais a vida como ela é: no propósito de deixar de jogar com os outros segundo as regras predeterminadas da vida, às quais já não reconhecemos um sentido.

No drama, ninguém compreende Hamlet nesse ponto. Ninguém, exceto Horácio. Depois, é claro, há também quem o entende demais: depois, há Ofélia.

Ofélia e a sua síndrome

Numa tarde fria de fevereiro de 1852, no número 7 da Gower Street, em Londres, uma jovem de cabelos ruivos e olhos verdes faiscantes, perdidos no vazio, está mergulhada numa banheira com todas as suas roupas suntuosas. Está lá há quase quatro horas, e, nos últimos 45 minutos, o sistema de aquecimento que mantinha a água aquecida quebrou. Apesar de bater os dentes e tremer de frio, a jovem não sai da banheira, porque um pintor a escolheu como modelo e está completando, admirando-a, a sua obra-prima: uma representação, jamais realizada antes, da morte no rio da Ofélia shakespeariana.

O pintor ocupado se chama John Everett Millais, um dos mais eminentes membros do grupo de jovens artistas rebeldes conhecido como "Irmandade dos Pré-Rafaelitas". A modelo imersa na banheira, que depois disso contrairá uma grave pneumonia, se chama Elizabeth Siddal. No grupo, todos a chamam de Lizzie, e, com sua postura etérea, os cabelos ruivos, a pele pálida salpicada de sardas, os olhos verdes, o físico angelical, ela parece encarnar o ideal de beleza buscado pelos Pré-Rafaelitas com sua arte.

Lizzie é a musa e a companheira do carismático líder da Irmandade, o poeta e pintor Dante Gabriel Rossetti, a quem ela está ligada por um amor avassalador e doloroso. Mas, sobretudo, Elizabeth Siddal também é artista e escritora. Mais do que a aparência, há algo impossível de definir que a torna irresistível aos olhos de Rossetti e que levou Millais a querê-la a qualquer preço como modelo para sua Ofélia: uma angústia inconfessável, terrível e sublime, que parece consumi-la; um desespero tão autêntico que se torna insuportável; um desejo ardente de não ser que vibra em torno dela como uma aura e que a torna uma criatura apenas parcialmente pertencente a esta terra, quase como se fosse um ser encantado, uma dama divina.

A angústia sofrida por Lizzie Siddal – que se traduzirá para ela numa existência dolorosa e curta, fatalmente regada a láudano e absinto, além dos beijos inconstantes de Rossetti – pode ser vista como manifestação psicológica do arquétipo de Ofélia. Assim, mais uma vez, é como se Mestre Will, com um de seus personagens, tenha conseguido definir, não apenas um papel literário, mas também, e sobretudo, um tipo humano, uma condição existencial bem precisa.

A condição alienada caracterizada por fantasias suicidas, insônia, visões, mania, apego doentio, desejo erótico delirante, epifanias, por um senso estético exagerado pela beleza das coisas do mundo, por uma exaltação alternada com depressão. Tais características poderiam constituir o conjunto sintomático do fenômeno psicológico definido precisamente como "síndrome de Ofélia".

Quem é Ofélia? Talvez seja o personagem mais misterioso, mais difícil de definir de todo o repertório shakespeariano. Porque o roteiro nos fala dela apenas por subtração, apenas por *via negationis*: por meio de seus silêncios, suas ausências, seus atos falhos, seu destino não resolvido. No início da peça, é tratada por seu irmão Laertes e seu pai Polônio como um mero objeto: Ofélia é apenas uma coisa para se casar. Por isso, ambos, embora com tons e registros diferentes, repetem-lhe a mesma coisa, que encerre o relacionamento com Hamlet, pois ele é o príncipe e não lhe será permitido casar-se com ele.

Ofélia não responde nada em relação a isso. Parece obedecer aos homens da família, mas, de fato, não sabemos se essa obediência é sinal de resignação (Ofélia sempre soube que para Hamlet ela era apenas um caso passageiro?) ou de consciência (está tão certa do amor do príncipe que acredita que ele se oporá aos deveres do Estado para ficar com ela?). Não sabemos o que Ofélia pensa, porque o roteiro não nos revela. Shakespeare não quer nos descrever o espírito dela: quer apenas que o imaginemos.

Não por acaso, Ofélia, ao contrário dos outros grandes personagens femininos shakespearianos, não tem monólogos propriamente ditos: o acesso aos pensamentos dela é negado aos leitores e espectadores. O drama se limita a nos mostrar sua presença. No início, na segunda cena do primeiro ato, segundo as notas de direção do roteiro original, ela deveria entrar sem dizer nada e permanecer no palco em silêncio.

Por outro lado, quando fala ninguém a ouve. O único que costumava ouvi-la talvez fosse Hamlet, que para ela compunha vibrantes sonetos de amor. Mas agora, na única cena em que os vemos juntos, ele a rejeita com o furor de quem esmaga um inseto repugnante. O ódio de Hamlet por sua mãe Gertrudes se traduz em ódio pelas mulheres e, especificamente, pela mulher que ama.

Logo depois de se perguntar sobre a diferença entre ser e não ser, e de dar a resposta assustadora que vimos antes, o príncipe encontra a mulher que outrora poderia se deitar em sua cama e entrar em sua alma. E agora parece sentir apenas náusea ao vê-la.

HAMLET: Ah, ah! és honesta?
OFÉLIA: Meu senhor?

HAMLET: És bela?

OFÉLIA: O que queres dizer?

HAMLET: Que se és honesta e bela, tua honestidade não deveria nem sequer dirigir a palavra a tua beleza.

OFÉLIA: A beleza, príncipe, poderia encontrar melhor companhia que a honestidade?

HAMLET: Sim, de fato, porque a força da beleza transformará a honestidade em meretriz, bem antes que a força da honestidade possa fazer com que a beleza se assemelhe a ela. Isso já foi um paradoxo, mas agora os tempos demonstraram que é verdade. Eu te amei um dia?

OFÉLIA: Sim, meu príncipe, me levaste a acreditar nisso.

HAMLET: Bem, não deveria ter feito isso. Não se pode enxertar virtude num velho cepo mudando sua natureza. Eu jamais te amei.

OFÉLIA: Eu fui a mais enganada.

HAMLET: Faz uma coisa, vai para um convento, vai! Ou preferes pôr pecadores no mundo? Eu mesmo sou honesto, mais ou menos, e ainda assim poderia acusar-me de tais coisas que teria sido infinitamente melhor que minha mãe não me tivesse concebido. [...] Vai, vai te fechar num convento [...].

OFÉLIA: Oh, poderes do céu, ajudai-o!

HAMLET: Se te casares, eu te darei por dote esta praga: ser casta como gelo, pura como neve e, ainda assim, não fugir da calúnia. Vai para o convento, adeus! Ou, se queres te casar a qualquer preço, pega um imbecil, os homens inteligentes sabem muito bem em que monstros tu os transformastes. Vai para o convento, vai – e vai logo! Adeus!

OFÉLIA: Potências divinas, curai-o!

HAMLET: Disseram-me que não fazes outra coisa além de maquiar-te! Ah, Deus te deu um rosto e tu o transformas noutro! Danças, ondulas, cicias e imitas as criaturas de Deus, e procuras fazer passar por inocência a tua falta de pudor. Vai embora, acaba com tudo isso, foi isso que me fez enlouquecer! [...] Vai para o convento, vai embora para o convento! Vai!

OFÉLIA: Oh, que mente nobre foi destruída! Os olhos, a língua, a espada de um príncipe, de um homem de cultura sublime, de um bravo soldado, rosa e esperança da nossa nação, espelho de elegância e modelo de cortesia para todos os súditos – agora tudo acabou assim! E eu, eu, eu sou a mais infeliz e desafortunada das mulheres, porque sorvi o mel das tuas melodiosas promessas, e agora percebo a tua razão nobre e soberana desafinar como um suave sino rachado; e vejo aquele jovem em flor, único, consumido pelo delírio. Ó, pobre de mim, que vi o que vi, e agora vejo o que vejo!

(III, i)

Polônio não compreende nem um pouco a natureza da loucura de Hamlet, e Horácio a entende claramente. Ofélia, como eu disse, a compreende demais: ou seja, ela a faz sua bem além dos entendimentos do príncipe e assume essa loucura com um movimento de empatia total.

De fato, quando Hamlet finge, Ofélia age; quando ele fantasia, ela tem consciência. Enquanto ele, no texto, fala, fala, fala e depois sobrevive, ela, ao contrário, silencia e morre. O personagem de Hamlet é "catafático", se desenvolve progressivamente por asserções afirmativas que o fortalecem cada vez mais, ao passo que Ofélia é feita de vazios, é uma personagem "apofática" que, pouco a pouco, na peça, ao ficar em silêncio, erode a si mesma. Hamlet é um sapo tagarela que infla com suas palavras até explodir; Ofélia é uma vela pálida que se apaga silenciosamente na escuridão da noite.

Nem por um instante, Hamlet pensa em compartilhar com ela a sua visão, a aparição do fantasma de seu pai. Ofélia não desfruta daquela confiança que o príncipe deposita em Horácio, por ser da linhagem de Gertrudes, uma mulher, e portanto, por definição, infiel, falsa, oportunista. Mas o que teria acontecido se Hamlet tivesse se aberto com ela? É uma pergunta que suscita perspectivas para uma trama alternativa de extraordinário interesse, em relação ao texto de Shakespeare. Certamente, Ofélia não teria se suicidado se ele lhe tivesse dito o que tinha visto. E é provável que a vingança contada no drama teria tomado um rumo diferente, não tão gratuitamente violento.

Quando se dirige a ela de maneira tão rude, o público e os leitores sabem que Hamlet age e fala assim porque descobriu o fantasma de seu pai: sua reação é explicável. Mas nós sabemos disso, Ofélia, não. Ela vê apenas um homem transformado em sua essência. Ela tem o olhar agudo de quem o conheceu intimamente e, por isso, fica aterrorizada com aquela metamorfose sem motivo.

Na realidade, o que lhe parece uma loucura cega é apenas a maneira pela qual Hamlet dissimula seu plano de vingança. Mas ela não sabe disso: nos delírios do príncipe, ela interpreta a mais terrível degradação do homem que considerava o mais magnífico do mundo. E quando Hamlet, no ponto mais baixo de tal degradação, mata o pai dela, Ofélia só pode perder a cabeça, enlouquecer – enlouquecer de verdade, não por tática –, porque aquele sentido da vida sobre o qual Hamlet reflete, para ela, simples e terrivelmente, se desintegra.

No início, comparei Hamlet ao arquétipo da mente humana que se revolta contra o seu "algoz ontológico". Se mantivermos essa metáfora, Ofélia não se volta contra o algoz, mas escava um túnel e foge da prisão da existência. Ela desfaz o elo e se afasta da vida.

Enquanto Hamlet, com seu superpoder dialético, domina a linguagem e com seus raciocínios controla a vida, Ofélia perde o controle e se torna vítima da linguagem. Por isso, não pode falar; por isso, não tem monólogos. Shakespeare a faz apenas cantar, quando ela enlouquece. Porque Ofélia dá voz ao inefável. À dor impenetrável. "Diz palavras dúbias e sem sentido" (*Her speech is nothing*). Naquele buraco negro que Hamlet vê, e sobre o qual discute incessantemente, ela se afunda. A falta de sentido de Ofélia, seu *nonsense*, corresponde ao excesso de semântica de Hamlet.

Mesmo quando ela morre afogada no rio, Shakespeare não lhe dá a palavra. Porém, como numa tragédia grega, faz com que sua morte seja descrita pela sua personagem correspondente, que é Gertrudes:

> GERTRUDES: Uma tragédia pisoteia os pés da outra, tão rapidamente elas se sucedem. [...] Há um salgueiro que cresce inclinado no riacho refletindo suas folhas prateadas no espelho das águas. Com aquelas folhas, ela trançava fantásticas guirlandas de urtigas, violetas, margaridas e longas orquídeas vermelhas, às quais os nossos pastores dão um nome muito vulgar, mas que nossas virgens chamam, mais castamente, dedos de defuntos. Precisamente ali, enquanto subia para deixar nos galhos pendentes suas joias de flores, um ramo maldoso se quebrou sob seus pés, e todas as suas verdes guirlandas, e ela mesma, despencaram no riacho borbulhante. Suas vestes inflaram ao seu redor e, como uma sereia, quase como se as ondas a sustentassem, como por magia cantava trechos de antigas canções; como se não tivesse consciência do risco fatal que corria, ou como se tivesse nascido e crescido nesse elemento. Mas não pôde durar muito: porque suas vestes pesadas, encharcadas de água, arrastaram a pobrezinha para baixo, e com todas as suas melodias ela afundou, numa morte lamacenta.
>
> (IV, vii)

Os coveiros – que nesse drama são quase sábios – se perguntam se a morte de Ofélia no rio foi ou não um suicídio. Porque há uma questão: se Ofélia é uma suicida, não poderá ser enterrada em solo sagrado. O público também se pergunta: seu ato foi voluntário? Mas o que é a vontade? Ofélia simplesmente obedeceu a um impulso primordial, mais forte que ela, afogando-se? Duzentos e vinte anos antes da publicação de *O mundo como verdade e representação*, os coveiros shakespearianos discutiam Schopenhauer.

No quarto ato, depois de voltar da Inglaterra, onde escapou do atentado planejado por seu tio por meio de Rosencrantz e Guildenstern, Hamlet vê um cortejo fúnebre, mas inicialmente não sabe quem morreu. Quando percebe que foi Ofélia, o príncipe pula na cova, expressa todo o seu afeto por ela, enfrenta Laertes, que o acusa de ser a causa da morte da irmã, e brada que seu amor vale o amor de mil irmãos. Naquele momento, por um instante, vencido pela dor, Hamlet se afasta da farsa da loucura, deixando de lado até a vingança que o atormenta. É apenas um amante desesperado.

Mas agora é tarde: Ofélia se desvaneceu nas águas do rio. Hamlet preferiu os mortos a ela; trocou os beijos dela pelas revelações dos fantasmas; suas carícias, pelo crânio descarnado do bobo da corte Yorick, ou o de um advogado; suas palavras de amor, pelas reflexões solitárias sobre o absurdo da vida.

Essa heroína shakespeariana, tornada famosa apesar da pobreza da quantidade de falas no roteiro, destaca-se como a imagem paradigmática da solidão insuportável da existência, da loucura – vivida, não pensada – que surge quando somos ignorados, rejeitados por um mundo que só nos faz mal. Ofélia é o ícone poético da fragilidade e da paixão sublime que se chocam contra a mera realidade má. Ela é a efígie do desejo concretizado de abandonar esta vida pelo êxtase da morte, de uma *cupio dissolvi*, um "quero ser dissolvido", em que o elemento aquático do rio se torna o ventre aniquilador e consolador.

Elizabeth Siddal morre, aos 32 anos, em 11 de fevereiro de 1862 (o mesmo dia que anos depois Sylvia Plath e Amelia Rosselli se suicidariam). O relatório do médico londrino que certificou sua morte fala de "morte acidental". Rossetti se apressou em queimar a carta de despedida que sua mulher escreveu antes de tomar uma dose letal de láudano: se fosse reconhecida como suicida, jamais lhe teria sido concedido o sepultamento em solo sagrado.

Rossetti, que na vida a adorou e a torturou, a salvou e a amaldiçoou, a amou e a abandonou, agora a olhava fixamente, sem conseguir dizer nada. Dez anos mais tarde, a retrataria, cercada de luz, naquela que talvez seja sua obra-prima pictórica, *Beata Beatrix*.

Porém, naquele momento Elizabeth estava ali, o corpo já desprovido de calor, os olhos verde-esmeralda vidrados, talvez em paz pela primeira vez. As folhas, os poucos objetos ao seu redor, pareciam flores para Rossetti, e a cama desfeita de sua humilde cabana parecia um rio na zona rural da Inglaterra; e ela, a sua musa morta, muda, deitada ali, Ofélia.

HAMLET OU A ARTE DE SER UM BARCO BÊBADO

Li *Hamlet* pela primeira vez na tradução italiana feita por Squarzina, em julho de 1997, em Paris. Levei comigo uma velha edição de bolso sem o texto original. Eu tinha quase dezesseis anos, e era a primeira vez que enfrentava sozinho, por um tempo bastante prolongado (pouco menos de três semanas), uma viagem para longe da minha região das Marcas. Eu tinha uma passagem que me levaria não apenas para a França, mas também para a Áustria, a Holanda e a Bélgica.

Reli *Hamlet* três vezes em seguida, no trem entre Viena e Paris, antes de chegar à Gare de l'Est. Não apenas porque era um dos dois livros que pude levar comigo – apertado numa mochila abarrotada com 22 camisetas, cerca de trinta cuecas, dez pares de meias de algodão, dois suéteres e um único par de calças, além das que eu estava vestindo. O fato é que fui literalmente atingido pela maneira como uma mente humana pode alcançar tais profundezas e tais alturas, e percebi – pensamento que me acompanharia por toda a vida como um talismã – como Shakespeare era capaz de expandir minha pessoa por meio dos personagens que criou. Sentia que eu tinha explorado os mesmos abismos que Hamlet, como se tivesse sido alimentado por uma espécie de substância encantada que aprimorava minhas percepções e minha compreensão do mundo (quero deixar claro que nenhum narcótico contribuiu para isso, apenas algumas cervejas Lutèce). Como disse certa vez o escritor Pasolini, é verdade que jamais lemos da mesma maneira como lemos aos quinze anos. Os autores que lemos naquele momento do desenvolvimento marcam nossa alma com seu brilho.

O outro livro que levei foi a obra completa de Arthur Rimbaud, dessa vez com o texto francês acompanhando a tradução. Apenas alguns dias antes, às margens do Adriático da minha Porto San Giorgio, me deparei pela primeira vez, extasiado, com "Le bateau ivre" [O barco bêbado], poema que Rimbaud escreveu quando tinha a mesma idade que eu tinha ao ler, e no qual conseguia descrever com extraordinária exatidão a mesma perdição rebelde que eu também sentia dentro de mim, como se fosse um barco bêbado solto das amarras, que desce desenfreadamente pelo curso de um rio rumo ao mar aberto.

Há naquele poema de Rimbaud um verso-chave que eu instintivamente associei ao Hamlet shakespeariano: "Às vezes, vi o que as pessoas acreditaram ter visto" (*Et j'ai vu quelque fois ce que l'homme a cru voir*). De fato, o príncipe de Elsinor poderia escolher a frase como lema. O traço decisivo do seu personagem está em ver a essência, para além da "aparência", das coisas que os outros acreditam ver.

Mas e se tudo for uma ilusão? Se o estar bêbado do barco fosse apenas uma forma de se perder? Se as visões de Hamlet, seu "tornar-se vidente" (para usar uma expressão rimbaudiana), no encontro com o fantasma do pai, não passassem de uma alucinação? No fundo, e em certo momento, Hamlet é tomado por esta ansiedade: quais garantias ele tem em relação à culpa de seu tio? Ele tem apenas o testemunho de um morto. E se tudo estivesse apenas em sua mente? Ou se aquela fosse uma aparição vinda do inferno para enganá-lo?

Aos quinze anos, eu estava lidando com algo semelhante, quando me perguntava se as coisas em que acreditava, que imaginava e sonhava, as estranhezas e os pensamentos aos quais me entregava, muitas vezes de maneira frontalmente oposta ao que me ensinavam e tentavam me impor, não passavam de ilusões, pecados ou erros. A forma como Shakespeare liberta Hamlet da sua ansiedade é magnífica, e funcionou também para me libertar das minhas.

Na segunda cena do terceiro ato, o príncipe, apaixonado e experiente em teatro, decide fazer com que uma peça seja apresentada ao rei e à rainha. A obra escolhida apresenta um assassinato, exatamente nos detalhes com que o fantasma descrevera a própria morte ao filho. A reação do soberano Cláudio ao assistir ao drama poderia, segundo Hamlet, confirmar ou não a versão do morto.

A ratoeira (esse é o título da tragédia dentro da tragédia) é, então, representada na Corte. Pouco antes, Hamlet expõe a sua visão do teatro, quase uma filosofia do "ser-ator", com base na qual a função da arte dramática consiste "em erguer um espelho diante da natureza [*hold a mirror up to nature*] para mostrar à virtude suas características, ao vício sua imagem, à idade e ao tempo sua forma e sua marca".

De acordo com Hamlet, a arte dramática pode expressar a vida real mais do que a própria vida, uma vez que a própria essência da vida é de natureza teatral. Por outro lado, a frase que se destacava como emblema no teatro de Shakespeare, o Globe, era precisamente *Totus mundus agit histrionem* ("todo o mundo reproduz o ator"), que afirma que numa obra teatral podemos certamente encontrar a imagem do mundo.

Quando li a passagem em que Hamlet percebe que o fantasma tinha razão, que o morto dissera a verdade, pois Cláudio enlouquece ao ver a cena representada, senti, aos quinze anos, uma grande sensação de conforto. Foi como se eu também pudesse, com Hamlet, confiar em minhas vozes interiores. Como se recebesse permissão para acreditar nas palavras dos mortos, para ser estranho e me sentir desesperado sem que isso implicasse um sentimento de culpa. Aqueles que me diziam para acreditar em coisas positivas e corretas não tinham razão, mas sim os fantasmas que gritavam em minha mente. Vi o valor mágico e insuperável de contar histórias para se livrar das restrições da mentalidade dominante.

A partir daquele momento, eu podia me sentir tranquilamente "como um pino redondo num buraco quadrado". Essa é uma expressão adequada usada pela jornalista Marian Donner em sua obra intitulada *Zelfverwoestingsboek* [Manual de autodestruição], um texto dedicado aos que – hamleticamente, eu diria –, por algum motivo, não se sentem à vontade no mundo; aos que se sentem deslocados, estranhos numa sociedade em que todos devem necessariamente ser alegres e produtivos, amar e trabalhar.

Mas quem disse, como explica o psicólogo Carl Rogers, de quem a expressão creio ter sido tirada, que a estrutura quadrada do buraco é intrinsecamente correta? Talvez a forma redonda do pino seja a correta. Hamlet chegou a essa consciência ao encenar *A ratoeira*. Graças à leitura de Shakespeare, eu também cheguei a ela.

Em virtude da reação do tio, o príncipe leva a termo a própria vingança sem muitos remorsos. Essa vingança, como eu disse, se torna um massacre. Laertes morre num duelo; Gertrudes, bebendo do copo envenenado destinado ao filho; e finalmente, Cláudio, envenenado e apunhalado. Ferido e também envenenado, Hamlet expira nos braços de Horácio.

Então, surge no palco um personagem que até aquele momento nunca tinha sido visto: Fortinbrás, filho daquele Fortinbrás da Noruega que duelara com o pai de Hamlet. Agora ele assume o reino da Dinamarca, cumprindo assim a vontade de seu pai. Fortinbrás, por assim dizer, é o personagem "duplo vital" de Hamlet. É um homem que, assim como ele, obedece à vontade do pai falecido, mas que, ao contrário dele, decide o próprio destino: Fortinbrás sabe amar e trabalhar.

Numa feira de livros usados, montada todos os fins de semana (imagino que até hoje) sob o pórtico do parque Georges-Brassens, em Paris, encontrei uma edição bilíngue de *Hamlet*, inglês e francês, na bela versão do poeta Yves Bonnefoy (que por trinta anos trabalhou em traduções do texto shakespeariano).

Ao percorrer a feira na única manhã em que tive a oportunidade antes de deixar Paris em direção à Antuérpia, senti uma atmosfera encantada. Entendi que os livros, como às vezes acontece com as pessoas em relacionamentos fundamentais da vida, não são exatamente escolhidos por nós. É como se eles nos encontrassem, porque têm coisas a nos dizer. Como se já soubessem tudo a nosso respeito e precisassem nos revelar algo de que ainda não sabemos: "erguendo um espelho diante da natureza", é isso que os livros fazem. Assim, aquele volume de *Hamlet,* traduzido por Bonnefoy, me descobriu numa manhã de verão de 1997.

Li as palavras de Hamlet na tradução francesa. Pensei que não havia nada de errado em sentir medo ou repugnância diante daquele "mar de sofrimentos", daquele *sea of troubles* que Bonnefoy traduz por *flot qui monte* [maré alta].

Ainda hoje, depois de mais 25 anos continuando a reler, estudar, interpretar *Hamlet*, repito isso para mim mesmo, e talvez se trate de um ensinamento precioso escondido nesse roteiro: não há nada de errado em se sentir deslocado, em pensar que a vida é horrível, quando somos inundados pelo mar dos nossos sofrimentos. Aliás, talvez seja justamente por meio dessa desesperança que poderemos encontrar a diferença mais autêntica entre ser e não ser, um objetivo luminoso a buscar para nos sentirmos vivos.

Para todos na juventude e para homens e mulheres de todas as idades, *Hamlet* pode ensinar a valiosa arte da desesperança. Uma arte que nossa sociedade, querendo que sejamos constantemente alegres e funcionais, tende a remover, a esconder e a castrar. Ao contrário, creio que é muito importante aprender a estar desesperado, ser capaz de lidar com a angústia mais profunda, ter intimidade com o desejo de morrer, saber enfrentar a "maré alta" quando somos barcos bêbados perdidos nas águas. Nisso, o príncipe Hamlet é o brilhante e incansável mestre, o maior especialista de todos os tempos.

Se ouvimos sua voz, todo o resto é silêncio.

Bibliografia

BELSEY, C. Shakespeare's Sad Tale for Winter: Hamlet and the Tradition of Fireside Ghost Stories. *Shakespeare Quarterly*, v. 61, p. 1-27, 2010.

BENJAMIN, W. *Origem do drama trágico alemão*. Tradução João Barreto. São Paulo: Autêntica Editora, 2013.

BONCINELLI, E.; GIORELLO, G. *Noi che abbiamo l'animo libero*. Quando Amleto incontra Cleopatra. Milão: Longanesi, 2014.

BONNEFOY, Y. *L'hésitation d'Hamlet et la décision de Shakespeare*. Paris: Seuil, 2015.

CURI, U. *Meglio non essere nati*. La condizione umana tra Eschilo e Nietzsche. Turim: Bollati Boringhieri, 2008.

DONÀ, M. *Tutto per nulla*. La filosofia di William Shakespeare. Milão: Bompiani, 2016. p. 149-197.

DONNER, M. *Manuale di autodistruzione*. Perché dobbiamo bere, sanguinare, ballare e amare di più. Milão: il Saggiatore, 2020.

FICINO, M. *De vita libri tres*. Pordenone: Edizioni Biblioteca dell'Immagine, 1991.

FLUCHÈRE, H. *Shakespeare, dramaturge élisabéthain*. Paris: Gallimard, 1966.

FREUD, S. *A interpretação dos sonhos*. Tradução Paulo César de Souza. São Paulo: Companhia das Letras, 2019. (Coleção Obras Completas Vol. 4).

FUSINI, N. *Di vita si muore*. Lo spettacolo delle passioni nel teatro di Shakespeare. Milão: Mondadori, 2010.

HAWKSLEY, L. *Lizzie Siddal*. The Tragedy of a Pre-Raphaelite Supermodel. Londres: Carlton Publishing Group, 2004.

KEATS, J. *Lettere sulla poesia*. Milão: Feltrinelli, 1992.

KINNEY, A. (org.). *Hamlet:* New Critical Essays. Nova York: Routledge, 2002.

KOTT, J. *Shakespeare nosso contemporâneo*. São Paulo: Cosac & Naify, 2003. (Coleção Cinema, Teatro e Modernidade).

JASPERS, K. *O trágico*. Tradução Ronel Alberti da Rosa. Desterro: Edições Nephelibata, 2004.

JONES, E. *Amleto e Edipo*. Seguito da "Amleto e Freud" di J. Starobinski. Milão: SE, 2008.

LEOPARDI, G. *Zibaldone di pensieri*. Milão: Mondadori, 2000.

LEVIN, H. *The Question of Hamlet*. Nova York: Oxford University Press, 1959.

MANFERLOTTI, S. Faust, Amleto e la tragedia della conoscenza. In: DE FILIPPIS, S. (org.). *William Shakespeare e il senso del tragico*. Nápoles: Loffredo, 2013.

NIETZSCHE, F. *O nascimento da tragédia*. Tradução Paulo César de Souza. São Paulo: Companhia de Bolso, 2020.

PETERSON, K. L.; WILLIAMS, D. *The Afterlife of Ophelia*. Londres: Palgrave Macmillan, 2012.

RIMBAUD, A. *Poesia completa:* Edição bilíngue comemorativa do sesquicentenário. Tradução Ivo Barroso. Rio de Janeiro: Topbooks, 2009.

ROSSETTI, D. G. *Selected Poems and Translations*. Manchester: Carcanet Press Ltd., 2011.

ROGERS, C. *Tornar-se pessoa*. Tradução Manuel J. Carmo Ferreira, Alvamar Lamparelli. São Paulo: WMF Martins Fontes, 2009.

SCHMITT, C. *Amleto e Ecuba*. Bolonha: il Mulino, 2012.

SHAKESPEARE, W. *Hamlet:* suivie d'une Idée de la traduction. Tradução Yves Bonnefoy, Paris: Mercure de France Mayenne, 1962.

STILWELL, E. *The Queens and the Hive*. Londres: Macmillan, 1962.

THORNDIKE, A. H. The Relations of Hamlet to Contemporary Revenge Plays. In: *Modern Language Association*, v. 17, n. 2, 2012.

SE NÃO CONSEGUE SE APAIXONAR MESMO ENCONTRANDO PESSOAS MARAVILHOSAS, VOCÊ PRECISA DE **ROMEU E JULIETA**

Um teste rápido para a filofobia

Dois tolos: assim poderiam parecer Romeu e Julieta se lêssemos a parábola dos desventurados amantes veroneses numa interpretação particular. Há quem não consiga apreciar esse texto tão celebrado, julgando-o excessivo, irritantemente afetado, enjoativo, apesar de suas excelentes qualidades poéticas – e isso seria pela forma como é narrado o sentimento de dois jovens na sua manifestação mais extrema. No famoso *The Diary of Samuel Pepys*, escrito no fim do século XVII, o político e erudito poliglota Samuel Pepys definiu *Romeu e Julieta* como "a pior peça a que podemos assistir na vida". Não deu motivos claros para um julgamento tão severo da obra: simplesmente não a suportava.

Aqueles que, como Pepys, não apreciam a história de *Romeu e Julieta* sem saber bem o porquê provavelmente sofrem do que recentemente as ciências humanas definiram como "filofobia", ou seja, medo inconsciente de se apaixonar. Como qualquer fobia, é complicado compreendê-la e enfrentá-la, mas o drama shakespeariano talvez possa nos fornecer um bom caminho para isso.

Sem dúvida, esse roteiro constitui a história romântica por excelência – se por romântico entendermos tudo o que, partindo do impulso interior de uma única pessoa, quer reinventar o mundo e todas as suas normas. *Romeu e Julieta* é, antes de tudo, o relato de como, e quanto, o que chamamos "amor" pode se contrapor à realidade absurdamente cruel que nos cerca. É o relato de um choque mortal entre cosmos e sentimento. Para isso, Shakespeare precisa de dois protagonistas muito jovens – ou seja, dois protagonistas que, por motivos etários e espirituais, ainda não sucumbiram às regras do cotidiano. Porque ainda não são adultos. E, portanto, confrontam-se com os adultos, que acreditam plenamente nas regras da vida cotidiana. Assim, o confronto essencial entre amor e realidade dessa história assume, necessariamente, a forma de um conflito geracional, na qual um jovem e uma jovem pretendem coroar seu sentimento, prescindindo de todos os dados externos e acidentais da existência. Dados que, para eles, não significam nada.

É por isso que, se somos constituídos de certo modo ou atravessamos um período na vida que nos leva a rejeitar a ideia de nos apaixonarmos, a leitura de *Romeu e Julieta* poderá nos fazer perceber, talvez com surpresa, que não torcemos realmente por eles; que olhamos aqueles jovens com condescendência, que não acreditamos plenamente naquela explosão adolescente e pensamos que eles próprios buscaram a morte terrível que tiveram em tão tenra idade.

As obras de Shakespeare são obras-primas totalmente desprovidas de moralidade: não há nenhuma mensagem, nenhum ensinamento último. Porque o Bardo deixa o julgamento para nós. Nesse teatro, como observou Virginia Woolf em seu *O leitor comum*, o espectador e o leitor são sempre convocados, porque não há uma mensagem educativa única: cabe a nós decidir.

No âmbito moral, o roteiro de *Romeu e Julieta* não diz nada sobre dois jovens que, apaixonados há apenas algumas horas, acabam morrendo um por causa do outro, desestruturando tudo ao redor deles – é você quem tem de julgá-los ao ler o texto ou assistir à encenação no palco. E preste muita atenção ao que sente em relação a esses dois adolescentes de Verona: porque é precisamente aí que entenderá o que pensa sobre o amor e se sofre de algum tipo de filofobia. Poderá, então, observar onde você se encontra, num termômetro que vai do romantismo mais água com açúcar ao mais frio cinismo.

A reescrita shakespeariana de *Romeu e Julieta* – que é feita a partir de uma trama bem conhecida pela tradição – esvazia a narrativa de todos os conteúdos moralistas que acompanhavam as versões anteriores, enriquecendo-a com profusão criativa de detalhes, reinvenção dramatúrgica dos personagens e excelência lírica da linguagem que traduzem o irresistível encanto do que chamamos de enamoramento.

No drama do Bardo, o que era apresentado como história para advertir os jovens a ter moderação em seus sentimentos se torna o relato arquetípico da ideia de amor da cultura ocidental. Mestre Will muda tudo. Ele dá voz aos jovens – sem tomar partido. Dá voz àquela ideia de amor que não suporta concessões e que pode fascinar ou repugnar todos nós, independentemente da idade.

A fonte primária de Shakespeare, com toda a probabilidade, é o texto de Arthur Brook, de 1562, intitulado *A trágica história de Romeu e Julieta*, um extenso poema em hexâmetros, no qual sobressai uma constante condenação puritana do sentimento desenfreado. O aspecto moralista já está presente na narrativa francesa, escrita alguns anos antes pelo erudito humanista Pierre de Launay na terceira de suas *Histoires tragiques* [Histórias trágicas]. Este, por sua vez, retomava livremente uma novela composta por Matteo Bandello, na qual encontramos os elementos essenciais da trama reescrita por Shakespeare.

A ambientação veneziana, que não é incomum no teatro shakespeariano quando se fala de amor, tem origem na tradição da novelística italiana da história. Entre os séculos XIV e XVI, a narrativa de dois jovens amantes infelizes, herdeiros de famílias rivais, era bastante popular em muitas regiões da Itália.

Além disso, a disputa entre os Montéquios e os Capuletos devia ser de conhecimento público ao menos desde o século XIV – Dante os menciona no Canto VI do *Purgatório* (chamando os segundos de "Cappelletti") como exemplo de famílias com um destino trágico. Retrocedendo ainda mais no tempo, a origem dessa tradição novelística italiana, que talvez o Bardo conhecesse um pouco ou indiretamente, remonta à Antiguidade Clássica: na história de Píramo e Tisbe, narrada por Ovídio nas *Metamorfoses*, esta sim bem conhecida por Shakespeare, visto a paródia em seu *Sonho de uma noite de verão*. Filhos de famílias rivais que só podem conversar através do muro que os separa, Píramo e Tisbe encontram uma morte comum, não diferente da de Romeu e Julieta, tornando-se símbolos do amor proibido e desejado apesar de todas as circunstâncias e até as extremas consequências.

Em sua reescrita, por meio do confronto fatal e direto entre jovens e idosos numa sociedade de mentiras e violência e que está ruindo, Shakespeare consegue demonstrar o estar fora de si, o perder completamente o juízo que pode ser manifestado no encontro de um homem ou de uma mulher com outro ser humano com quem se deseja ficar – ficar e ponto-final, a despeito de tudo, sem motivos e a qualquer preço. É bastante raro para a maioria de nós, mas na vida pode acontecer de nascer esse sentimento por alguém e ser correspondido. E também pode acontecer que um pavor inconfessado nos leve a fugir a toda velocidade todas as vezes que surge a possibilidade de que isso ocorra.

De fato, embora pareça bastante fascinante, essa condição pode nos causar – não sem motivo – muito medo. Às vezes, mesmo se nos sentimos muito atraídos por uma pessoa, algo dentro de nós nos proíbe de nos deixarmos levar, de abandonarmos todas as defesas. Porque se apaixonar significa ser totalmente vulnerável. Perder o controle da situação.

Os dois jovens de Verona vivem uma paixão total que aterroriza em sua beleza deslumbrante. Vivem aquilo que os latinos chamaram *furor* e que os gregos definiram como μήνις (*mênis*), indicando com esses termos a intersecção entre os campos semânticos de três conceitos distintos: amor, loucura e morte.

Se você já perdeu ou está prestes a perder a cabeça por alguém, se está prestes a acreditar que aquele sentimento por ele ou por ela é mais importante, insubstituível que todas as dificuldades que se apresentam, se não se importa com os sofrimentos pelos quais terá de passar para ter aquela pessoa ao seu lado, então vai adorar *Romeu e Julieta*. Não importa a idade: quando nos apaixonamos desse jeito, somos todos contemporâneos dos dois jovens de Verona, independentemente do ano em que nascemos.

Mas se, ao contrário, um amor desse tipo nunca aconteceu com você, e não por falta de sorte ou por nunca ter encontrado a pessoa certa, mas sim porque algo o impediu de acreditar plenamente e sem reservas em seus sentimentos, então essa história lhe parecerá piegas, ridícula, exagerada, e Romeu e Julieta serão, para você, dois jovenzinhos tolos que não sabem nada sobre a vida. Porque será o seu medo – disfarçado de cinismo – que guiará o seu raciocínio.

O amor como suspensão da descrença

O que faz do roteiro de Mestre Will o texto de amor mais famoso de todos os tempos? O que Shakespeare muda da narrativa de Romeu e Julieta, que já em sua época era muito famosa na Inglaterra e na Europa? Embora muitas coisas permaneçam substancialmente inalteradas em relação à trama, os enxertos criados pelo Bardo, aparentemente mínimos, são decisivos. Ao observá-los, talvez possamos entender por que esse drama se tornou o símbolo de "história de amor" no âmbito coletivo – e, portanto, por que é tão detestado pelos filofóbicos.

Em primeiro lugar, o que muda no texto shakespeariano é o tempo: nas versões anteriores, a história é muito mais prolongada, desenrolando-se em meses, durante os quais Romeu e Julieta se encontram várias vezes. O roteiro de Shakespeare, ao contrário, fala de apenas alguns dias: de uma manhã de domingo, no mês de julho, até a quinta-feira seguinte. Menos de uma semana. Contudo, nesse curto período, acontece de tudo: surge um sentimento arrebatador entre os herdeiros das duas famílias rivais; cinco jovens vidas – as de Romeu, Julieta, Mercúcio, Teobaldo e Páris – são ceifadas; a ordem em Verona é irremediavelmente abalada.

Essa redução cronológica é muito importante. Os eventos se precipitam, como uma avalanche, rumo à catástrofe. É o frenesi, a mania de "fazer rápido", típica do espírito juvenil, que domina o texto, que, por esse motivo, também deveria ser recitado com um ritmo muito acelerado. "Como assim? Já é dia?" (*Is the day so young?*). Essa é a primeira fala proferida por Romeu. Tanto ele como Julieta são caracterizados por uma pressa fatal. Correm: não têm tempo nem vontade de esperar, tampouco de refletir. É essa impulsividade adolescente que Shakespeare quer descrever em seus resultados magníficos e trágicos, restringindo os acontecimentos ao estreito espaço cronológico de pouco mais de cinco dias.

Depois, há a linguagem: Romeu e Julieta comunicam-se entre si com uma linguagem que não pertence aos outros, a mesma que Shakespeare usa nos sonetos. O sentimento deles só pode ser expresso em versos, sobretudo em pentâmetros iâmbicos, capazes de imitar, tanto no plano simbólico como no fonético, as batidas do coração humano quando acelera no *páthos*. Os mais velhos e todos os outros personagens não os compreendem: falam outra língua, expressando-se em prosa ou em versos cômicos livres.

Nesse sentido, essa obra shakespeariana se desvincula das anteriores pela capacidade inaudita de definir, por meio de um uso peculiar da linguagem, cada personagem com extrema força dramática e incrível vivacidade. Não apenas os protagonistas, mas também os papéis secundários, como Benvólio, Teobaldo, o Príncipe de Verona, Frei

Lourenço, o boticário, os Montéquios e os Capuletos, são repletos de matizes e significados. Sobre todos eles, destacam-se Ama e Mercúcio. A primeira é completamente repensada por Shakespeare, assumindo uma importância que jamais tivera nas versões anteriores; o segundo é inventado pelo próprio Bardo.

O estilo shakespeariano impõe uma revolução na forma de definir os personagens, não muito diferente do que o uso da perspectiva introduziu na arte em relação às pinturas bidimensionais que antecedem o Renascimento. De máscaras no palco, os personagens se tornam, com Shakespeare, figuras dotadas de profundidade psicológica.

Há outro dado que caracteriza de modo especial a reescrita de Shakespeare em relação à tradição: a história é introduzida por um prólogo, o que não seria grande novidade até aqui. O ponto interessante é o fato de esse prólogo apresentar o que hoje definiríamos como *spoiler*, pois revela ao público, de fato, como as coisas vão terminar (ou seja, muito mal).

> CORO: Duas casas de fortuna, iguais em nobreza, na bela Verona, onde nossa cena começa, por um rancor antigo levam a uma nova guerra, derramando, por mãos fraternas, o sangue fraterno. Das vísceras fatais desses dois inimigos, surge um casal de amantes, nascidos sob estrela adversa, cujo comovente destino sepultará, com seus corpos, também o ódio de seus parentes. A terrível história de um amor que desafia a morte, a raiva implacável dos pais, que nada pôde fazer cessar exceto a morte dos filhos: eis a história que, no decorrer de duas horas, ocupará o palco. Se tiverdes paciência de ouvir nossas palavras, tentaremos não falhar, evitando qualquer erro.
>
> (Prólogo)

Embora esse prólogo possa parecer um erro narrativo, obviamente não é. De fato, depois de saber que Romeu e Julieta morrerão, o público shakespeariano, tanto antigamente como hoje, vê-se vibrando, exaltando-se e chorando pelo amor dos dois, esperando até o fim que possam viver juntos. De acordo com alguns relatos da época de Shakespeare, algumas vezes o público, enfurecido e desesperado, investiu contra os atores no fim da história, ao ver os dois jovens morrendo dolorosamente no palco. No entanto, eles sabiam desde o início que morreriam assim: então, por que se revoltavam tanto?

Na realidade, Shakespeare não se importava nem um pouco com o suspense. Ao contrário, ele estava interessado em criar um relato que, com sua beleza poética, pudesse emocionar os espectadores, realizando o que o poeta romântico Samuel T. Coleridge, em sua *Biographia literaria*, chamaria, séculos mais tarde, de "suspensão da descrença" (*suspension of disbelief*).

É um princípio essencial da narração de histórias, expresso, em certo sentido, por Aristóteles na *Poética*: se a obra de narrativa funciona, o espectador está disposto a considerar como reais condições impossíveis, desde que inserido num quadro coerente de uma história.

Por esse mesmo motivo, como estamos dispostos a aceitar uma lógica diferente da lógica da nossa vida cotidiana, podemos, às vezes, no interior de determinada estrutura narrativa, fingir que nos esquecemos do fim de uma história que já conhecemos. Basta que essa história seja bem contada.

Com *Romeu e Julieta*, Shakespeare queria que fosse exatamente assim: que o público se emocionasse – embora o fim fosse universalmente conhecido. É como se, com aquele prólogo, o Bardo advertisse a plateia, dizendo a todos: "Acaba mal, saibam disso. Depois não digam que não avisei". Mas é precisamente nesse ponto que a beleza do encontro entre Romeu e Julieta, a pura força do amor dos dois, cria as condições pelas quais, ao longo do drama, decidimos, sem perceber, acreditar como possível o impossível, convencendo-nos de que, no início, o Arauto estava mentindo. Que no fundo os dois, de algum modo, acabarão juntos, porque aquele encontro é tão maravilhoso que não pode deixar de se concretizar. Depois, inevitavelmente, o quinto ato nos contradiz e, com perfeita simetria narrativa, o príncipe pronuncia as falas finais que evocam as palavras de abertura.

> PRÍNCIPE: Sombria é a paz que esta manhã traz consigo. Até o sol, carrancudo, não mostrará seu rosto. Vamos agora, o espetáculo acabou. Ainda falaremos dos fatos atrozes aqui narrados, e dos que deles participaram; alguns serão perdoados, outros, punidos. Mas jamais houve história mais triste que a de Julieta e de seu amor.
>
> (V, iii)

Desde o início, os dois jovens sabem que o amor deles não tem esperança, que terminará da pior maneira possível, que as condições da realidade – serem filhos de famílias rivais da terra em que vivem, e Julieta já prometida a outro – impedem qualquer forma de felicidade para eles. No entanto, apesar de tal consciência, eles decidem se amar. Shakespeare nos coloca na mesma condição dos amantes, quase como se dissesse que todos nós, em determinadas circunstâncias da vida, acreditamos em algo que não pode ser real.

Aqui surge uma espécie de definição fenomenológica do amor como suspensão da descrença. Uma *suspension of disbelief*, diria o ensaísta inglês Coleridge, relativa, porém, não a uma questão narrativa, mas existencial: quando nos apaixonamos, decidimos acreditar numa história – a história de amor da qual somos protagonistas – independentemente dos dados externos ao nosso redor.

Seria possível, é claro, objetar que nem todos os amantes nascem "sob uma estrela adversa" como Romeu e Julieta; que muitas histórias de amor são concretas, possíveis e terminam bem, não entre lágrimas e sangue como a deles; e que, portanto, nem sempre o amor é ilusão. Às vezes, compartilhar a vida é possível e realizável. Então, por que falar de uma "suspensão da descrença" todas as vezes que nos apaixonamos? Porque não creio que, em *Romeu e Julieta*, o ponto essencial seja (apenas) o desfecho dos fatos, e, sim, a própria natureza do amor; ou, ao menos, daquele tipo de amor, aquele amor absoluto que os dois jovens pretendem viver a qualquer preço.

Noutras palavras, a história de Shakespeare não fala apenas de dois jovens que gostariam de se casar apesar das circunstâncias adversas (esse é o tipo de amor de *Os noivos*, e não há nada de mais distante do espírito shakespeariano). Ela fala de dois jovens que, pretendendo se amar num nível de intensidade muito extremo, destroem um ao outro, incinerando seu próprio sentimento. O amor de Romeu e de Julieta é vivido a uma temperatura alta demais para ser suportável, a uma altitude demasiado extrema para se respirar, a uma velocidade tão alta que leva à vertigem. Esse tipo de amor, totalizante e sem concessões, termina mal não por motivos contingentes, mas por sua natureza.

Todos sabemos (talvez quando jovens saibamos menos) que um amor como esse não dura, que nos iludimos ao acreditar que podemos viver nele por muito tempo. Mas com frequência, quando achamos que encontramos a pessoa que nos estava destinada, decidimos não dar crédito ao fim já escrito (aquele mencionado no prólogo) e mergulhamos de cabeça naquele sentimento que nos inflama e nos une a ela. Não pensamos na paz sombria, na *glooming peace*, que trará a manhã em que nossa história de amor terminar. Vivemos aquela história e pronto, com todo o nosso ser.

Mas por quê? Por que fazemos isso, mesmo sabendo que aquele amor está destinado a terminar logo, e vamos sofrer, às vezes, com consequências muito sérias? Creio que a resposta seja a que Barbra Streisand dá no filme *O espelho tem duas faces*: porque vale a pena. Porque poucas outras coisas animam e confortam, iluminam e fortalecem o ser humano quanto perder a cabeça por alguém cuja mera presença parece tornar magnífica a nossa existência, sabendo que ela ou ele sente a mesma coisa. E então, para experimentar aquele estado de êxtase, não nos preocupamos com as consequências e a natureza ilusória ou passageira do amor. Assim como Romeu e Julieta, não nos importamos e decidimos nos deixar iludir, atordoar e encantar.

A não ser que o mero pensamento disso nos assuste. Isso mesmo, porque algumas pessoas poderiam ver o amor absoluto narrado no roteiro da obra como uma insanidade para tolos inconscientes. E, de fato, outra inovação de Shakespeare parece sugerir precisamente uma leitura desse tipo.

Rosalina, prima de Julieta, é uma personagem que nunca aparece na peça. No entanto, seu nome é mencionado várias vezes por Romeu nas primeiras cenas da tragédia. De fato, quando conhecemos o jovem Montéquio, ele já está loucamente apaixonado. Contudo, só encontrará Julieta no fim do primeiro ato. Como isso é possível? Porque o jovem está sofrendo por outra mulher. É por outra que ele passa as horas sozinho, que evita a luz do sol, construindo para si uma noite artificial. É por outra que deixou de sair com os amigos, entre os quais o primo Benvólio e o querido Mercúcio. É para outra que compõe sonhadores poemas de amor.

Essa outra mulher é justamente Rosalina. Na quarta cena do primeiro ato, na tentativa de distraí-lo dessa obsessão, os amigos o levam a uma festa na casa dos Capuletos. Ele vai, contra a vontade, mas com a esperança de revê-la. Ali, no entanto, encontra Julieta, apaixonando-se perdidamente por ela à primeira vista. E se esquece completamente da outra, que não será sequer mencionada por Romeu, a não ser para dizer que a esqueceu.

Aqui, todos os filofóbicos chegam a uma conclusão que depois será expressa na terceira cena do segundo ato por Frei Lourenço: o amor de Romeu "não reside no coração, mas nos olhos". Ou seja, sem metáforas, esse jovem, como tantos, se apaixona facilmente, bastando apenas olhar para uma nova mulher para se esquecer daquela a quem um instante antes dizia amar loucamente.

"Que mudança!", dirá ainda o frade. Pois bem, essa *mudança*, essa transformação de Romeu, pode ser interpretada de duas maneiras, e obviamente não há resposta por parte de Shakespeare. Alguns poderão acreditar que Romeu se esquece imediatamente de Rosalina porque enfim encontrou o grande amor de sua vida. Outros, ao contrário, podem considerar que Romeu, como é típico de sua idade, simplesmente é propenso a se apaixonar e perder a cabeça. E que, portanto, existe a possibilidade de em breve olhar para uma terceira garota e, com a mesma facilidade, esquecer a bela filha dos Capuletos.

Por outro lado – continuando nesta segunda linha interpretativa –, poderíamos observar que os dois jovens se jogam um nos braços do outro, juram amor eterno, se casam contra a vontade de todos, arruinando as respectivas famílias, sem nem mesmo se conhecerem. O que aconteceria se, de fato, tivessem passado algum tempo juntos?

Na genial paródia do teatro shakespeariano *The Complete Works of William Shakespeare* [As obras completas de William Shakespeare], roteiro composto pelo trio Winfield, Long e Singer e, às vezes, apresentado como "Todas as peças de Shakespeare em 90 minutos", os dois amantes são retratados no palco como tolos e ridicularizados em seu patético ardor afetivo.

Romeu e Julieta idealizam um ao outro e se iludem porque são tomados pela apressada e tola necessidade de se amar. Suspendem a descrença e se jogam de cabeça no seu destino, sem pensar nas consequências dos atos em relação a uma pessoa sobre a qual não conhecem. São apenas jovens; o que entendem sobre o amor e sobre como a vida é feita com todas as suas durezas? São dois iludidos, encantados um pelo outro, que, pela ansiedade e pela pressa de ficar juntos, causam problemas irremediáveis e encontram uma morte sem sentido.

Mas, que fique claro, Shakespeare não faz essas considerações. Ele as deixa para os mais cínicos entre nós. Os que sofrem de filofobia.

Cinco dias maravilhosamente terríveis de julho

Romeu e Julieta começa com uma briga. Pelas ruas de Verona, membros da família dos Montéquios e dos Capuletos se digladiam sem piedade. O fato de essa história de amor começar com uma confusão não é desprovido de significado: a violência permeia todo o roteiro, no qual, não por acaso, encontramos vários duelos. Uma violência que expressa a constante proximidade entre amor e morte, que revela a raiva, o ressentimento, a impulsividade e a revolta próprios da juventude, e que constitui o movimento dramático da história e a tonalidade predominante do texto.

Apenas a chegada do príncipe – uma espécie de xerife e guia ético de Verona – consegue aplacar os espíritos exaltados. Mas a situação na cidade está mais tensa que nunca. Para acalmar os ânimos, o pai Capuleto tem uma ideia: organizar o casamento de sua filha, Julieta, e promover uma grande festa pública com máscaras para celebrar o futuro matrimônio. Julieta é muito jovem, não tem noivo e ainda não pensa em casamento. Assim, seus pais escolhem a data e, é claro, o marido: o nobre Páris, amigo de seu pai.

Mas, imprevisivelmente, um amor arrebatador surge e põe tudo a perder. Quando, no fim do primeiro ato, Romeu e Julieta se encontram na festa, ela passa a considerar inconcebível atender à ordem paterna que já a perturbava. Não pode se casar com Páris: deve se casar com Romeu a qualquer custo. Os dois, juntos, decidem se opor ao mundo inteiro.

O amor, nessa história, é o caminho que os dois jovens tomam para se contrapor a uma ordem instituída na qual já não acreditam: aquele mundo de política e subterfúgios, de equilíbrios precários e de violência, de trocas oportunistas e de maldades que constituem a norma das relações sociais em Verona. Eles não aceitam isso e encontram no outro a maneira de se revoltar contra a época em que vivem: querem um mundo diferente.

Esse desafio em nome do amor é um movimento de rebelião incontrolável – e, enquanto tal, potencialmente destrutivo. Porque, para Shakespeare, a própria força do amor é perigosamente destrutiva. Quando encontramos alguém de quem gostamos e somos correspondidos, sentimos algo que nos impede de viver plenamente o novo amor e nos surpreendemos fugindo, sabotando nossa possível felicidade. Talvez sejamos levados a agir assim pela potencialidade destrutiva, extremamente perigosa, que o sentimento de amor traz consigo. Talvez a filofobia seja apenas uma percepção, profunda e involuntária, do risco que corremos quando nos apaixonamos.

No teatro shakespeariano, sempre se fala de terríveis forças sobre-humanas contidas em nossa alma e que, uma vez libertadas, podem nos levar à catástrofe. Essa força, em *Romeu e Julieta*, é constituída pelo sentimento que se desencadeia quando os dois jovens se encontram. O sentido do poder imenso e fatal do amor, que constitui a essência do fenômeno filofóbico, é revelado aos brados por Mercúcio, o melhor amigo de Romeu, na quarta cena do primeiro ato.

Com genialidade dramatúrgica, Shakespeare faz a cena do encontro entre os dois apaixonados ser precedida por esse monólogo, que é uma espécie de aviso oracular visionário, magnífico e incisivo a Romeu por parte de seu melhor amigo.

A princípio, Mercúcio parece zombar da obsessão de Romeu por Rosalina. Depois, porém, enlouquecido como Cassandra, seu discurso se torna uma descrição psicodélica dos delírios sofridos por quem está apaixonado, como se esses delírios fossem fruto das ações de Mab, a rainha das Fadas, aquela que, segundo a tradição folclórica celta, age na alma dos homens quando se tornam vítimas de desejos incontroláveis.

ROMEU: Tive um sonho esta noite.
MERCÚCIO: Ah, realmente? Eu também sonhei.
ROMEU: E o que sonhaste?

MERCÚCIO: Que muitas vezes os sonhadores mentem.
ROMEU: Os que estão adormecidos, na cama, sonham coisas reais.
MERCÚCIO: Mas é claro! Então, a rainha Mab esteve contigo esta noite. Ela é a parteira das criaturas encantadas, e chega conduzida por um grupo de duendes, não maior que a pedra de ágata que brilha no dedo anelar de um prelado. Chega, e é ela que traz os sonhos, pousando na ponta do nariz de quem dorme [...]. E assim, uma noite depois da outra, a rainha Mab galopa no cérebro dos apaixonados e os faz ter sonhos de amor. Às vezes, porém, pousa nos joelhos dos cortesãos, e estes então sonham reverências e cerimônias; ou então pousa nos dedos dos advogados, que então sonham gordas remunerações; ou nos lábios das mulheres, e assim elas sonham ser beijadas – mas, às vezes, o hálito fedorento delas, por terem comido doces em excesso, deixa Mab furiosa, e então ela enche os lábios delas de pústulas. Às vezes, pousa no nariz de um político, e então este sonha que se prostitui para conseguir um bom cargo; outras vezes, traz consigo um rabinho de porco, e dá uma espiadinha no nariz de um clérigo, que então sonha em receber o benefício de outra generosa doação. Outras vezes, galopa pelo pescoço de um soldado, que então sonha com gargantas inimigas cortadas, ataques, emboscadas, espadas espanholas e brindes noturnos com um barril profundo de cinco braças; depois, de repente, faz soar um tambor no seu ouvido e o soldado acorda assustado, fazendo-o soltar alguns palavrões por medo e depois Mab o faz adormecer novamente. Tudo isso é Mab; é Mab que, na noite, trança as crinas dos cavalos, e com grandes nós embaraça os cabelos dos elfos, lançando pragas sobre os que se aventuram a desembaraçá-los. Mab é aquela feiticeira que, se encontra uma jovem deitada de costas, pula-lhe na barriga e a faz sentir um belo peso entre as pernas, para que também ela aprenda a montar e cavalgar. É ela, é Mab, é ela...

ROMEU: Já chega, Mercúcio, já chega. Estás falando sobre nada.

(I, iv)

O discurso de Mercúcio é verdadeiramente enigmático, sinistro em sua mirabolante clarividência de tons cômicos que o caracteriza. É um discurso acrobático em seu impulso metafórico e, ainda assim, preciso ao indicar um destino fatal.

A imagem de Mab que leva os homens à loucura torna-se um presságio do amor totalizante e catastrófico que será desencadeado quando Romeu, na cena seguinte, encontrar Julieta. Não nos esqueçamos que, se esse encontro não tivesse ocorrido, nem Mercúcio nem Romeu teriam morrido tão jovens.

No fim, Romeu interrompe a enxurrada de palavras de seu amigo dizendo-lhe que está falando sobre nada. E Mercúcio responderá que sim, que é verdade: está falando de sonhos, de coisas sem substância. Do nada. Aquele nada engolirá Romeu, Julieta, Mercúcio e toda Verona. Mas Romeu não compreende o que o amigo está dizendo. Como todo herói diante das palavras do oráculo que lhe revela o seu destino, Romeu não entende: ele interpreta mal.

Do contrário, teria entrado com muito mais temor na festa dos Capuletos. Durante o evento, ele a vê, na mais bela e mais famosa cena de amor do teatro ocidental – a quinta e última cena do primeiro ato –, e perde totalmente a cabeça. Porque em Romeu não há vestígio de filofobia.

Quando Romeu olha Julieta pela primeira vez, pergunta-se se tudo aquilo em que acreditou até aquele momento fora real. Pergunta-se, ao ver a jovem Capuleto, se cada coisa que conheceu até aquele instante fora ilusória e falsa, porque a beleza incomparável de Julieta transforma toda a realidade.

ROMEU: Ah, ela ensina as tochas a brilhar. Ela é um esplendor rico demais para a terra. Devo encontrar um jeito de tocar aquela mão com que agora acaricia o rosto. Mas o coração já amou? Olhos, neguem isso. Porque antes de agora nunca tinham visto a beleza.

(I, v)

Não há expressão mais perfeita que essas palavras para descrever o que costumamos chamar de "amor à primeira vista": num instante, tudo muda para Romeu, porque o que ele sente ao ver Julieta o precipita num estado de exaltação mais sublime do que tudo o que sentira até aquele momento.

Alguns sorriem com indiferença quando se fala de "amor à primeira vista", convictos de que o amor é um sentimento que se cultiva, se decide, se forma ao longo dos anos e com esforço. No entanto, se essa exaltação ao primeiro olhar é correspondida, como acontece com Romeu, um campo emocional sobrecarregado de paixão pode ser criado entre dois seres humanos; uma energia capaz de dar curto-circuito em todos ao redor de quem a sente fluir dentro de si. É ali que Mab começa a agir dentro de nós. E perdemos a cabeça, deixando às loucuras da "rainha das fadas" o leme da nossa existência. Nesse sentido, a Mab de Mercúcio pode ser vista como a concretização arquetípica do terror mencionado pelo fenômeno da filofobia.

Com frequência se afirma que, quando nos apaixonamos loucamente e somos correspondidos, temos a sensação de que todas as outras pessoas desaparecem e que apenas aquele ou aquela que nos impressionou com seu encanto permanece diante de nossos olhos. Estamos sozinhos no mundo com aquela pessoa. Uma condição como essa exige uma linguagem especial para ser expressa, um código compartilhado apenas por aquele casal: é necessária a poesia. Porque a linguagem comum, como sabem os poetas de todos os tempos, é insuficiente para expressar as batidas do coração. De fato, quando Romeu e Julieta se encontram na festa, Shakespeare os faz falar em pentâmetros iâmbicos rimados (versos inimitáveis nas traduções), quase como se o diálogo deles fosse um soneto recitado a duas vozes.

Verona se anula, tudo desaparece: o mundo é completamente reinventado pela paixão de um pelo outro. Mab tomou o controle. E nada mais está em segurança.

> ROMEU: Se com minha mão indigna profano este sagrado santuário, é doce o meu pecado: estes meus lábios peregrinos, ruborizados de vergonha, com um beijo encontrarão redenção para suavizar aquele toque demasiado rude.
> JULIETA: Bom peregrino, não condenes tua mão, que humildemente demonstrou apenas devoção: até os santos têm mãos que os peregrinos tocam, assim, nas relíquias, uma palma contra a outra.
> ROMEU: Os santos e os bravos devotos não têm lábios?
> JULIETA: Sim, certamente, peregrino, mas os usam apenas para rezar.
> ROMEU: E, então, minha adorada santa, deixa que os lábios imitem a oração das mãos, se não queres que a fé se transforme em desespero.
> JULIETA: Os santos não se movem, ouvem quem reza, nada mais.
> ROMEU: E, então, não te movas, enquanto me deleito sozinho.
> *Beijam-se.*
> ROMEU: Assim os teus lábios anulam o pecado dos meus.
> JULIETA: E, então, os meus lábios têm o pecado que os teus removeram.
> ROMEU: O pecado dos meus lábios? Oh, culpa docemente denunciada. Devolve-me o meu pecado.
> *Beijam-se novamente.*
> JULIETA: Entro em êxtase quando me beijas assim.
>
> (I, v)

Esse primeiro encontro entre Romeu e Julieta caracteriza-se pela pressa incontrolável que, como eu disse, é a marca da peça: assim que se encontram, Romeu não perde tempo e logo trata de roubar-lhe um beijo. Julieta também não parece querer se conter. Entre os dois se estabelece um doce jogo em que o grave conceito de pecado se torna uma irônica motivação para brincar amavelmente.

Com a metáfora original das mãos, Shakespeare consegue transmitir aquele sentido de doce profanação que acompanha o contato íntimo entre dois corpos até então estranhos; aquele toque mútuo, aquele primeiro contato no início de uma relação, a primeira carícia, que abala nosso coração como se entrássemos no silêncio misterioso de um templo inviolado.

Com esse diálogo de amor poético, os dois jovens deixam para trás de si o mundo dos mais velhos com as suas falsas normas morais, sociais e religiosas. Ao final desse rápido encontro, Julieta lhe diz uma coisa aparentemente estranha: *You kiss by th' book*, ou seja, "beijas como se deve", "beijas de acordo com as regras". No entanto, a tradução literal da expressão seria: "beijas como está escrito no livro", fazendo alusão à Bíblia. Eu prefiro forçar ainda mais o verso e fazê-la dizer: "Entro em êxtase quando me beijas assim", porque gostaria de manter aquele sentido de subversão da sacralidade que caracteriza todo o diálogo.

Contudo, o uso de categorias teológicas por parte de Romeu e Julieta para descrever seu impulso erótico não é algo blasfemo: não se trata de zombar da religião por parte de dois adolescentes desrespeitosos. Pelo contrário, é uma reinterpretação do conceito de sacralidade para algo diferente em relação ao que a moralidade e o catecismo de seus pais lhes impuseram até aquele dia: a partir daquele momento, depois do encontro e dos beijos, um será o Deus do outro. E, no altar daquela adoração, estarão prontos para sacrificar a si mesmos, mártires de uma crença de amor pela qual não temem queimar a própria vida nas chamas da realidade.

Por outro lado, etimologicamente, o nome "Romeu" designa "o peregrino rumo à Cidade Santa". Assim é retratado o jovem Montéquio: um peregrino em marcha para Julieta. Ela, por sua vez, cenas depois, não hesitará em se dirigir a ele chamando-o de "Deus da minha idolatria".

Não por acaso, na segunda cena do segundo ato, encontramos Julieta suspirando por Romeu na sacada, naquela que é uma das imagens mais icônicas do texto. O seu estar "lá no alto", invocada por Romeu, que escalou os altos muros da residência dos Capuletos sem se importar com os riscos de sua atitude, revela o caráter divino, transcendente, que ele atribui à jovem.

Julieta naquela sacada é uma tradução plástica, no aspecto cênico, do ideal platônico-petrarquista do amor que sua figura encarna. Aos olhos de Romeu, Julieta é em tudo e sob todos os aspectos uma dama angelical como a descrita pela tradição do *Dolce stil novo*: um ser tão perfeito que não pertence, de fato, a este mundo. Contudo, se na visão dos romances de cavalaria, a dama, enquanto ser divino, permanecia inviolável, intocável em seu caráter imaterial, aqui, ao contrário, a pressa e a impulsividade da juventude levarão os jovens a fundir rapidamente seus corpos numa dança extática, rompendo de forma fatal os parâmetros do amor cortês. Assim, Shakespeare transforma o romance em tragédia, para mostrar o caráter terrível e maravilhoso do amor arrebatador entre duas pessoas, numa ocasião em que ele se traduz na realidade da vida e não permanece um fato ideal, imaginado, como tinha sido na lição poética do humanista italiano Petrarca e da sua tradição.

Mas a manhã sombria que paira sobre todas as coisas, no fim do quinto ato da peça, é a forte imagem de como o amor absoluto é absoluto precisamente porque não se realiza. *Romeu e Julieta*, assim entendido, é apenas uma exaltação – em perspectiva trágica – do ideal do amor cortês.

Jaspers define o processo psicológico do amor como um milagre: o milagre pelo qual, para um sujeito finito, outro sujeito finito se torna único e absoluto. O amor, se queremos levar a sério esse pensamento de Jaspers, seria uma absolutização da alteridade: o encontro de um outro que se torna tudo para nós. E por quem estamos dispostos a tudo. Porque sentimos que nossa própria essência se realiza em contato com aquela pessoa, graças àquela pessoa. Noutras palavras, nos sentimos destinados ao encontro que tivemos. Ao menos por um tempo, deixamos de nos sentir como partículas de calor lançadas aleatoriamente no universo infinito e nos tornamos únicos.

Isso não parece nem um pouco ruim. Então, por que temos tanto medo de nos apaixonarmos? Provavelmente porque se trata de um êxtase que implica um grande perigo: se, por alguma razão, a pessoa por quem perdemos a cabeça não estiver mais conosco – porque nos abandonou, porque partiu para uma viagem e não voltou, porque as circunstâncias nos separaram ou porque o relacionamento se tornou impossível por motivos mais sérios –, então nos parece que nossa própria essência, aquela essência que a presença dessa pessoa tinha tornado real, também desmorona.

Nesse sentido, um papel-chave na peça de Shakespeare é desempenhado por Frei Lourenço. Por muitos aspectos, ele pode ser definido como mentor da trama, aquele que, sendo detentor de uma sabedoria especial, aconselha e acompanha o herói da história, concedendo-lhe ajuda, dons e habilidades, às vezes, de natureza mágica, para que se cumpra o processo evolutivo. Frei Lourenço não é um simples padre. Em sua narrativa, Shakespeare tem o cuidado de descrevê-lo como um sábio, uma espécie de sacerdote-feiticeiro-filósofo capaz de utilizar as virtudes secretas de flores e plantas.

O correspondente de Frei Lourenço para Romeu é a mentora de Julieta, ou seja, Ama, cuja natureza, contudo, é cômica. A personagem shakespeariana conhecerá muitas releituras e ressurgirá no século XX na figura da personagem Mammy no famoso romance *E o vento levou*, de Margaret Mitchell. Sua fala rude, mas afetuosa e, às vezes, vulgar, terna e muito engraçada, quase coloquial, cria um rico contraste com o onírico lirismo de Julieta.

Frei Lourenço e Ama são os únicos adultos que participam do casamento secreto que, poucas horas após o primeiro encontro, os dois jovens celebram. Aliás, os apaixonados conseguem fazer isso graças à ajuda deles. Por isso, parte da culpa pelo desastre que se segue pode ser atribuída também a eles, caso quiséssemos absolver Romeu e Julieta pelo atenuante da tenra idade.

Frei Lourenço, em especial, além de coordenar toda a operação, tem um objetivo político: acredita que esse casamento pode, finalmente, levar a um acordo entre as duas famílias e, com isso, à paz em Verona. Porém, sua sabedoria esotérico-botânica não lhe serve para nada nesse contexto: o frade comete o maior dos erros, porque não entende que o casamento constitui um desafio inaceitável à ordem estabelecida, desafio que não poderá ficar impune e sem consequências.

De fato, assim que os dois se casam, os problemas começam, um após o outro. Em mais uma briga entre os Montéquios e os Capuletos, Mercúcio se envolve numa luta com Teobaldo, primo de Julieta. Ao vê-los, Romeu tenta detê-los, uma vez que agora Teobaldo é secretamente seu parente. Mas essa tentativa atrapalha Mercúcio, que acaba sendo mortalmente ferido.

Na primeira cena do terceiro ato, Mercúcio morre. Em seu último suspiro, pronuncia a famosa frase: "A peste sobre ambas as famílias!" (*A plague o' both your houses!*). Como nos dizem os mitos antigos, as maldições dos moribundos são infalíveis. E assim acontece nessa história. De fato, com a morte de Mercúcio, o tom essencial do drama muda. Em sua partida, temos a *Zäsur* da história, o ponto trágico de não retorno: daqui em diante, observamos uma nítida mudança na atmosfera do texto, que logo se encaminha para a catástrofe final.

No âmbito verbal, a caracterização retórica de Mercúcio o torna um personagem único na história: seu registro acrobático e colorido não pode ser comparado à linguagem vulgar de Ama, mas, ao mesmo tempo, está a anos-luz dos arroubos lírico-corteses dos dois amantes. De fato, no plano dramatúrgico, ele serve de contraponto, linguístico e espiritual, às exaltações românticas de Romeu. Quando perdermos a cabeça por alguém, muitas vezes cabe a um bom amigo nos trazer de volta à realidade: exatamente o que Mercúcio faz ao zombar dos sentimentos de Romeu. Quando ele morre, não há mais risadas: Romeu assume uma postura totalmente séria. E tudo desmorona.

Enlouquecido de dor pela morte do amigo, Romeu o vinga matando Teobaldo. Por esse assassinato, o príncipe o exila de Verona para Mântua. Para Romeu, o exílio se torna a metáfora da morte, pois um mundo sem Julieta não é mais mundo. Ela, desnorteada pela morte do primo e pelo exílio de Romeu, é forçada pelo pai a acelerar o casamento, já decidido, com Páris. Porém, não pode obedecer à ordem paterna, por já ter se casado em segredo com Romeu. Então, pensa em tirar a própria vida. Percebe que só lhe resta, como diz, "o poder de morrer". Neste ponto, os conselhos de Frei Lourenço revelam todo seu potencial destrutivo. Abalada, Julieta o procura, em busca de ajuda e ameaçando se matar. Então, o padre tenta remediar a situação. E, mais uma vez, sua tentativa se revelará um desastre.

Frei Lourenço concebe um plano extremo e propõe que Julieta tome um narcótico que a fará parecer morta por dois dias consecutivos. Enquanto isso, ele enviará uma mensagem a Romeu em Mântua, para avisá-lo. Desse modo, ele poderá retirá-la do túmulo da família e depois fugir e viver feliz com ela.

Julieta segue o conselho do frei, e na manhã do casamento com Páris é encontrada (aparentemente) morta em sua cama. No entanto, o plano não está destinado a funcionar, porque esses dois jovens "nasceram sob uma estrela adversa". A mensagem do frei não chega ao jovem, que fica sabendo apenas que Julieta morreu. Desesperado, volta para Verona, apesar do exílio. Luta com Páris e o mata. Depois, encontra Julieta, que jaz imóvel em seu leito funerário na igreja. Ela lhe parece morta. Romeu se deita ao lado do corpo dela e bebe um veneno que, nesse meio-tempo, tinha conseguido clandestinamente de um boticário. Pouco depois de Romeu morrer, Julieta acorda. Encontra ao seu lado o jovem que se suicidou. Procura beber um pouco do veneno de sua boca com um beijo, mas é inútil. Então, pega a adaga dele e se apunhala.

A esta altura, Shakespeare faz Frei Lourenço falar novamente, e ele repete, de fato, aquilo que o público já testemunhou, quase como se confessasse sua responsabilidade por ter ajudado os dois jovens a concretizar seus irremediáveis propósitos de amor. A verdadeira culpa, contudo, recai sobre os mais velhos da família e suas condutas perversas, como o príncipe ressalta. Agora os patriarcas dos Montéquios e dos Capuletos estão prontos para selar um acordo de trégua. Mas muitas jovens vidas foram perdidas para chegar a esse aperto de mãos. O preço foi alto demais. Assim, ao fim da história, a estúpida crueldade do mundo se contrapõe, sem esperança de síntese possível, à pretensão tola e maravilhosa daqueles dois jovens: ignorar tudo, mudar Verona e todas as coisas, graças à força do imenso sentimento dos dois.

Nada é mais perigoso que o êxtase que sentimos quando pensamos ter encontrado a pessoa dos nossos sonhos, nos diz Shakespeare, porque perdemos toda a razão.

O que Mestre Will não nos diz é se, quanto e quando vale a pena deixar-se levar por esse êxtase, arriscando tudo. De fato, é uma pergunta que nenhum dos dois jovens amantes se faz, em nenhum momento da história: "Estamos fazendo a coisa certa?". Por outro lado, como eles poderiam encontrar tempo para perguntas como essa durante aqueles cinco dias maravilhosamente terríveis de julho?

A inconsciência de Julieta

Apesar da jovem idade, Julieta, assim como muitas heroínas shakespearianas, é uma mulher forte, inteligente, determinada e corajosa. Decide desobedecer a uma ordem expressa de seu pai, fugir de casa e se casar com o filho dos inimigos da própria família. Ela não tem medo de entrar em coma, com o risco concreto de morrer, apenas para ter uma chance de rever o seu Romeu. Tudo isso numa época em que se negavam às mulheres quase todas as escolhas sociais e a autonomia de decisão. Certamente, não lhe falta ousadia. O caráter de Julieta faz com que os mais velhos da história a vejam como uma inconsciente e assim ela pode parecer também para nós. Ou melhor, quando entendemos esse conceito, a inconsciência, numa acepção que não é estritamente moral, talvez o caráter da heroína shakespeariana possa nos mostrar uma origem importante da filofobia.

De fato, o termo "inconsciente" comporta dois significados diferentes: o primeiro faz alusão a uma pessoa desprovida de discernimento, que não é capaz de distinguir o bem do mal e se lança em ações imprudentes sem avaliar os riscos para si e para os outros; e pode também descrever um indivíduo que perdeu os sentidos, que não responde aos estímulos apesar de manter as funções vitais (trata-se daquela situação clinicamente definida pela sigla EVP, ou "estado vegetativo persistente").

Na tragédia, Julieta é "inconsciente" tanto na primeira como na segunda acepção. O fato de incorporar os dois significados pode nos revelar uma mensagem oculta da obra; em especial, a inconsciência de Julieta talvez possa nos dizer do que temos medo quando, sem perceber, tememos amar alguém.

Para a filosofia, para a pesquisa psicológica e (pelo que eu saiba) para as neurociências, a consciência ainda é um conceito muito difícil de descrever. Desde o século XVII de Leibniz até a modernidade de Searle, a consciência continua a ser definida como um mistério.

Parece difícil dar-lhe uma definição que não seja apenas tautológica, ou seja, que não se limite a repetir meramente o que se afirma. De fato, quando dizemos que a consciência é aquilo que nos torna conscientes de nós mesmos e capazes de interagir com o mundo externo, no fundo estamos apenas dizendo que a consciência é a consciência. A verdadeira questão seria: de que modo e, sobretudo, por qual motivo, a atividade neuronal do cérebro humano assume a forma do que definimos como consciência do nosso Eu individual? O que nos torna conscientes do que somos do ponto de vista identitário e, como resultado, nos conecta a um universo externo à nossa mente, que percebemos como separado do nosso corpo?

A questão da consciência suscitada por *Romeu e Julieta* nos remete à pergunta essencial que caracteriza essa tragédia, ou seja: por que perdemos a cabeça por alguém, e o que acontece quando isso ocorre? Quando compreendemos claramente esse ponto, um lado importante da filofobia é revelado – uma vez que, no medo de amar, o que queremos evitar a qualquer preço é ficar no estado em que Julieta se encontra.

Assim como no sono ou como ocorre após um trauma, embora em menor medida e com mais suavidade, quando nos apaixonamos ocorre uma pequena interrupção do que chamamos de consciência: desconectados do mundo, deixamos de ser propriamente nós mesmos para nos tornarmos outra coisa. Mas o quê? O que acontece com Julieta, por exemplo, naquelas 42 horas em que, parecendo morta, na realidade não está? Ela ainda é a senhorita Capuleto de Verona?

Creio que a Julieta adormecida e a apaixonada por Romeu sejam a mesma pessoa, mas a jovem que ela era (e que teria sido) sem Romeu é outra: porque esta última tem consciência. Consciência que ela perde na última cena do primeiro ato, isto é, quando os dois se encontram na festa.

A inconsciência "física" de Julieta no fim e a "psicológica" que ela demonstra desde as primeiras falas do drama me parecem profundamente interligadas. É como se, para mostrar a natureza do exuberante delírio de amor, Shakespeare precisasse de uma heroína capaz de anular o próprio grau de consciência tanto no plano moral como no cognitivo. Nesse sentido, *Romeu e Julieta* poderia nos dizer que, quando perdemos a cabeça por alguém, nós abandonamos nossa consciência – seja ela qual for.

"Se todo amor é o nascimento de um mundo", escreveu o filósofo Simone Regazzoni num ensaio recente, "nesse mundo, desde o início, paira a ameaça da catástrofe, e cada 'eu te amo' repetido é também um exorcismo contra o fim do mundo." Quando nos apaixonamos, poderíamos dizer seguindo esse raciocínio, temos de lidar com um magnífico e inevitável apocalipse. Trata-se de uma reinvenção maravilhosa do mundo que só pode acontecer com a eliminação de tudo o que temos ao silenciar a nossa consciência.

Obviamente, isso pode assustar, e não é pouco: se percebemos a catástrofe implícita no ato de se apaixonar, poderíamos, sem nos darmos conta, fazer de tudo para evitá-la. Uma catástrofe que, pensando bem, é dupla: seja porque, quando nos apaixonamos, o mundo como o conhecemos é subvertido e redefinido, seja porque essa reinvenção do mundo, em si mesma, cedo ou tarde está destinada a acabar. Apaixonar-se significa abandonar o mundo por outro mundo que, por sua vez, deverá ser também abandonado. Para fazê-lo, precisamos ser inconscientes.

Desde sua primeira entrada no palco, Julieta revela ser o oposto exato de uma jovem sensata e prudente. Nós a vemos aceitar e retribuir o beijo de um desconhecido e, momentos depois, mesmo após saber que ele é o filho dos inimigos de sua família, se deixar levar pelo sentimento que toma conta dela, ignorando todas as consequências. Era por esses motivos que as versões de *Romeu e Julieta* anteriores a Shakespeare condenavam as ações dos dois jovens no âmbito moral.

No entanto, o Bardo segue um caminho narrativo e filosófico diferente: com sua história, Shakespeare nos mostra que o que nós seres humanos chamamos de "amor" é, por si só, um conceito amoral, precisamente porque, ao nos apaixonarmos, perdemos toda consciência. E, como consequência, perdemos também todo controle, todo parâmetro ético, racional e contingente.

Num de seus monólogos, que considero uma das passagens mais bonitas do roteiro, embora seja um dos menos citados, Julieta quase tenta fugir dos parâmetros físicos da realidade definida pela consciência, para criar para si um mundo novo em que o tempo, o espaço e as criaturas são anulados, e ela pode existir ao lado de Romeu, numa noite em que todas as consciências estejam obscurecidas.

JULIETA: Galopai velozes, corcéis de pés de fogo, rumo à casa de Febo. Seria necessário um condutor como Faetonte para vos incentivar a galopar a toda a velocidade para o Oeste, para trazer imediatamente agora, para mim, a nublada noite. Ah, noite, noite, tu que encenas o amor, estende tua densa cortina, que faz até os vagabundos fecharem os olhos, para que Romeu, não visto, não ouvido por ninguém, possa se deitar aqui, em meus braços. Quem se ama não precisa de outra luz além da beleza mútua para iluminar os rituais do amor; como o amor é cego, combina bem com a noite. Vem, portanto, noite incansável, senhora do vestido austero, toda vestida de preto, e ensina-me a perder uma partida já ganha, lá onde estão em jogo duas virgindades imaculadas. Cobre com teu manto escuro minha face pulsante de sangue, para que um amor sem igual se desencadeie livre, pois o verdadeiro amor é sempre um ato puro. Vem, vem, noite! E vem, Romeu! Vem, tu, dia na noite, tu que repousarás nas asas da noite mais branco que a neve fresca na garupa de um corvo. Vem, noite gentil, noite amorosa de pálpebras escuras, e dá-me o meu Romeu; e, quando ele vier a morrer, corta-o em pedacinhos, como pequenas estrelas; assim ele tornará magnífico o rosto do céu, e todos no mundo se apaixonarão pela noite, e não mais adorarão o barulhento sol.

(III, ii)

A ânsia irresistível de rever seu amado torna-se aqui, para a jovem Capuleto, uma onírica evocação de seu corpo, uma espécie de fluxo de consciência erótico, de valor mágico, que se expressa num estado de quase transe e que tende a dissolver toda individualidade na escuridão da noite. É como se o sentimento por Romeu habitasse um lugar oculto de sua alma que não pode ser ativado durante o "dia", ou seja, no estado de vigília. O amor habita a paisagem de sua psique dominada apenas pelos sonhos. Quando entra na inconsciência, um êxtase místico a faz vibrar "derretendo seus membros", como diriam os gregos ao descreverem Eros.

Nesse sentido, o amor parece nos fazer perder a razão porque se manifesta por um agradável redimensionamento do domínio da nossa consciência sobre nós mesmos.

Desprovidos de consciência, nossa personalidade se expande. É como se vivêssemos uma liberdade mais plena, impraticável na existência cotidiana, correspondente aos nossos desejos mais profundos. Assim, perder a cabeça por alguém nos faz escapar das restrições da nossa personalidade social limitada, levando-nos a nos tornarmos uma versão ampliada de nós mesmos: mais livres, mais corajosos, mais fortes. Mais felizes. Mas também diferentes, de maneira inquietante, de nossa reconfortante identidade habitual. É nesse estado que Julieta se encontra na última cena do primeiro ato, quando avista Romeu na festa e o beija.

Nesse doce estado de pequena narcose, nós nos tornamos menos responsivos ao mundo externo e, portanto, mais impermeáveis ao mal da realidade. Nesse sentido, o amor nos acalma, como um sedativo. Esse é o estado de Julieta no fim da história. Nessa perspectiva, nosso medo de amar poderia parecer um medo diante do desconhecido que, no estado inconsciente, não podemos controlar: a filofobia como *horror vacui*, um horror do vazio.

Quando estamos conscientes, percebemos o mundo, o compreendemos e o nomeamos. Dar nomes precisos às coisas é a expressão mais evidente do funcionamento da consciência. Nos estados de inconsciência, o mundo não pode ser nomeado pelo sujeito. Significativamente, nas famosas falas que pronuncia no começo do segundo ato, suspensa naquela sacada de intenso valor simbólico, o que Julieta quer questionar é precisamente a relação entre os nomes e as coisas.

JULIETA: Oh, Romeu, por que és Romeu? Renega teu pai e rejeita teu nome! Ou então, se preferires, abraça o meu amor e eu aceitarei não ser mais uma Capuleto. [...] Só o teu nome é meu inimigo. Mas tu és tu mesmo, não um Montéquio. O que significa Montéquio? Não é uma mão, nem um pé, um braço ou um rosto; não é a parte do corpo de um homem. Oh, sê outro nome. O que seria um nome? O que chamamos rosa, com outro nome, teria o mesmo perfume. E assim também Romeu, se não se chamasse mais Romeu, manteria intacta aquela doce perfeição que nada tem a ver com o modo como o povo o conhece. Ah, Romeu, joga fora esse nome! E, em troca desse nome que não é parte de ti, eu te dou a mim mesma inteiramente!

(II, ii)

Depois de ouvir ansiosamente, oculto na sombra da noite, os pensamentos de Julieta e de ter compreendido que os sentimentos dele por ela são correspondidos, Romeu se revela. Naquele momento, Julieta não tem certeza se o reconheceu na penumbra e pergunta quem é. E, aquela pergunta inocente, simples na aparência, oferece a Romeu a possibilidade de atender ao que Julieta – inconscientemente – lhe pedia: renegar a si mesmo, considerar o próprio nome algo contingente, que pode ser mudado.

ROMEU: Com um nome não sei te dizer quem sou. Meu nome, criatura angelical, me é odioso, por ser teu inimigo.

(II, ii)

O estrago está feito. Não apenas porque Julieta reconhece imediatamente o som da voz do jovem, "mesmo tendo ouvido apenas algumas palavras", e seu coração palpita, mas porque, sem perceber, seu caráter rebelde a fez iniciar uma revolução.

Na pretensão de mudar os nomes dados às coisas, decerto está em ação o fermento juvenil contra um mundo de velhos, baseado em falsas convenções que já não fazem sentido. Porém, de forma mais profunda, está também a ideia de que o mundo real, do modo como é percebido pela consciência, é algo totalmente acidental. Se Romeu tem uma essência independentemente do nome pelo qual é compreendido, isso significa que todas as coisas, assim como nós as entendemos, são apenas alucinações. Noutros termos, a consciência – a maneira como somos conscientes de nós mesmos e do mundo – é uma lente deformante. Julieta gostaria de ver o mundo "em si mesmo", sem importar as maneiras como o percebemos, o interpretamos e o definimos.

Se quisermos, o nominalismo de Julieta é radical: ela rejeita a relação necessária entre palavra, conceito e coisa, na medida em que toda denominação seria apenas um *flatus vocis*, um mero som que pode muito bem ser substituído por outro. Em virtude de seu impulso de amor, Julieta quer renovar todas as coisas, dar novos nomes a todas as criaturas. Ela se recusa a admitir que Romeu é Romeu. Com isso, o *ordo rerum* (o conjunto de todas as coisas) e o *ordo verborum* (o universo linguístico) são irremediavelmente desvirtuados.

As consequências dessa pretensão de Julieta são bastante significativas: em primeiro lugar, se as palavras não têm nada a ver com as coisas, como poderíamos esperar compreender o mundo? Todas as nossas interpretações verbais e mentais perderiam seu valor e, portanto, a realidade passaria a ser apenas uma sensação indistinta.

Ao pedir que Romeu mude seu nome, Julieta dá início a um terremoto: se retiramos os títulos das coisas, se chamamos as rosas por outros nomes, todos os pontos de referência do mundo podem desmoronar. O que Julieta está pedindo é realmente uma transvaloração de todos os valores.

Nesse sentido, Julieta lembra Humpty Dumpty, o personagem do folclore britânico retomado por Lewis Carroll nas suas histórias de Alice, que afirma decidir a seu bel-prazer o que as palavras podem significar. Carroll utiliza Humpty Dumpty para mostrar o paradoxo do ato linguístico, baseado em convenções em si mesmas desprovidas de valor semântico. Julieta não se dá conta disso, é claro, mas, com sua pretensão, a filha dos Capuletos derruba a torre de Babel.

No aparentemente doce convite que ela faz ao novo amado, pedindo-lhe que não se chame mais Romeu, vemos como Julieta abre, de forma perigosa, as portas para um mundo dominado pelo caos, pela incompreensibilidade, pela loucura.

Certamente, a espiral de violência que engole Verona e os dois jovens, contra a vontade deles, está relacionada com a pretensão subversiva de Julieta: Romeu é Romeu, embora ambos se recusem a aceitar aquele nome. Na verdade, eles morrem porque o mundo não tem a menor intenção de mudar a ordem baseada na correta denominação da realidade.

Eis por que se torna essencial para Shakespeare que a inconsciência moral de Julieta se concretize na sua inconsciência cognitiva, no fim. Se é verdade que, quando perdemos a cabeça por alguém, o que perdemos é a consciência, a imagem metafórica mais perfeita do amor é, então, um corpo inconsciente. Não por acaso, inúmeras fábulas da tradição popular, para explicar o amor, falam de uma jovem adormecida por anos e anos, que para ser despertada necessita do beijo de um príncipe. Ser sem ser nós mesmos: talvez não exista nada mais assustador. A condição daquelas princesas e de Julieta assusta. Nesse sentido, a filofobia é o medo de estar inconsciente.

Um medo que na obra de Shakespeare desencadeia uma tragédia. De fato, nos contos do folclore, o sono encantado da princesa corresponde ao estado de morte aparente de Julieta no roteiro shakespeariano. Nesse drama, porém, o príncipe não acorda a princesa com um beijo. Não: aqui o príncipe, ou seja, Romeu, tira a própria vida porque não compreende que, naquele estado vegetativo, ela ainda está viva; que precisamente aquele estado não responsivo – possibilitado pela coragem de Julieta de esperá-lo nos reinos da morte – é o ápice do amor: o grau zero da consciência. Um sentimento como esse aterroriza e nos leva a fugir. A não ser que estejamos dispostos a perder o nosso mundo, e a nós mesmos, para vivê-lo. A não ser que, independentemente de nossa idade, sejamos jovens como Julieta. Jovens e inconscientes como ela.

Marcar um encontro no nada

Muitas vezes me perguntei, e não muito raro com tristeza, por que, mesmo tendo encontrado pessoas maravilhosas em meu caminho, os relacionamentos amorosos que vivi terminaram por falta de sentimento. Era como se alguma coisa em mim me impedisse de viver aquelas histórias até o fim. Ao ler e reler *Romeu e Julieta*, estudar o texto, levá-lo para o palco, creio ter vislumbrado as origens de minha filofobia e, em última instância, da filofobia como fenômeno em geral.

Romeu e Julieta perdem o controle: sobre si mesmos e sobre a situação. Esse aspecto do amor nos assusta, porque abre um mundo de forças irresistíveis e incontroláveis. Acho que esse é o primeiro motivo que nos leva a ter medo de amar: o pavor de perder o controle. E há outro motivo, igualmente essencial: o medo de sermos "invadidos" espiritualmente. O medo de que alguém entre em nosso pequeno mundo privado, perfeito na sua intocabilidade, e perturbe tudo, como acontece com Romeu, a quem se pede que deixe de ser Romeu. Provavelmente, a filofobia é também o medo de ser violado nesse sentido.

Por outro lado, Romeu e Julieta põem o próprio destino nas mãos um do outro. Se um dos dois falta, o outro é destruído: se ela está em Verona, enquanto ele está em Mântua, o mundo desmorona. Quando amamos, somos mais vulneráveis que nunca: um gesto, uma palavra do outro pode nos salvar ou nos destruir. Estamos à mercê. E estar totalmente à mercê de outro é uma condição que quase sempre assusta e nos leva a fugir.

Quando hoje pensamos numa tragédia teatral, talvez *Romeu e Julieta* seja um dos primeiros títulos que nos vêm à mente, e com certeza é um dos mais famosos no âmbito popular. No entanto, quando Shakespeare escreveu a peça, era quase inconcebível, para a mentalidade e para os padrões literários da época, imaginar uma tragédia que tivesse como temática o amor adolescente e dois jovens como protagonistas. Era matéria de romances ou de poemas morais, e não da épica tragédia teatral. Com seu texto, o Bardo realiza uma revolução literária e cultural: os heróis grandiosos e as paisagens suntuosas, típicos da tragédia, são substituídos por temas da vida cotidiana da pequena nobreza: bailes, rivalidades, paixões, ciúmes, casamentos.

Muitos críticos explicaram essa mudança shakespeariana com razões externas e contingentes: Shakespeare teria composto uma tragédia de amor, inspirando-se nos modelos da poesia cavaleiresca, pois naqueles meses os teatros estavam fechados devido à peste e, portanto, nas Cortes (o único lugar possível para as apresentações nas circunstâncias) um tema como o dessa obra poderia ter mais sucesso.

No entanto, creio que não há apenas razões externas para a revolução que Shakespeare realiza com esse texto, mas também razões filosóficas. De fato, penso que, antes de tudo, ao conferir dignidade épica a uma história de amor juvenil, o Bardo quis mostrar a natureza intrinsecamente trágica do amor.

É essa intrínseca tragicidade do amor que, às vezes, nos faz tremer como se estivéssemos à beira de um precipício. Que nos faz sentir, ao olhar nos olhos da pessoa amada, como se estivéssemos lançando o olhar no fundo sem-fim de um abismo. É nessa imperscrutabilidade que Romeu e Julieta se encontram. Porque, para que se amem como desejam, só podem se encontrar no nada. O que esses dois jovens veronenses pretendem é o que os alquimistas chamavam *sizígia*, uma fusão mística de seus corpos e de suas essências. No mundo, um amor desse tipo foge ao controle. Em certo sentido, eles só se amam de verdade quando, na igreja, no último ato, descobrem os respectivos corpos sem vida. Porque, nesse momento, o amor deles finalmente não tem limites, nem contingências, nem realidade. É total. É perfeito. Enquanto estavam vivos, entre uma infinidade de problemas concretos presentes em todos os relacionamentos, eles jamais conseguiriam se amar dessa maneira.

Faz sentido, vale a pena olhar uma pessoa viva do jeito que Romeu olhava Julieta ao pensar que estava morta? Eis a questão candente que Shakespeare, com essa tragédia, deixa de herança aos filofóbicos de todos os tempos e de todos os tipos. Se ela tivesse acordado um instante antes, e os dois tivessem continuado alegremente sua história de amor, ele continuaria a olhar para ela dessa maneira?

Bibliografia

BRODWIN, L. L. *Elizabethan Love Tragedy 1587-1625*. Londres: University Press, 1972.

CARROLL, L. *Alice*. Edição comentada ilustrada: Aventuras de Alice no País das Maravilhas & Através do espelho. Tradução Maria Luiza X. de A. Borges. São Paulo: Zahar, 2013.

COLERIDGE, S. T. *Biographia literaria*. Roma: Riuniti, 1993, cap. XVI.

COOTE, S. *Samuel Pepys:* A Life. Londres: Hodder and Stoughton, 2000.

DE LIBERA, A. *Il Problema degli Universali da Platone alla fine del Medioevo*. Florença: La Nuova Italia, 1999.

FREUD, S. *O mal-estar na civilização e outros textos (1930-1936)*. Tradução Paulo César de Souza. São Paulo: Companhia das Letras, 2010. (Coleção Obras Completas Vol. 18).

FRYE, N. *Tempo che opprime, tempo che redime*. Riflessioni sul teatro di Shakespeare. Bolonha: il Mulino, 1986.

FUSINI, N. *Maestre d'amore*. Giulietta, Ofelia, Desdemona e le altre. Turim: Einaudi, 2021.

GHEZZANI, N. *La paura d'amare*. Capire l'anoressia sentimentale per riaprirsi alla vita. Milão: Franco Angeli, 2012.

JAMES, W. *Principi di Psicologia*. Milão: Società Editrice Libraria, 1901.

JASPERS, K. *Psicologia delle visioni del mondo*. Roma: Astrolabio, 1950.

LEWIS, C. S. *Os quatro amores*. Tradução Estevan Kirschner. São Paulo: Thomas Nelson Brasil, 2017.

MELCHIORI, G. *Shakespeare*. Genesi e struttura delle opere. Milão: Laterza, 2010.

MUIR, K. *The Sources of Shakespeare's Plays*. Londres: Methuen, 1977.

NEUMANN, E. *Storia delle origini della coscienza*. Roma: Astrolabio, 1978.

NORTHOFF, G. *La neurofilosofia e la mente sana*. Imparare dal cervello malato. Milão: Raffaello Cortina, 2019.

PORTER, J. A. (org.). *Critical Essays on Shakespeare's Romeo and Juliet*. Londres: G. K. Hall, 1997.

REGAZZONI, S. *Ti Amo*. Filosofia come dichiarazione d'amore. Milão: Utet, 2017.
SEARLE, J. *Il mistero della coscienza*. Milão: Raffaello Cortina, 1998.
TAVORMINA, R. Why are we afraid to love?. *Psychiatria Danubina*, v. 26. p. 178-183.
TEMPERA, M. (org.). *Romeo and Juliet*. Dal testo alla scena. Bolonha: Clueb, 1986.
UTTERBACK, R. V. The Death of Mercutio. *Shakespeare Quarterly*, v. 24, p. 105-116, 1973.
WELLS, S. (org.). *The Shakespeare Book*. Londres: Penguin, 2016.
WHITTIER, G. The' Sonnet's Body and the Body Sonnetized. *Romeo and Juliet. Shakespeare Quarterly*, v. 40, p. 27-41, 1989.
WOOLF, V. *O leitor comum.* Tradução Marcelo Pen, Ana Carolina Mesquita. São Paulo: Tordesilhas, 2023.

SE NÃO TEM CORAGEM DE SEGUIR OS SEUS DESEJOS, VOCÊ PRECISA DE **COMO QUISEREM**

Quando saímos do papel que nos é atribuído

A certa altura da vida, podemos nos deparar com um momento de crise existencial em que, por diferentes motivos, nos perguntamos se o que estamos vivendo, as pessoas e os projetos pelos quais nos esforçamos todos os dias realmente nos importam. Estou falando daquele momento em que ousamos nos perguntar se nossos parceiros, os trabalhos que fazemos, os amigos que nos cercam, de fato, correspondem aos nossos desejos mais profundos.

Quando chegamos a nos fazer essa perigosa pergunta, quase sempre é porque a resposta é "não": não, não estamos vivendo de acordo com nossos desejos autênticos. Então, podemos ter a impressão de estar atuando enquanto vivemos a vida. A impressão de que a realidade, sem que tenhamos percebido, nos atribuiu papéis como faz um diretor rigoroso no teatro, mas nós nunca escolhemos esses papéis. Funcionário, professor, operário, advogado, médico, esposa, mãe, marido, pai, namorada, filho, paciente, cliente, contribuinte, usuário: nós interpretamos esses papéis, mas não somos isso.

Se a crise suscitada por essa pergunta é profunda, não é raro a reação ser uma mudança radical. Essa mudança muitas vezes se traduz em ações de ruptura: partimos para uma viagem, mudamos de casa, às vezes, até abandonamos o trabalho ou terminamos um relacionamento, outras vezes podemos chegar a romper laços familiares. Porque é como se precisássemos tirar a máscara que por muito tempo usamos em sociedade, revelando – para nós mesmos e para o mundo – nosso verdadeiro rosto.

Geralmente isso resolve pouco ou nada se nos limitamos a uma mudança exterior: não é suficiente mudar de país ou de parceiro para sermos nós mesmos. Corremos apenas o risco de substituir uma máscara por outra. O importante é lidar de frente com nossos próprios desejos. E isso certamente pode revolucionar por completo a nossa vida cotidiana e nos levar a confrontar aqueles padrões sociais nos quais a nossa vida está segura e tem sentido.

Toda a obra de William Shakespeare é permeada pela metáfora filosófica de que a existência do ser humano pode ser vista como uma forma compartilhada de ficção teatral. Mas uma encenação funciona na medida em que e enquanto estamos dispostos a acreditar nela. O que acontece se nos cansamos disso? Como sair do palco do nosso mundo? Como mudar o canal na vida cotidiana? Já me perguntei isso várias vezes, e várias vezes tentei mudar tudo em minha vida, para tentar ser fiel aos meus desejos. Às vezes, consegui, outras, não. E, de fato, uma forte sensação de insatisfação ainda acompanha os meus dias.

Há uma obra de Shakespeare, uma doce comédia com tons de contos de fada e linguagem acrobática, intitulada *Como quiserem*, em que o Bardo conta a história de uma mulher que ousa abandonar a própria existência comum e preestabelecida, para se aventurar numa floresta selvagem, mudando de identidade e de gênero.

A protagonista dessa história se chama Rosalinda. É filha de um duque francês usurpado (como acontece também em *Hamlet* e em *A tempestade*) pelo irmão, Frederick. Depois de perder o trono, o duque deixou sua Corte e foi viver numa floresta conhecida como Arden. Oprimida pelas injustiças do tio usurpador, Rosalinda se opõe a ele e, para escapar da pena que ele está prestes a lhe infligir, também foge para a floresta disfarçada de rapaz, adotando o nome de Ganimedes.

Assim como Rosalinda na Corte do malvado tio, cada um de nós desempenha um papel ao viver na sociedade. Um papel definido pelas expectativas afetivas e pelas normas sociais que regulamentam as nossas relações com os outros. Essas expectativas e essas normas definem a nossa identidade pública, que pode não coincidir com nossa identidade mais íntima.

O fato de as duas identidades, a íntima e a pública, serem distintas é perfeitamente aceitável e com certeza administrável. Mas o que acontece – eis a questão – se percebemos que essas duas identidades não apenas são distintas, mas também estão em conflito, ou até mesmo são incompatíveis?

Na fábula pastoral narrada por Shakespeare em *Como quiserem*, a viagem de Rosalinda na floresta exemplifica essa pergunta, com toda a carga de entusiasmo e angústia que a acompanha.

Arden, ou a vida na floresta

Ao longo dos séculos, essa comédia shakespeariana não teve um sucesso sólido. Depois da bem-sucedida encenação no Globe em 1599, o roteiro ficou quase esquecido até o fim do século XIX. Foi a partir do século XX que a obra ganhou um novo reconhecimento, no teatro e no cinema, também graças às interpretações de atrizes como Katharine Hepburn, Maggie Smith, Helen Mirren, Patti LuPone e Vanessa Redgrave, que deram vida a Rosalinda.

O drama, poético e visionário, gira em torno da energia da protagonista, algo que talvez não fosse muito apreciado em épocas históricas pouco dispostas a reconhecer tal importância a um papel feminino. Rosalinda é uma personagem extraordinariamente rica, tanto no âmbito da atuação como no filosófico. É uma mulher inteligente, simpática, corajosa e apaixonada, que escapa da situação em que as circunstâncias a tinham confinado e, com uma perigosa viagem a um mundo que lhe é estranho, encontra a si mesma e determina a sorte dos que a cercam. Devido à sua excepcional força espiritual, consegue enfim ser dona do próprio destino.

Assim como *Sonho de uma noite de verão*, *Como quiserem* acontece num duplo quadro narrativo representado por uma Corte e por uma floresta, elementos que no plano simbólico remetem a dois diferentes planos da realidade. Mas, se a floresta em *Sonho de uma noite de verão* é o lugar misterioso habitado por fadas e criaturas encantadas da tradição folclórica como elfos e duendes, em *Como quiserem* encontramos na floresta seres humanos que, por motivos diferentes, rejeitaram a dimensão de vida da Corte ducal ou foram excluídos dela. Poderíamos dizer que a floresta dessa comédia representa uma verdadeira alternativa antropológico-existencial à dimensão cívica da cidade, um refúgio para os excluídos.

A história original a que Shakespeare se refere tem como pano de fundo a *Forêt d'Ardenne*, a floresta de Ardenas, que se estendia do norte da França até a Bélgica e Luxemburgo. Shakespeare deve ter sido inspirado pela semelhança fonética entre Ardenas e Arden, a floresta do condado de Warwickshire, para criar a floresta que serve de cenário principal para a peça.

Na trama, como dizia, tudo gira em torno de Rosalinda. Não apenas porque no roteiro ela tem mais de duzentas falas (estando nos mesmos padrões de Hamlet), mas porque cada personagem se define em referência a ela. Apesar da abundância de falas, Rosalinda não tem monólogos (exceto no fim). Em vez disso, ela dialoga constantemente com todos, mostrando ao público o carisma e a empatia de sua personalidade.

O protagonista masculino é um jovem chamado Orlando, que também vive na Corte do maldoso Frederick. Privado da herança que lhe caberia, é mantido em condições terríveis pelo irmão Oliver, que desde a morte do pai o odeia precisamente porque tem de dividir com ele a herança paterna. O único amigo de Orlando é seu velho e fiel criado Adam.

Oliver tenta matar Orlando, fazendo-o duelar contra o temível Charles. Mas, na luta, Orlando leva a melhor. E não apenas isso: é durante a luta que a duquesa Rosalinda o vê e se apaixona por ele. Orlando também se apaixona por ela à primeira vista, mas, depois de derrotar Charles, é obrigado a fugir para não se tornar vítima de Oliver. Juntamente com Adam, ele se esconde na floresta de Arden.

Nesse momento, sem saber que encontrará justamente o jovem que tanto a encantou, Rosalinda, menosprezada pelo tio, temida por seu carisma e até ameaçada de morte, decide fugir, junto de sua prima Célia, em busca do pai exilado.

A floresta é um elemento narrativo típico que, nas tradições folclóricas, está ligada à viagem épica de transformação num mundo desconhecido, feito de forças telúricas, diferentes das que governam o mundo comum.

Na floresta de Arden, desde que perdeu o trono, vive o duque legítimo, pai de Rosalinda. Mas seu exílio não é penoso e triste. Ele passa os dias serenamente com sua própria comitiva, composta por personagens extraordinários que, como ele, foram excluídos da Corte francesa. Com Arden, Shakespeare nos descreve uma espécie de modelo alternativo de civilização em relação ao vivido no palácio. Aqui, as relações humanas não são regidas pelas rígidas regras de poder, mas por uma espécie de espontaneidade mais libertária. Em Arden, como diz Orlando, não existem relógios: o tempo não é marcado pelas normas dentro das quais somos chamados a desempenhar nosso papel público, e podemos ser nós mesmos.

Entre os cortesãos do duque que passam seus dias na floresta, encontramos o melancólico Jaques, imerso em suas divagações. Com esse personagem, Shakespeare retrata uma espécie de paródia do filósofo pensativo, preso em suas ansiedades. A Jaques é confiado o monólogo mais famoso da comédia, cujo início se tornou quase um lema, "O mundo inteiro é apenas um palco":

> JAQUES: O mundo inteiro é apenas um palco e nele os homens e as mulheres são apenas atores. Cada um tem suas entradas e saídas de cena e, no decorrer da vida, cada um desempenha os diversos papéis que lhe são atribuídos.
>
> (II, vii)

Jaques diz que todas as coisas humanas são inúteis, que não podemos realmente decidir o nosso destino, porque toda a vida é apenas um roteiro já escrito. Talvez por esse motivo ele escolheu viver na floresta.

Na realidade, no texto, Jaques é uma espécie de caricatura, de quem quase todos zombam. As coisas que ele diz são expostas ao ridículo. Aliás, é exatamente esse o objetivo do roteiro. Esse afetado existencialista niilista, diríamos hoje, é uma espécie de Hamlet ridículo cujo nome francês – Jaques – imita foneticamente o inglês *jakes*, que no jargão elisabetano indicava vulgarmente "bobagem", o que poderíamos traduzir como "lorota".

Jaques, resmungão e mal-humorado, faz um discurso pomposo, no centro do drama, em que explica que a vida dos homens se divide em sete etapas predeterminadas, da infância à morte. Mas tudo o que ele diz parece afetado e grotesco quando comparado com a capacidade de Rosalinda de fugir da Corte do tio e ir para a floresta de Arden disfarçada de homem, em busca de seu pai.

No entanto, a floresta de Arden tem a peculiaridade de fazer com que até alguém como Jaques se sinta bem. Porque toda esquisitice, todo absurdo, toda deformidade psicoantropológica é aceita. Orlando, vagando faminto entre as árvores durante sua fuga, encontra o duque e seus seguidores. O jovem está pronto a lutar por um pedaço de pão, mas percebe que na floresta vigora outro tipo de convívio humano em relação ao do palácio. Não o derrubam ou batem ele, mas lhe oferecem comida de graça e compartilham com ele seu alimento.

Como quiserem é, de fato, a comédia mais bucólica de Shakespeare. Nela, o Bardo revive, conferindo-lhe uma aparência de um mágico bosque inglês, o antigo mito da Arcádia: o arquétipo de um mundo em que o ser humano pode existir numa relação harmoniosa com a natureza, numa integração intensa e autêntica com as paisagens campestres e silvestres, um lugar de fuga da civilização com todas as suas contradições.

Em *Como quiserem*, a floresta de Arden assume uma conotação psicológica fundamental, porque se torna o lugar simbólico em que Rosalinda concretiza o seu destino, libertando-se das restrições de uma vida injusta. Ela consegue isso ao ampliar sua identidade além das dimensões em que a sociedade da Corte injustamente a restringe.

Nesse sentido, Rosalinda é a protagonista que fala a todos nós em nossos momentos de crise, quando sentimos que a vida, assim como a vivemos, de fato não nos pertence. Quando gostaríamos de nos libertar das expectativas dos outros, buscando uma autenticidade mais profunda.

Os filósofos Henry David Thoreau e Ernst Jünger, com suas obras que estão entre os clássicos mais marcantes da literatura moderna, por sua vez, teriam dado voz, de perspectivas diferentes, justamente a esse chamado de Arden em que se baseia *Como quiserem*.

Em *Walden ou A vida nos bosques*, Thoreau relata os dois anos, dois meses e dois dias, entre 1845 e 1847, que ele passou em solidão em estreito contato com a natureza às margens de um lago no campo de Massachusetts. Naquela vida eremítica material e espiritual, Thoreau busca uma autenticidade pessoal, impossível de obter nos mecanismos utilitaristas e falsos da sociedade de sua época. "Eu fui para os bosques", escreve o filósofo numa passagem que teria grande repercussão em sua cultura contemporânea, "porque desejava viver com sabedoria, relacionando-me apenas com os fatos essenciais da vida; para ver se realmente seria capaz de aprender o que a vida tinha a me ensinar. E para não descobrir, à beira da morte, que não tinha vivido."

Jünger, ainda que de outras maneiras, e com inspiração e contextos bem diferentes dos de Thoreau, encarna um pensamento muito semelhante quando, em seu ensaio *Der Waldgang*, teoriza a "passagem para a floresta", ou seja, uma forma de revolta que o homem moderno pode e deve opor à sociedade em que vive, no momento em que ela o obriga a viver numa condição de alienação constante e totalizante. O título original do livro indica literalmente "aquele que passa para a floresta", em menção àqueles que na tradição germânica eram os exilados, os proscritos, os deportados, confinados a viver nos lugares não civilizados, longe de seus semelhantes.

Certamente, ela não sabe, mas quando, no fim do primeiro ato, a jovem deixa o palácio e, disfarçada, parte para Arden, a Rosalinda shakespeariana, imagem radiante da rebeldia, "passa para a floresta" e já leva consigo esses dois clássicos do futuro pensamento ocidental.

A irrupção do feminino no conto de fadas

Como quiserem estrutura-se, portanto, numa relação de forte valor simbólico entre vida urbana e vida rural. A cena se abre na Corte, onde se mostram os problemas em que estão envolvidos os nossos protagonistas, e depois se desloca para a floresta, onde se desenvolve grande parte da trama e onde esses problemas são resolvidos com a celebração de quatro casamentos. Por fim, o drama se conclui retornando à cena na Corte. Uma estrutura narrativa muito parecida com *Sonho de uma noite de verão*.

O valor mágico e transformador da floresta se expressa, em primeiro lugar, na mudança de identidade de Rosalinda, que, em Arden, se apresenta sob a aparência de um jovem chamado Ganimedes. É com esse disfarce, com a imagem de uma extensão de sua personalidade, que ela encontra o homem que ama, Orlando. Ele, ao vê-la disfarçada, não a reconhece e, ao contrário, lhe confessa que está perdidamente apaixonado por uma mulher chamada Rosalinda, para quem está escrevendo poemas de amor, pendurando-os nas árvores da floresta, na esperança de que ela os encontre.

Aqui, Shakespeare claramente dá uma forma cômico-dramática a um motivo típico da poesia pastoral. E, ao mesmo tempo, nos mostra como o sentimento de Orlando é, na verdade, um sentimento imaturo, falso, nascido por uma garota que ele viu apenas uma vez e sobre quem ainda não sabe nada.

O momento mais bonito de todo o roteiro talvez seja aquele em que Rosalinda, disfarçada de Ganimedes, se oferece para dar aulas de galanteio a Orlando, para que ele, ao encontrar Rosalinda, possa estar à altura dela e levá-la a se apaixonar. No fim, ela fingirá ser ela mesma, para fazer o teste de um futuro casamento entre ambos. O público elisabetano assistia, assim, à performance de um ator masculino que interpretava uma mulher disfarçada de homem que fingia ser uma mulher. O aspecto cômico da cena é evidente.

Mas não é só isso: enquanto Rosalinda, disfarçada de Ganimedes, fala com Orlando, é como se ela, com seu lado masculino, o ensinasse a descobrir o lado feminino que ele esconde dentro de si. É como se Shakespeare nos dissesse que talvez, e apenas assim, seja possível haver o amor e a verdadeira comunicação entre pessoas de gêneros diferentes?

> ORLANDO: Olá, belo jovem! Sois desta região?
> ROSALINDA/GANIMEDES: Sim, com esta pastora vivemos nos limites da floresta, como se estivéssemos na barra de um vestido.
> ORLANDO: E nascestes exatamente nesta floresta?
> ROSALINDA/GANIMEDES: Tanto quanto o coelho, que vive exatamente onde foi trazido ao mundo.
> ORLANDO: No entanto, vosso sotaque é mais refinado do que o usado neste lugar selvagem.

ROSALINDA/GANIMEDES: Sim, bem, muitos me disseram isso. Meu tio, um velho monge que quando jovem frequentou a cidade, me ensinou a falar. Talvez tenha ficado tempo demais na cidade, porque se apaixonou. E não sabes quantos sermões o ouvi dizer contra o amor! Ah, agradeço a Deus por não ser uma mulher e não ter de sofrer todos os insultos que ele lhes fazia! [...] Os conselhos de meu tio seriam úteis a um jovem que anda pela floresta torturando nossas plantas, escrevendo "Rosalinda" em seus troncos, pendurando poesias nos galhos e sonetos nos espinheiros-brancos, todos exaltando essa Rosalinda. Ah, se eu encontrasse esse louco, eu mesmo lhe daria algumas dicas para se curar da febre do amor.

ORLANDO: Ei, mas aquele jovem sou eu! Dai-me vossos remédios, por favor.

ROSALINDA/GANIMEDES: Não, é impossível: meu tio me ensinou a diagnosticar um homem apaixonado, e não vejo em vós nenhum daqueles sintomas, certamente aquela doença não vos afetou.

ORLANDO: Mas de que sintomas falas?

ROSALINDA/GANIMEDES: O rosto emagrecido, por exemplo, e vós não o tendes; olhos sombrios, olheiras profundas, nada disso; espírito perturbado, e não me parece que o tendes; barba por fazer, e a vossa está perfeita, mas isso não conta, porque tendes a barba rala como a de uma criança. E depois deveríeis ter as calças rasgadas, o chapéu sem fita, as mangas desabotoadas, os sapatos desamarrados, e tudo em vós deveria mostrar desespero e desleixo. Mas não, vós estais muito bem, e me parece que, mais que qualquer outra pessoa, amais a vós mesmo.

[...]

ORLANDO: Mas eu juro, belo jovem, que estou apaixonado!

ROSALINDA/GANIMEDES: Apaixonado como dizem os vossos versos?

> ORLANDO: Apaixonado como nenhum verso ou raciocínio podem expressar.
> ROSALINDA/GANIMEDES: O amor não passa de loucura e, acredita em mim, deveria ser punido com a prisão e o açoite, como se faz com os loucos. A única razão pela qual o amor não é punido é porque é comum demais, e até os que açoitam depois deveriam ser açoitados. Mas posso vos dar os conselhos certos para curar.
> [...]
> ORLANDO: Mas eu não quero ser curado!
> ROSALINDA/GANIMEDES: Então, vamos fazer assim: chama-me com o nome de vossa bela Rosalinda, vinde todos os dias à minha cabana e eu vos ensinarei a melhor maneira de cortejar uma mulher.
> ORLANDO: Pelo meu amor, é claro que aceito! Onde fica a vossa cabana, belo jovem?
> ROSALINDA/GANIMEDES: Deixa de me chamar assim, chama-me de "Rosalinda".
>
> (III, ii)

Um tema central de *Como quiserem* é a passagem do amor abstrato, mental e intelectual de Orlando por Rosalinda, visto como um ideal, para um sentimento mais concreto, encarnado, pela mulher verdadeira, em carne e osso, que Orlando aprende a conhecer graças à "educação sentimental" fornecida por Ganimedes.

São ridículas as poesias que Orlando pendura nas árvores para Rosalinda, e é vazio o seu deslumbramento por ela, enquanto ele não a conhece de verdade. Para conhecê-la de verdade, ele próprio deve viver uma aventura na floresta, onde Rosalinda não é apenas a serena donzela que passa os dias no palácio como duquesa. Aqui, Shakespeare parece nos dizer que, para se tornar pleno e autêntico, um sentimento de amor não pode se deter na idealização do amado ou da amada. Shakespeare, autor de sonetos petrarquianos, deve ter lutado muito em sua vida com esse problema: quando nos apaixonamos, nos apaixonamos pela imagem ideal de alguém ou por uma pessoa real?

No relacionamento entre Orlando e Rosalinda, somos informados de que o amor só se concretiza quando aceitamos e percebemos que o outro não é perfeito como imaginávamos: cada mulher que um homem conhece traz dentro de si uma parte oculta. Atrás da máscara pública de cada um, se esconde uma identidade selvagem inconfessada. Cada Rosalinda esconde um Ganimedes. Talvez, uma história de amor se torne "uma história séria" quando aceitamos (e adoramos naturalmente) os defeitos, as feiuras, as imperfeições dos que amamos, aprendendo a conhecê-los além da ideia reconfortante que fazemos deles.

É exatamente isso o que acontece, metaforicamente, com Orlando, quando encontra Rosalinda por meio de Ganimedes: ele transcende uma concepção intelectualista e superficial do amor para se encarnar num conhecimento mais profundo dela.

Na mitologia grega, Ganimedes é descrito como "o mais belo dos jovens mortais". Ele era tão fascinante que até Zeus se apaixonou por ele e, sob a forma de uma águia, o sequestrou e o levou para o Olimpo, onde permaneceria como eterno copeiro dos deuses. Ao longo do tempo, o casal Zeus-Ganimedes ficou carregado de valores ideais, tornando-se um símbolo do amor homoerótico. Quem escreveu *Como quiserem* certamente devia ter consciência disso, escolhendo "Ganimedes" como pseudônimo de Rosalinda, quase como se sugerisse a mudança de gênero que a protagonista realiza em sua passagem pela floresta.

De fato, entre as restrições em que age a nossa personalidade pública na vida social, está a definição estrita e unilateral do gênero do sujeito: se no palácio Rosalinda só pode ser uma mulher (com todas as limitações sociais que isso implicava), na floresta ela também pode ser um homem. Do mesmo modo, Célia, ao entrar com ela na floresta, adota o nome de "Aliena", ou seja, segundo a etimologia latina do nome, "diferente". Na floresta, podemos ser diferentes de nós mesmos, diferentes em relação ao nosso próprio Eu limitado. O termo *wood*, na era elisabetana, além de designar, como substantivo, o espaço físico da floresta fora da cidade, poderia ser usado como adjetivo e, neste caso, significar "furioso", "estranho", "anômalo". Em *Sonho de uma noite de verão*, Demétrio pronuncia um jogo de palavras de profundo valor filosófico, quando afirma ser, por causa de Hérmia, "selvagem nesta selva" (*wood within this wood*).

Na floresta também vive uma pastora chamada Phebe, cortejada pelo camponês Silvio. Rosalinda tenta convencer a pastora a aceitar as investidas de seu pretendente, mas Phebe se apaixona por ela, acreditando que é um homem, e dando início assim a mais uma série de divertidos equívocos.

A mensagem de *Como quiserem* – ou seja, a ideia de seguir o próprio desejo além do mundo comum em direção "à floresta" – é, no fundo, um motivo essencial de muitas fábulas protagonizadas por heroínas femininas.

Pode ser, como no conto *A andorinha que cantava e saltitava*, dos irmãos Grimm (história nº 88), a história de uma filha que pede ao pai para lhe trazer de sua viagem algo absurdo: enquanto as outras duas irmãs desejam joias, ela gostaria de uma andorinha capaz de cantar e dançar. A história nos conta que essa andorinha é de propriedade de um leão, que na realidade é um noivo encantado, ao lado do qual a jovem é levada a viver para conseguir ter a andorinha que tanto desejava. Obviamente, o leão tem a mesma função da floresta em *Como quiserem*, e o pássaro que canta e dança representa aquele desejo extraordinário que leva a heroína a viver no mundo selvagem, ou seja, fora do seu grupo humano de referência.

Ao dirigirmos nosso olhar para outro contexto cultural, encontramos um conto lapão sobre uma jovem que se recusava a se casar de acordo com o costume obrigatório de seu povo, tendo se apaixonado por uma cabeça sem corpo que encontrara no meio do pântano congelado em torno de sua aldeia. A jovem acaba fugindo de casa e seguindo a cabeça entre os abismos do mar, numa viagem iniciática em que, por não conseguir passar pela prova mágica final, é transformada em aranha. Certamente, nessa história, o mar aberto tem a mesma função que a floresta nos irmãos Grimm e em Shakespeare, e a transformação zoomórfica da pobre jovem indica o seu abandono do mundo civilizado por uma dimensão diferente.

Como quiserem é uma história desse tipo, em que a heroína com um desejo fora dos padrões foge do mundo comum e entra numa dimensão que é ao mesmo tempo iniciática, divina e selvagem, que está além dos parâmetros da sociedade em que vive. Nessa perspectiva, poderíamos entender também as histórias de várias heroínas da mitologia grega, de Ariadne a Atalante, de Antígona a Cênis, as quais, por seus desejos, se tornam alheias, alienadas (e muito perigosas) em relação ao seu contexto social de referência (naquele caso representado pelas *poleis*).

Rosalinda é a imagem plástica daquele impulso feminino, presente em cada um de nós, do qual as fábulas e os mitos nos falam desde sempre e que, às vezes, nos leva a seguir desejos selvagens que vão além do comum e das regras do conformismo, dando voz a áreas ocultas do que somos.

O QUE NENHUM PROFESSOR JAMAIS PODERÁ LHE ENSINAR

Como quiserem estabelece uma estrutura narrativa que tem sido muito utilizada na literatura contemporânea. Podemos pensar em sucessos editoriais recentes como *Livre*, de Cheryl Strayed, em que a protagonista, cuja vida é abalada pela perda da mãe e pelo vício, decide, aos 26 anos, percorrer mais de quatro mil quilômetros a pé pelas florestas do Pacific Crest Trail, por um caminho que se torna um acerto de contas consigo mesma. Podemos pensar também nos bem-sucedidos *Comer, rezar, amar*, de Elizabeth Gilbert, e *The Good Girl's Guide to Getting Lost* [O guia da garota boazinha para se perder], de Rachel Friedman, em que as protagonistas deixam seus ambientes de vida habituais em busca de mundos desconhecidos, num percurso de autodescoberta e de renascimento.

Mas de onde o Bardo obteve o material para sua história? Como acontece com quase todos os seus roteiros, ele também reelabora essa história com base numa tradição precedente, em especial de *Rosalynde, or Euphues' Golden Legacy* [Rosalinda: O legado dourado de Euphes], do escritor, aventureiro e marinheiro inglês Thomas Lodge.

Composto durante suas aventuras no mar das Ilhas Canárias, o texto de Lodge, por sua vez, se liga a um escrito precedente, um relato pedagógico concebido em 1578, por John Lyly, intitulado *Euphues: The Anatomy of Wit* [Euphues: A anatomia da inteligência]. Lyly, por sua vez, se inspira noutra obra, *The Schoolmaster* [O professor], de Roger Ascham, que se concentra num método inovador para o ensino do latim e da cultura clássica.

Portanto, de Ascham a Lyly, de Lyly a Lodge e, por fim, destes a Shakespeare, essa parábola é útil para entender o valor essencialmente formativo e didático da história de Rosalinda narrada por Shakespeare, testemunhado por seu contínuo diálogo com o mundo.

O grande mestre presente nessa história é a floresta, permitindo um conhecimento iniciático, um amadurecimento interior, aos personagens que a atravessam. Como afirma Bernardo de Claraval na passagem de uma de suas epístolas que se tornou muito famosa: "Entre as florestas aprenderás mais que entre os livros. As árvores e as pedras te ensinarão o que não poderás saber de nenhum mestre". Rosalinda está misticamente conectada ao espírito da floresta, e se torna uma espécie de vestal de seus ensinamentos.

Quando ouvimos dentro de nós a voz de Arden, ou seja, quando os nossos desejos nos pedem para mudar a nossa vida, significa que, simbolicamente, é hora de voltar para a escola. Temos de retomar um aprendizado desde o início, estar prontos para aprender. Esquecer tudo para que nos lembremos de tudo.

A ligação indireta entre o roteiro de Shakespeare e o texto de Lyly lança luz sobre o estilo desse drama, linguisticamente um dos mais acrobáticos de Shakespeare, repleto de figuras retóricas, digressões, assonâncias, aliterações, complexas estruturas sintáticas que dificultam sua recitação pelos atores, mas também fornecem inúmeras oportunidades para interpretações histriônicas. Esse estilo é definido pela crítica como "eufuísmo" e foi amplamente utilizado na Inglaterra elisabetana. O nome está diretamente ligado a Eufeu, que é protagonista da obra de Lyly, compartilhando sua etimologia do grego ευφημίζω (*eu-femizo*), ou seja, "falar de maneira nobre, original, elegante".

O eufuísmo pode ser visto como o correspondente inglês do que os italianos chamam de "marinismo" e os espanhóis, de "gongorismo". *Como quiserem* é uma comédia marcada pelo estilo composicional rico, pomposo, hipermetafórico, extremamente difícil de traduzir. Na parte do texto ambientada na floresta, essa exuberância linguística se traduz em paradoxos, absurdos, imagens e lampejos de um mundo invertido. Ou, melhor dizendo, de um mundo que responde aos desejos autênticos de um modo mais verdadeiro do que pode fazer o mundo de convenções do palácio, da vida em sociedade.

Por trás do título se esconde um significado preciso: o propósito essencial de nossa vida é existir à nossa maneira, cada um de acordo com o jeito que lhe parece mais congenial, ou seja, o que mais respeita o próprio "gênio", o *daimon* específico, o talento específico, que fundamenta o caráter único de cada um. Não por acaso, os gregos pensavam a felicidade como *eudaimonia* (ευδαιμονία), ou seja, como um bom relacionamento entre o indivíduo e o seu *daimon*.

Por sua estrutura e temas, *Como quiserem* se assemelha a duas outras comédias de Shakespeare: *Noite de Reis* e *O mercador de Veneza*. Em cada uma dessas obras, mesmo com inúmeras variantes, uma dupla ambientação e uma dupla trama se desenvolvem em torno da temática de um amor que finalmente encontra um resultado positivo, graças a uma jovem que se disfarça de rapaz durante um tempo e resolve a situação.

Rosalinda, Viola e Pórcia, protagonistas das três peças, têm muito em comum. Essas comédias poderiam ser consideradas uma espécie de "tríptico sobre a felicidade". De fato, a questão fundamental nesses dramas é a felicidade humana e como esta pode ser alcançada com um relacionamento saudável com a unicidade peculiar dos desejos de cada pessoa.

A sociedade não se importa com nossa especificidade identitária única e, na verdade, por sua natureza, tende a nivelá-la e a domesticá-la. Mas ela existe, precisa existir, porque nós somos *também* isso: por esse motivo, é vital, em algumas circunstâncias, "entrar na floresta", tornar-se aluno das árvores. Há momentos, situações, em que, para não permitir que nos tirem o que talvez seja o tesouro mais precioso que temos – o ser nós mesmos –, temos de abandonar os padrões da existência predeterminada no interior da qual nos encaixaram e arriscar tudo na aventura de nos reinventar. Como faz Rosalinda entre os ramos de Arden.

Um epílogo fora de todos os padrões

O fim dessa peça é marcado pela resolução dos nós cômicos que a trama tece no decorrer dos cinco atos: Rosalinda e Célia se revelam como são e se casam respectivamente com Orlando e seu irmão Oliver (que nesse meio-tempo, na terceira cena do quarto ato, se reconciliaram porque Orlando lhe salvara a vida defendendo-o de uma leoa – uma reconciliação que, não por acaso, acontece na floresta, onde as lógicas econômicas da herança são deixadas de lado). Phebe e Sílvio também se casam, e tudo parece encontrar harmonia, graças à magia de Arden e ao espírito de Rosalinda.

Sem dar muitas explicações, o texto também informa ao público que Frederick resolveu deixar o trono que tinha usurpado para viver como eremita na floresta. Assim, o duque pode voltar ao seu lugar, e a Corte francesa recupera o seu soberano legítimo. Acima de tudo, Rosalinda e os outros deixam de ser perseguidos, como foram ao longo de todo o drama (um pouco como nos sentimos quando escapamos da realidade cotidiana: perseguidos por nosso sentimento de culpa e por nossas responsabilidades).

Tudo parece ter se resolvido bem, e o duque encerra a comédia com suas palavras:

> DUQUE: Continuai, continuai. Daremos início aos ritos adequados, e temos certeza de que eles trarão a tão esperada felicidade a todos nós.
>
> (V, iv)

Como fala final da peça, é perfeita. E, de fato, parece o fim. Mas não é. Shakespeare quis inserir outra cena, um epílogo desnecessário no plano dramatúrgico e fora de qualquer convenção teatral da época: um epílogo pronunciado por um personagem feminino. Nunca se vira nada assim. É justamente nesse ponto que entra o emocionante discurso final de Rosalinda:

> ROSALINDA: Eu sei, é totalmente incomum que o Epílogo seja proferido por uma mulher. Mas eu vos garanto que ele não terá nada a invejar ao Prólogo proferido pelo personagem masculino no início. [...] O que posso fazer, por minha parte, é tentar um encantamento, isso sim. E começarei encantando as mulheres aqui presentes: por favor, mulheres, pelo amor que tendes pelos homens, se algo desta comédia vos agradou, por favor, aplaudam; e vós, homens, pelo amor que tendes pelas mulheres, por favor – pelas expressões em vossos rostos parece-me que as mulheres não

> vos desagradam de forma alguma –, dizei-me que esta comédia vos agradou, do início ao fim. Oh, como mulher, eu daria um beijo em todos aqueles que na plateia têm barbas do meu agrado, ou uma pele lisa, ou ao menos que não tenham mau hálito; mas contentai-vos, por favor, com esta minha gentil oferta: em troca de vosso aplauso, deixo-vos minha reverência.
>
> (Epílogo)

Nesse monólogo final está toda Rosalinda, com sua sagacidade, com sua ousadia, com sua fluência verbal infinitamente variada, com seu caráter doce e indomável, decidido e passional, criativo e espirituoso. Mas não é apenas para dar destaque a essa heroína tão esplêndida que Shakespeare, contrariando todos os padrões, decide terminar a comédia com o monólogo proferido por uma personagem feminina. Não é só isso: Mestre Will quer nos mostrar o quanto Rosalinda pode ficar confortável fora de seu papel.

De fato, esse é o significado último de *Como quiserem*: na vida, nos é atribuído um papel, mas essa não é a última palavra. Ainda há um caminho para Arden: se estamos dispostos a correr o risco de perder tudo o que temos, a descobrir que tudo aquilo em que acreditamos é falso, a deixar todos os que amamos, então a nossa existência (muitas vezes, mas não sempre) pode ser completamente mudada, nos diz Shakespeare.

"O mundo é apenas um palco", sentenciara pomposamente o personagem de Jaques, explicando-nos que a vida humana é dividida em sete fases fixas, sete períodos, que todos devemos atravessar. No fim, o pensamento de Jaques é refutado por Rosalinda de todas as maneiras possíveis: se tudo é teatro, então também podemos improvisar, e nossa maneira de interpretar as falas que nos cabem se torna fundamental. Por isso, embora recebamos como destino um roteiro, nada é imutável. De fato, Rosalinda sai de seu papel e, mesmo sendo uma mulher, atribui a si mesma o monólogo final, contrariando todas as normas.

Muitos seres humanos, escreveu Thoreau, vivem uma vida de "silencioso desespero": ou seja, aceitam o papel ingrato que a realidade lhes atribui ao longo de toda a sua existência. Rosalinda, não. Ela segue Orlando, seu desejo mais autêntico, até o fundo da floresta mais profunda. Talvez corra o risco de ser devorada ou de se perder, mas é óbvio que não é o tipo de mulher que, à beira da morte, perceberá que não viveu.

Entre os inúmeros ensinamentos que William Shakespeare, quem quer que ele tenha sido, escondeu entre as linhas de suas peças, provavelmente o mais brilhante é este, encarnado por Rosalinda: nessa grande encenação que é a vida, o papel que nos é dado pelo destino muda por completo dependendo da forma como o interpretamos.

Porque, na existência, talvez seja válida aquela máxima de Stanislávski que os diretores de teatro sempre repetem aos atores durante a primeira leitura de um roteiro: "Não existem papéis menores, apenas atores medíocres". Interpretar autenticamente o papel de nós mesmos, esperando fazê-lo bem o suficiente para sermos ovacionados calorosamente no fim, conscientes de que tudo se dissipa, talvez seja a tarefa mais elevada da vida de cada indivíduo.

Bibliografia

BALDINI, G. *Introduzione a Come vi piace*. Milão: Rizzoli, 1983.

BATE, J. *Soul of the Age:* the life, mind and world of William Shakespeare. Londres: Viking, 2008.

BERRY, E. Rosalynde and Rosalind. *Shakespeare Quarterly*, v. 31, p. 42-52, 1980.

BIDDLE, B. J.; THOMAS, E. J. *Role Theory:* Concepts and research. Nova York: Wiley, 1966.

BOILLET, D.; PONTREMOLI, A. (org.). *Il mito di Arcadia*. Pastori e Amori nell'arte del Rinascimento. Florença: Olschki, 2007.

CAMPBELL, J. *O herói de mil faces*. Tradução Camilo Francisco Ghorayeb e Heráclito Aragão Pinheiro. 1 ed. rev. ampl. São Paulo: Palas Athena, 2024.

DOLAN, F. E. *Introduzione a W. Shakespeare, As You Like It*. Nova York: Penguin Books, 2000.

FOWLER, A. *The History of English Literature*. Cambridge: Harvard University Press, 1989.

FUSINI, N. *Maestre d'amore*. Giulietta, Ofelia, Desdemona e le altre. Turim: Einaudi, 2021.

GALLAND, G. *Women in Wilderness*. Nova York: HarperCollins, 1980.

GARBER, M. The Education of Orlando. In: BRAUNMULLER, A. R. (org.). *Comedy from Shakespeare to Sheridan:* Change and Continuity in the English and European Dramatic Tradition. Newark: University of Delaware Press, 1986.

GOFFMAN, E. *A representação do eu na vida cotidiana*. Tradução Maria Célia Santos Raposo. Petrópolis: Editora Vozes, 2014.

HALIO, J. L. (org.). *Twentieth Century Interpretations of As You Like It:* A Collection of Critical Essays. Englewood Cliffs: Prentice-Hall, 1968.

KERMODE, F. *A linguagem de Shakespeare*. Tradução Barbara Heliodora. Rio de Janeiro: Record, 2006.

LODGE, T. *Rosalind*. Londres: Sagwan Press, 2018.

JÜNGER, E. *Trattato del Ribelle*. Milão: Adelphi, 1990.

MIOLA, R. S. *Shakespeare's reading*. Oxford: Oxford University Press, 2000.

PAREYSON, L. *Esistenza e Persona*. Turim: Taylor Editore, 1950.

SHAPIRO, J. *1599:* A Year in the Life of William Shakespeare. Londres: Faber & Faber, 2005.

SMITH, B. R. *Homosexual Desire in Shakespeare's England:* A Cultural Poetics. Chicago: Chicago University Press, 1994.

STRAYED, C. *Livre*: A jornada de uma mulher em busca do recomeço. Tradução Débora Chaves. Rio de Janeiro: Objetiva, 2013.

THOREAU, H. D. *Walden ou A vida nos bosques*. Tradução Marina Della Valle. São Paulo: Planeta, 2021.

TOMARKEN, E. (org.). *As You Like It from 1600 to the Present:* Critical Essays. Nova York: Routledge, 2002.

VON FRANZ, M.-L. *Il Femminile nella fiaba*. Milão: Bollati Boringhieri, 2007.

YOUNG, D. Earthly Things Made Even: As You Like It. In: *The Heart's Forest:* A Study of Shakespeare's Pastoral Plays. New Haven: Yale University Press, 1972.

Em www.leyabrasil.com.br você tem acesso a novidades e conteúdo exclusivo. Visite o site e faça seu cadastro!

A LeYa Brasil também está presente em:

facebook.com/leyabrasil

@leyabrasil

instagram.com/editoraleyabrasil

LeYa Brasil

ESTE LIVRO FOI COMPOSTO EM DANTE MT STD,
CORPO 12 PT, PARA A EDITORA LEYA BRASIL